존 미어샤이머의 질문 —————————

국가는 어떻게 생각하는가

국가는 어떻게 생각하는가

존 미어샤이머의 질문— 외교 정책의 합리성, 이론에서 사례까지

초판 1쇄 발행 2024년 7월 10일

초판 3쇄 발행 2025년 1월 10일

지은이	존 J. 미어샤이머
	서배스천 로사토
옮긴이	권지현
해제	옥창준
펴낸이	이영선
책임편집	김선정
편집	이일규 김선정 김문정 김종훈 이민재 이현정
디자인	김회량 위수연
독자본부	김일신 손미경 정혜영 김연수 김민수 박정래 김인환

펴낸곳 서해문집 | 출판등록 1989년 3월 16일(제406-2005-000047호)

주소 경기도 파주시 광인사길 217(파주출판도시)

전화 (031)955-7470 | 팩스 (031)955-7469

홈페이지 www.booksea.co.kr | 이메일 shmj21@hanmail.net

ISBN 979-11-92988-76-4 93340

존 미어샤이머의
질문 ————

국가는 어떻게 생각하는가

HOW
STATES
THINK

존 J. 미어샤이머, 세바스찬 로사토 | 권지현 옮김 | 옥창준 해제

외교 정책의 합리성, 이론에서 사례까지

서해문집

우리의 동료 국제관계 이론가들에게

서방에는 우크라이나를 침공하겠다는 블라디미르 푸틴 러시아 대통령의 결정이 합리적 행동이 아니었다는 믿음이 널리 퍼져 있다. 우크라이나 침공 직전, 보리스 존슨 영국 총리는 미국과 그 동맹국들이 "비합리적 행위자를 단념시키기 위한 조치를 충분히" 취하지 않았다며 이렇게 덧붙였다. "우리는 블라디미르 푸틴이 이 사안을 비논리적으로 생각할 가능성이 있으며 다가올 재앙을 보지 못한다는 사실을 이제 받아들여야 한다." 전쟁이 발발한 후 밋 롬니Mitt Romney 미국 상원의원도 비슷한 지적을 했다. "우크라이나를 침공함으로써 푸틴 대통령은 비논리적이고 자기 파괴적인 결정을 내릴 수 있는 사람이라는 사실을 이미 증명했다."[1] 두 사람의 말에는 합리적인 지도자라면 승리할 가능성이 클 때만 전쟁을 시작한다는 가정이 공통으로 깔려 있다. 푸틴이 질 수밖에 없는 전쟁을 시작함으로써 자신의 비합리성[2]을 증명했다는 것이다.

또 푸틴이 기본적인 국제 규범을 어겼으니 비합리적인 사람이라고 주장하는 비평가들도 있다. 이런 관점에서라면, 푸틴이 자기방어를 위해 전쟁을 시작했다는 것만이 도덕적으로 받아들일 만한 유일한 이유가 될 것이다. 그러나 우크라이나 침공은 정복 전쟁이다. 러시아 전문가 니나 흐루쇼바Nina Khrush-cheva는 "이유 없이 우크라이나를 침공함으로써 푸틴은 비이성적인 독재자의 긴 리스트에 합류했다"면서 이렇게 덧붙였다. "[푸틴은] 러시아가, 영향권의 범위가 분명하게 정해진 강대국의 지위를 회복해야 한다는 자기중심적인 집착에 굴복한 것으로 보인다."《배니티 페어Vanity Fair》기자 베스 레빈Bess Levin도 푸틴을 "제국주의적 야망을 품은, 힘에 굶주린 과대망상증 환자"로 묘사했다. "그래서 이웃 국가를 침공하기로 결정한 것이다." 전 모스크바 주재 영국 대사 토니 브렌턴Tony Brenton도 "푸틴이 우크라이나의 주권을 침해하고 (…) 우크라이나를 뒤흔드는 데 병적으로 집착하는 것"은 그가 "합리적 행위자"였던 과거와 달리 "정신적으로 문제가 있는 독재자"임을 드러낸다고 주장했다.[3]

그러나 이러한 주장들은 '합리성'에 관한, 일견 그럴싸해 보이지만 결국 잘못된 통념에 기반한다. 흔히 생각하듯 합리적이면 성공하고 비합리적이면 실패한다고 말할 수는 없다. 합리성은 결과와 무관하다. 또한 '합리적' 행위자도 목표 달성에 실패하곤 한다. 어리석은 생각을 했기 때문이 아니라 예상하지 못했거나 제어할 수 없는 요소들이 나타나기 때문이다. 또 합리적이면 도덕적이라고 생각하는 사람들이 많다. 합리성과 도덕성이 분별 있는 사고의 특징이라고 여기기 때문이다. 하지만 이 또한 오류다. 합리적인 정책도 널리 인정된 행동 규범을 위반할 수 있고, 더 나아가 지독히 부당할 수도 있기 때문이다.

그렇다면 국제정치에서 '합리성'이란 무엇일까? 놀랍게도 이에 대한 명백한 정의를 내린 연구는 아직 없다. 우리가 생각하는 합리성이란 어떤 목적을 달성할 방법을 찾기 위해 세상을 이해하는 것―세상이 어떻게 돌아가고 또 왜 그렇게 돌아가는지 이해하는 것―이다. 여기에는 개인적 차원과 집단적 차원이 동시에 존재한다. 합리적인 정책결정자들은 '이론'에 기대는 호모 테오레티쿠스Homo theoreticus들이다. 이들은 국제 시스템의 작동 방식에 관한 신뢰성 있는 이론―현실적 가정에 근거하고 상당한 증거로 뒷받침되는 논리적 설명―을 바탕으로 자신들의 상황을 이해하고, 최선의 해법을 결정한다. 그리고 합리적인 국가는 활발하고 자유로운 토론 과정을 거쳐 주요 정책결정자들의 서로 다른 관점을 통합한다. 요컨대 국제정치에서 합리적인 결정은 세상이 어떻게 돌아가는지에 대한 신뢰성 있는 이론에 기대며, 신중한 결정 과정에서 비롯된다.

이 모든 것은 러시아의 우크라이나 침공 결정이 합리적이었음을 의미한다.

먼저 러시아 지도자들이 신뢰성 있는 이론에 기댔다는 점에 대해 생각해보자. 정치 평론가 대부분은 이 말에 반대하면서, 푸틴이 우크라이나를 비롯한 동유럽 국가들을 정복해서 위대한 러시아 제국을 건설하려는 계획에 열중하고 있다고 주장한다. 푸틴의 계획이 러시아인들의 과거에 대한 노스탤지어를 충족시킬 수는 있을지언정 오늘날의 세계에서는 전략적으로 비상식적인 일이라는 것이다. 조 바이든 미국 대통령은 푸틴이 "러시아어 사용자를 모두 통합하는 러시아의 지도자가 되기를" 열망하고 있다면서 "그건 비합리적이라고 생각한다"[4]고 덧붙였다. 국가안보보좌관을 지낸 H. R. 맥매스터H. R. McMaster 역시 이렇게 말했다. "나는 그가 합리적인 행위자라고 생각하지 않는다. 무시무시한 사람이니까. 그렇지 않은가? 그가 가장 이루고 싶어 하는 일은 러시아라는 국가의 위대함을 재건하는 것이다. 그 생각에 몰두해 있다."[5]

　　그러나 사실 푸틴과 그 보좌관들은 '세력 균형 이론'을 바탕으로 사고했다. 서방이 우크라이나를 러시아에 대한 방어막으로 만들려는 속셈을 간파하고, 이를 실존에 대한 용납할 수 없는 위협으로 간주한 것이다. 푸틴은 전쟁에 관한 결정을 설명하는 연설에서 이 같은 논리를 펼쳤다. "나토의 동진으로 러시아의 상황은 해가 갈수록 나빠지고 위험해졌습니다. (…) 우리는 가만히 앉아서 이러한 상황 전개를 수동적으로 바라볼 수만은 없습니다. 이것이야말로 우리가 우리를 위해 할 수 있는 가장 무책임한 일입니다." 그는 여기에 그치지 않고 다음과 같이 덧붙였다. "우리나라에 이것은 사느냐 죽느냐의 문제입니다. 우리의 미래를 하나의 국가로 보느냐 마느냐 하는 문제입니다. 내 말은 과장이 아닙니다. 이것은 팩트입니다. 나토의 동진은 우리의 이익뿐만 아니라 국가의 존립과 주권에 대한 실질적인 위협입니다. 이는 우리가 수없이 말해온 레드라인입니다. 저들은 이 선을 넘었습니다."[6] 결국 힘 싸움에서 자국에 불리한 변화를 방지하려는 정당방위 전쟁이라는 말이었다.

러시아가 자국 국경에서 커지는 위협에 공격적인 외교로 대처한다는 것은 눈여겨볼 만한 일이다. 그러나 미국과 그 동맹국들은 러시아가 갖는 안보 우려를 수용할 생각이 없었다.[7] 그러자 푸틴은 전쟁을 선택했고, 전문가들은 이것이 우크라이나 침공으로 이어질 것이라 분석했다. 우크라이나 침공 직전 미국 관료들의 시선을 기술한《워싱턴 포스트》의 언론인 데이비드 이그네이셔스David Ignatius는 "전쟁이 발발한다면 초기 전략적 단계에서는 러시아가 빠르게 승리할 것"이라고 내다봤다. "러시아가 우크라이나 국경에 배치해둔 대규모 군대가 수도 키이우를 단 며칠 만에 포위할 것이고 일주일이 조금 지나면 우크라이나 전체를 장악할 것이다."[8] 실제로 정보기관들은 "러시아가 우크라이나군을 빠르게 제압하면서 며칠 만에 승리할 것이라고 백악관에 보고"[9]했다.

러시아의 침공 결정도 심의 과정의 산물이었다. 그런데 많은 전문가가 이에 동의하지 않는다. 러시아 내 민간 및 군대의 참모들이 제국을 향한 무모한 도박에 반대 의견을 냈을 텐데도 푸틴이 그 의견을 제대로 듣지 않고 단독으로 전쟁을 결정했다는 것이다. 미국 상원 정보위원회 의장인 마크 워너Mark Warner 의원은 이렇게 표현했다. "푸틴에게 직접적인 의견을 말하는 사람은 많지 않다. 따라서 우리는 일개 개인이 옛 러시아를 재건하거나 소련의 영향권이라는 개념을 재창조할 수 있는 유일한 역사적 인물로 자신을 평가하는 과대망상증 환자가 되었다는 사실이 우려스럽다." 마이클 맥폴Michael McFaul 전 모스크바 주재 미국 대사도 러시아의 비합리성의 원인 중 하나로 "푸틴이 매우 고립되었으며 정확한 정보를 전달하지 않는 예스맨들로 둘러싸여 있다"[10]는 점을 들었다.

그러나 나와 있는 증거는 다른 이야기를 하고 있다. 푸틴의 부하들은 러시아에 닥친 위협의 성격에 대해 푸틴과 의견을 같이하고 있으며, 푸틴은 전쟁을 결정하기 전에 그들과 의견을 나누었다. 우크라이나가 서방과 맺은 관계에 내재한 위험에 관하여 러시아 지도자들 사이에 합의가 있었다는 것은 2008년 당시 러시아 주재 미국 대사였던 윌리엄 번스William Burns가 작성한 보고서에 반영되어 있다. 이 보고서는 이렇게 경고했다. "우크라이나의 나토 가입은 (푸틴뿐만 아니라) 러시아 엘리트들이 보기에 가장 선명한 레드라인이다. 나는 크렘린궁의 어두운 구석에 숨어 있는 얼간이들부터 푸틴에 대한 가장 날카로운 자유주의 비평가들까지 러시아 주요 인사들과 2년 반 넘게 대화를 이어오면서, 우크라이나의 나토 가입이 러시아의 이익에 대한 직접적인 위협이 아니라고 생각하는 사람을 보지 못했다. (…) 나는 러시아인들에게 이 알약을 조용히 삼키도록 할 방법은 없다고 생각한다."

푸틴이 단독으로 전쟁에 관한 결정을 내린 것 같지도 않다. 푸틴 대통령이 핵심 참모들과 협의했는지를 묻자 세르게이라브로프Sergey Lavrov 러시아 외무장관은 이렇게 답했다. "국가마다 의사결정 메커니즘이 있다. 이번 결정은 러시아 연방에 존재하는 메커니즘이 전적으로 가동되었다."[11] 이는 러시아의 침공 결정이 심의 과정을 거쳤을 가능성이 크다는 것을 뜻한다.

러시아의 우크라이나 침공 결정은 합리적이었을 뿐만 아니라 변칙적이지도 않았다. 합리적으로 행동했을 때도 비합리적이었다는 평가를 받은 강대국은 많다. 제1차 세계대전 이전과 '7월 위기'* 때 독일이 그랬고, 1930년대와 진주만 공격 당시 일본도 그랬다. 그렇다고 국가가 언제나 합리적이라는 뜻은 아니다. 1938년 나치 독일을 견제하지 않기로 한 영국의 결정은 합리적이지 않았고, 2003년 미국의 이라크 침공 결정도 마찬가지였다. 그러나 이들 경우는 예외이다. 국제정치를 공부하는 학생들 사이에서는 국가가 비합리적이라는 관점이 팽배하지만, 우리는 이 책에서 대부분의 국가가 거의 항상 합리적이라는 것을 주장하려고 한다.

이런 주장은 국제정치의 이론뿐만 아니라 실제에서도 심오한 의미를 내포한다. 비합리성이 팽배한 세상에서는 그 어느 쪽도 일관성을 담보할 수 없다. 학문적으로 우리의 주장은 '합리적 행위자 가설rational actor assumption'을 인정한다. 이 가설

* 1914년 6월 28일 사라예보에서 오스트리아-헝가리 제국의 황태자가 암살된 이후, 1914년 7월 제1차 세계대전이 발발하기 전까지 유럽 강대국들 사이에서 벌어진 외교적 위기 사태.

은 오랫동안 국제정치를 이해하는 데 필요한 근본 틀이었다(비록 최근에는 이 틀도 공격을 받지만 말이다). 비합리성이 표준이라면 국가의 행동은 이해될 수도 없고 예측될 수도 없다. 국제정치를 연구하는 것도 헛된 노력이다. 마찬가지로 실무자들은 합리성이 있어야 국가가 효과적인 외교 정책을 고안할 수 있다고 말한다. 다른 국가들이 '합리적 행위자'일 때라야 어떤 특정한 상황에서 우방국과 적국이 어떻게 행동할지 예측할 수 있고, 그에 따라 자국의 이익을 증진할 수 있는 정책을 만들 수 있다.

우리는 2019년 11월, '국제정치에서 합리적 행위자가 존재한다'는 가정에 대해 글을 쓰자는 얘기를 처음 나누었다. 그때는 기고문을 쓸 계획이었다. 이후 넉 달 동안 시카고 대학교 경영대학원에서 여러 차례 긴 회의를 하며 기고문의 윤곽을 잡았다(그러나 이 책을 쓰면서 유일하게 살아남은 초기 아이디어는 '합리성'이 이론 중심 사고의 전형적인 특징이라는 것뿐이다).

2020년 3월 코로나19 사태가 발생했고 우리의 모임은 끝을 맺었다. 그러나 노력은 계속되었다. 로사토는 5월 8일에 초고를 완성했고, 미어샤이머는 두 번째 초안을 작성하기 시작했다. 미어샤이머가 어려움에 부딪히자 우리는 매일 줌에서 만나 그를 괴롭히는 문제들을 해결했고, 곧 두 번째 초안을 함께 작성하기 시작했다. 그리고 7월 31일에 원고를 완성한 뒤 여러 동료에게 보냈다. 우리는 동료들과 줌에서 만나—보통 한 번에 두 명씩—피드백을 받았다. 또 온라인으로 진행된 노터데임 대학교 국제관계 워크숍과 시카고 대학교 국제정치학 워크숍에서 원고를 발표했다.

원고를 읽은 사람 대부분이 우리 프로젝트에 의구심을 가졌기 때문에, 우리는 큰 노력을 들였음에도 '합리성'이라는 주제를 제대로 다루어내지 못했다는 사실을 깨달았다. 이런 상황이라면 모든 걸 그만둘 법도 하건만, 우리는 오히려 더 노력해서 책을 한 권 써보기로 했다. 우리가 중요한 주제를 다루고 있다는 데 대한 믿음도 있었지만, 우리와 대화를 나눈 사람 거의 모두가 우리 주제에 매료되었기 때문이다.

그래서 우리는 2020년 10월부터 줌으로 거의 매일 네 시간씩 만난 끝에 2021년 6월 17일 이 책의 초고를 완성했다. 회의에는 일정한 패턴이 있었다. 첫 15분, 때로는 30분은 잡담으로 시작했고, 그런 다음에 화면 공유 기능을 사용해 함께 글을 쓰고 읽고 자료를 찾았다. 이런 과정을 거쳐 완성된 원고를 많은 동료에게 보냈고—그중 일부는 이미 기고문 버전을 읽었다—그들과 줌에서 대화를 이어나갔다. 몇 시간이나 지속된 대화도 많았다. 또 코로나 제한 조치가 느슨해진 틈을 타 하이드파크에서 시카고대와 노터데임대의 동료들과 두 차례 직접 만나기도 했다. 초기와 달리 우리는 우리가 주장하려는 바에 대해 이제 더 잘 알게 되었다고 생각했지만 그렇지 않았다. 이번에도 동료들은 원고의 가장 큰 문제점들을 지적했다. 물론 그중 많은 이가 우리가 뭔가 중요한 문제를 다루고 있고 중요한 책을 쓰고 있다고 말해주기는 했지만 말이다.

2021년 9월 말 우리는 원고를 전체적으로 검토하기 시작했다. 일주일에 하루도 빠지지 않고 매일 네 시간씩 줌에서 만났고—크리스마스를 제외하고 추수감사절과 설날에도—2022년 3월 5일 새 버전을 완성했다. 이전 원고와 구상, 이론, 실증적인 면에서 차이가 컸다. 더는 물어볼 사람이 없게 되자 우리는 예일 대학교 출판부의 담당 편집자인 윌리엄 프럭트William Frucht에게 원고를 보냈고, 그는 이 원고를 검토 위원들에게 보냈다. 프럭트와 검토 위원들에게 광범위한 지적을 받은 뒤 우리는 종일 줌 회의를 다시 시작했고, 또 한 번 원고를 처음부터 다시 썼다. 우리가 최종본을 완성한 것은 그해 8월 15일이었고, 프로젝트를 시작한 지 2년 9개월 만이었다.

분명한 것은 이 책《국가는 어떻게 생각하는가》가, 우리를 집 안에 가둔 코로나19, 그리고 3000시간을 함께 작업할 수 있도록 해준 줌 덕분에 탄생할 수 있었다는 사실이다. 코로나19는 우리의 삶을 정지시켰지만 우리가 생각하고 글을 쓰는 데 필요한 시간을 주었고, 줌에서는 전 세계에 흩어져 있는 전문가들과 만날 수 있었다. 이상하게 들릴지 모르겠지만 다른 상황이었더라면 이 책을 완성하지 못했을 것 같다. 또 완성했다 하더라도 시간도 훨씬 많이 걸리고 결과도 훌륭하지 않았을 것이다.

이 책이 더 나아지도록 도와준 똑똑하고 재능 있는 여러 사람에게 감사한다. 우리와 줌에서 만나 도전적이고 통찰력 있는 지적을 많이 해준 사람들에게 특별한 고마움을 전한다. 제이슨 카스티요Jasen Castillo, 데일 코플랜드Dale Copeland, 엘리자 게오르게Eliza Gheorghe, 찰스 글레이저Charles Glaser, 브렌던 그린Brendan Green, 마리야 그린버그Mariya Grinberg, 도미닉 존슨Dominic Johnson, 숀 린-존스Sean Lynn-Jones, 누누 몬테이루 Nuno Monteiro, 린지 오로크Lindsey O'Rourke, 브라이언 래스번 Brian Rathbun, 존 슈슬러John Schuessler, 잭 스나이더Jack Snyder, 재니스 그로스 스타인Janice Gross Stein, 마크 트랙턴버그Marc Trachtenberg, 스티븐 월트Stephen Walt, 알렉산더 웬트Alexander Wendt 등이 그들이다. 또한 조슈아 변Joshua Byun, 모리츠 그레프라트Moritz Graefrath, 로버트 걸로티Robert Gulotty, 윌리엄 하월William Howell, 에릭 올리버Eric Oliver, 덩컨 스나이덜Duncan Snidal에게도 큰 빚을 졌다. 이들은 우리와 직접 만나 원고 전체에 대한 현명한 조언을 해주었다.

　우리는 합리성에 대한 초기 생각을 노터데임 대학교 국제관계 워크숍과 시카고 대학교 국제정치학 워크숍에서 발표하면서 매우 큰 도움을 받았다. 이 워크숍에 참가한 모든 사람에게 감사의 말을 전한다. 특히 오스틴 카슨Austin Carson, 마이클 데시Michael Desch, 유진 골즈Eugene Gholz, 앨릭 하후스Alec Hahus, 로즈메리 켈라닉Rosemary Kelanic, 댄 린들리Dan Lindley, 조지프 페어런트Joseph Parent, 하스민 시에라Jazmin Sierra, 다이애나 웨거Diana Wueger는 유용한 질문과 지적, 제안을 해주었다.

　브라이스 애덤Bryce Adam, 셰네르 악튀르크Şener Aktürk, 올라뷔르 비외르든손Ólafur Björnsson, 숀 브래니프Sean Braniff,

케빈 부스타만테Kevin Bustamante, 아서 시어Arthur Cyr, 아미타바 두트Amitava Dutt, 크리스천 고드윈Christian Godwin, 게리 고어츠Gary Goertz, 피터 카첸스타인Peter Katzenstein, 새뮤얼 라이터Samuel Leiter, 제니퍼 A. 린드Jennifer A. Lind, 램지 마디니Ramzy Mardini, 제임스 모로James Morrow, 롼방천Bangchen Ruan, 성위빙Yubing Sheng, 쑨레이Lei Sun, 로버트 트레이거Robert Trager, 마이크 울컷Mike Wolcott, 그리고 특히 로버트 코헤인Robert Keohane과 나누었던 대화나 이메일 교환에도 무척 감사한다.

마지막으로 원고를 읽고 평가해준 이름 모를 검토 위원 세 분의 노고에 고맙다는 말을 전한다. 혹시 우리가 놓친 분이 있다면 심심한 사과의 뜻을 밝힌다.

우리는 운 좋게도 행정적으로나 재정적으로 훌륭한 뒷받침을 받았다. 특히 자료 조사를 뛰어나게 보조해준 엘리즈 볼트Elyse Boldt, 데이비드 미어샤이머David Mearsheimer, 부라크 탄Burak Tan에게 고마움을 전하고 싶다. 그리고 미어샤이머의 연구는 발다이 국제토론클럽이 그의 《미국 외교의 거대한 환상》을 2019년 최고의 책으로 선정하면서 제공한 소규모 지원금 덕분에 원활히 진행되었다. 또 로사토는 이 책을 쓸 때 노터데임 대학교 문학예술대학에서 일부 지원을 받았다.

이 책은 우리 두 사람 모두에게 예일 대학교 출판부에서 출간한 두 번째 책이다. 윌리엄 프럭트보다 더 나은 편집자는 찾을 수 없을 것이다. 그는 우리가 책을 쓰는 내내 열정을 잃지 않으며 원고를 훌륭하게 편집해주었다. 진행을 도와준 어맨다

거스턴펠드Amanda Gerstenfeld와 원고를 탁월하게 교정해준 보자나 리스티치Bojana Ristich, 작업하는 내내 우리를 이끌어준 조이스 이폴리토Joyce Ippolito에게도 감사한다.

책을 쓰는 과정은 저자의 에너지를 모두 빼앗아 가다 보니 가까운 사람들에게도 큰 영향을 미칠 수밖에 없다. 특히 코로나19로 인해 미어샤이머의 가족(패멀라, 데이비드)과 로사토의 가족(수전, 애나, 올리비아)도 그런 일을 겪었다. 이들은 하루도 빠지지 않고 집필 작업을 가까이에서 지켜봐야 했다. 그럼에도 끊임없이 인내하며 우리에게 지지와 격려를 보내주었다. 진심으로 감사한다.

차

례

머리말 • 6

제1장 '합리적 행위자' 가설
: 이론적 틀, "국제정치에는 합리적 행위자가 존재한다"

국제정치에서 합리성이란 무엇인가: 전략적 합리성과 불확실성 • 31
개인의 합리성 | 집단의 합리성

국가는 정말 합리적 행위자인가: '전략적 합리성'의 정의 • 35
합리성의 두 가지 핵심, '신뢰성 있는 이론'과 '심의' | 기대효용 극대화

국가는 항상 합리적인가: '전략적 합리성'에 대한 평가 • 40
일상적 합리성 vs 비합리성 | 정신적 지름길

합리적 국가의 최우선 목표는 무엇인가: 목표 합리성 • 46

이 책의 구성과 로드맵 • 47

제2장 전략적 합리성과 불확실성
: 불확실한 세상을 어떻게 이해할 것인가

전략적 합리성의 두 차원: 정책결정자 개인과 국가 • 54
개인의 합리성 | 집단의 합리성

현실 세계를 어떻게 이해할까: 확실한 세상, 위험한 세상, 불확실한
세상 • 58

불확실성이 작용할 때: 심각한 정보 부족의 4가지 사례 • 61
제2차 세계대전 이후 미국의 대유럽 정책 | 냉전 이후 미국의 대동아시아 정책 |
진주만 공격 이전 일본의 정책 | 쿠바 미사일 위기 당시 미국의 정책

제3장 **전략적 합리성의 정의**
　　 : 신뢰성 있는 이론에 근거하는가, 심의 과정을 거쳤는가

국제정치의 여러 이론: 신뢰성 있는 이론 vs 신뢰성 없는 이론 • 78
불확실한 세상에서 이론이 갖는 덕목들 | 이론과 정책 | 신뢰성 있는 이론이란 |
신뢰성 있는 이론 목록: 자유주의 이론과 현실주의 이론 | 신뢰성 없는 이론이란 |
신뢰성 없는 이론 목록: 문명 충돌 이론부터 편승 이론까지 | 비이론적 사고: 데이터
지향 또는 감정 지향적 사고

개인의 합리성: 합리적 정책결정자는 이론 지향적이다 • 110

국가의 합리성: 관점의 통합과 심의 • 112

과정 vs 결과: 합리성이란 과정에 관한 것이다 • 115

제4장 **합리성의 다른 정의들**
　　 : 합리적 선택 이론과 정치심리학을 중심으로

기대효용 극대화: 합리적 선택 이론가들에 대한 비판 • 123
합리성을 어떻게 정의할까 | 개인의 합리성에 대한 정의의 부재 | 개인의 합리성에
대한 미흡한 정의 | 국가의 합리성에 대한 정의의 부재

정치심리학: 국제정치에서는 비합리성이 우세하다? • 144
비합리성에 대한 미흡한 정의

유추와 휴리스틱: 정치심리학자들에 대한 비판 • 154

제5장 **합리성과 대전략**
: **국제정치에서 대전략 결정의 5가지 사례**

제1차 세계대전 이전 독일의 삼국협상 대처 방안 결정 • 165

제2차 세계대전 이전 일본의 소련 대처 방안 결정 • 175

제2차 세계대전 이전 프랑스의 나치 위협 대응 방안 결정 • 184

냉전 이후 미국의 나토 확장 결정 • 195

냉전 이후 미국의 자유주의 패권 추구 결정 • 203

제6장 **합리성과 위기관리**
: **국제정치에서 위기 대응 결정의 5가지 사례**
+ **전쟁 악화 결정의 2가지 사례**

1914년 독일의 제1차 세계대전 개시 결정 • 214

1941년 일본의 미국 진주만 공격 결정 • 221

1941년 독일의 소련 침공 결정 • 229

1962년 미국의 쿠바 미사일 위기 해결 결정 • 239

1968년 소련의 체코슬로바키아 침공 결정 • 246

미국의 한국전쟁과 베트남 전쟁 확대 결정 • 255

제7장 **비합리적 국가 행동**
　　　: 전략적 비합리성의 4가지 사례

　　제1차 세계대전 이전 독일의 위험 전략 결정 • 264

　　제2차 세계대전 이전 영국의 무책임 전략 결정 • 271

　　미국의 쿠바 침공 결정 • 281

　　미국의 이라크 침공 결정 • 288

제8장 **목표 합리성**
　　　: 국가는 어떻게 생각하는가

　　목표 합리성의 정의 • 304

　　목표 합리성의 실천 • 308
　　생존을 우선시하다 | 생존 위협 | 생존을 무시하기

에필로그 • 319
: 국제정치에서의 합리성

해제 현실주의 이론가 미어샤이머에 대한 오해와 사실 • 325
주 • 339

'합리적 행위자' 가설

이론적 틀,
"국제정치에는 합리적
행위자가 존재한다"

I

미국 지도자들이 외국 경쟁자들을 '비합리적'이라고 일컫는 것은 흔한 일이 되었다. 지난 25년 사이 어느 시점엔가 사담 후세인, 마흐무드 아흐마디네자드, 우고 차베스, 무아마르 카다피, 김정은, 블라디미르 푸틴은 '비이성적', '비논리적', '정신 나간', '망상에 빠진' 또는 '미친'이라는 표현으로 낙인이 찍혔다. 어떤 경우에는 비합리성의 전형으로 묘사되곤 하는 아돌프 히틀러에게 비견되기도 했다.[1]

정책결정자를 비롯한 '개인'이 비합리적이라는 견해는 어쩌면 학계에서 영향력이 더 클 것이다. 학계에서는 "지난 몇십 년 동안 새로운 행동 혁명이 사회과학을 휩쓸었다"[2]는 말이 돈다. 정치학과 경제학을 전공하는 학생 중에는 심리학 연구에 기반하여, 인간—평범한 소비자부터 국가의 수장에 이르기까지—은 합리성의 명령에 어긋나게 행동하는 경우가 빈번하다고 주장하는 사람이 많다.

만약 이들의 주장이 사실이라면, 국가가 '합리적 행위자

rational actor'라는 가정에 기초한 전통적인 국제관계학은 문제에 봉착한다.[3] 국가가 비합리적으로 행동할 때가 많다면 이 학문의 핵심 논리와 통찰력은 크게 손상되고 학문 전체에 대한 의구심이 생길 것이 거의 확실하다.[4] 또한 국가 지도자들이 효과적인 외교 정책을 구상하는 것도 불가능해질 것이다. 다른 국가가 어떻게 행동할지 전혀 예상하지 못할 테니 말이다. 요컨대 학문과 현실 세계의 연관성은 더 높아지기 어렵다.

이 책의 목적은 국제정치에서 '합리적 행위자'가 존재한다는 가설을 검토하는 것이다. 그리고 우리는 이와 관련된 두 가지 질문에 답하고자 한다.

첫 번째 질문은 '합리성이란 무엇인가?'이다. '합리적 행위자' 가설에 관한 논의는 국가가 합리적으로 생각하고 행동한다는 것은 무엇인지, 또 반대로 국가가 비합리적으로 생각하고 행동한다는 것은 무엇인지 제대로 이해하는 데서 시작해야 한다. 납득할 만한 정의 없이는 합리적 생각과 행동을 비합리적인 생각 및 행동과 구분하는 기준선을 정하기가 불가능하다.

두 번째 질문은 '국가는 정말 합리적 행위자인가?'이다. 다시 말해, 국가가 일상적으로 합리적이거나 비합리적이라는 것을 보여주는 실증적 기록이 있는가?

합리성은 무엇보다 원하는 목표를 추구하면서 세상을 향해하기 위해 세상을 이해하는 것이다.[5] 외교 정책 영역에서 이 말은 합리성에 개인적 차원과 국가적 차원이 있다는 것을 의미한다. 먼저 합리적 정책결정자들은 이론 지향적이다—그들은 신뢰성 있는 이론을 통해서 주어진 상황을 이해하고, 목표를 성취하는 데 가장 좋은 정책을 선택한다. 그리고 합리적 국가란 이런 주요 정책결정자들의 관점이 심의 과정을 거쳐 통합되고, 최종 정책이 신뢰성 있는 이론을 바탕으로 결정되는 경우를 일컫는다. 반대로 국가가 신뢰성 있는 이론을 바탕으로 전략을 세우지 않거나 심의 과정을 거치지 않을 때, 혹은 둘 다 하지 않을 때 비합리적 국가가 된다. 역사를 자세히 들여다보면, 이런 기준으로 판단했을 때 국가는 외교 정책에서 늘 합리적이라는 것을 알 수 있다.

우리의 주장은 국제관계의 합리성에 관한 기존 연구와 큰 대조를 보인다.[6] 놀랍게도 오늘날 이 쟁점을 지배하는 두 가지 관점—'합리적 선택 이론'과 정치심리학—에는 개인이 어떻게 세상을 이해하는지에 관한 논의가 거의 없다. 그것이 합리성의 중요한 구성요소인데도 말이다. 사람들은 기존의 합리적 선택 이론을 연구하는 학자들이 많은 것을 말해주리라 기대하지만, 이들은 정책결정자들이 세상 돌아가는 이치를 이해하기 위해 어떻게 판단력을 사용하는지에는 아예 관심을 두지 않는다. 또 정치심리학자들도 정책결정자들이 세상을 이해하기 위해 어떤 노력을 하는지에 관해서는 대부분 입을 다문다.

합리적 선택 이론가들과 정치심리학자들은 모두 개인이 여러 정책 선택지 중 하나를 '어떻게' 결정하는가라는 협소한 주제에 초점을 맞춘다. 합리적 선택 이론가들은 합리적 개인이 마치 '기대효용 극대화expected utility maximization'를 위해 행동하는 것처럼 전제한다. 이러한 접근법은 개인이 자신의 선택을 어떻게 생각하는지에 대해서는 고려하지 않는다. 또 정치심리학자들은 개인이 어떻게 결정을 내리는지에 대한 검토를 통해 합리적 선택이 무엇인지를 고찰한다. 그러나 그들이 이해하는 '합리적 선택'은 우리의 관점과 다르다. 우리는 신뢰성 있는 이론에 기대는 것을 강조하지만, 그들은 합리적 개인이 기대효용 극대화 공식을 바탕으로 선택을 한다고 주장한다.

합리적 선택 이론가들과 정치심리학자들은 국가 차원의 합리성보다 개인 차원의 합리성을 다루었다. 그들은 외교 정책 수립이 여러 사람이 참여하는 공동 작업이라는 것을 알면서도, 서로 다른 정책결정자들의 관점이 어떻게 통합되어 하나의 합리적 또는 비합리적 전략을 만들어내는지에 대해서는 별말이 없다.

국가가 실제로 합리적인 행위자인가 하는 실증적 질문으로 넘어가면, 합리적 선택 이론가들과 정치심리학자들은 합리성이 보편적이라는 우리의 주장에 이의를 제기한다. 더 명확히 말하면, 합리적 선택 이론가 다수가 그런 질문을 아예 던지지 않는다. 그런가 하면 이 사안에 관해 입장을 가진 사람들은 국가가 비합리적일 때가 많다고 주장한다. 정치심리학자들도 비합리성이 국제정치에 만연해 있다고 말한다.

말하자면 우리는 이 주제를 둘러싼 논의에 극단적으로 개입할 것이다. 예를 들어 우리는 지금껏 존재한 적이 없는, 국제정치에서의 '합리성'에 대한 심오한 정의를 내릴 것이다. 또한 단순히 국가가 일상적으로 합리적이라는 주장만 펼치는 게 아니라 이 주장이 옳음을 입증할 것이다.

국제정치에서 합리성이란 무엇인가
전략적 합리성과 불확실성

국제정치에서의 '합리성'을 정의하기 전에, 관련 행위자의 주요 면모와 이들이 처한 환경을 기술하는 것이 중요하다. 정책결정자와 국가 사이에는 매우 중요한 차이점이 있다. 따라서 개인이 합리적으로 생각하고 행동한다는 것과 집단이 그렇게 하는 것이 각기 무엇을 의미하는지 생각해보는 것이 무척 중요하다. 게다가 합리성에 관한 판단은 정책결정자들과 국가가 스스로 정한 목표뿐만 아니라 그 목표를 달성하기 위해 세운 전략에도 적용된다. 우리가 '전략적 합리성strategic rationality'이라고 부르는 것과 '목표 합리성goal rationality'이라고 부르는 것에는 차이가 있다. 그러나 국제관계를 다룬 저술에서 합리성에 관한 논의는 대부분 국가의 전략이 합리적인지 아닌지에만 초점을 맞추고, 목표의 합리성을 평가하는 데는 거의 관심을 두지 않는다.

　국가를 둘러싼 세상은 무엇보다 불확실성이 크다. 다시 말하면 국제정치는 정보가 부족한 분야다. 정책결정자들이 결정을 내리기 위해 필요한 정보가 크게 부족한 데다가, 보유한 정보조차 신뢰가 가지 않을 수도 있다. 정책결정자들은 자국 및 타국―우방국과 적국 모두―에 대한 정보, 그리고 이들의 상호작용에 관한 정보가 부족하다. 현재에도 다루기 힘든 이 문제들은 미래를 예측하려 할 때면 더욱 난감해진다.

개인의 합리성

개인에게 합리성은 정신적 과정이다. 따라서 개인이 합리적이거나 비합리적이라고 말하는 것은 이들의 사고가 갖는 특징에 대한 평가다. 사람들은 어떻게 세상을 이해하고 특정 문제에 관한 결정을 내릴까?[7]

합리적 개인은 자신이 사는 세상을 이해하는 데 적절한 사고 과정을 가동해서 다음과 같은 질문에 답한다. 어떤 목적을 추구해야 하고 그 이유는 무엇인가? 자신의 세상을 만들어가는 데 가장 중요한 요소는 무엇인가? 이러한 다양한 요소의 원인과 결과는 무엇인가? 이런 원인과 결과는 왜 존재하는가? 특정 행동의 원인과 결과는 무엇인가? 이런 원인이 저런 결과를 낳는 이유는 어떻게 설명할 수 있는가? 즉 세상을 이해하는 것―합리성에 가장 중요한 요소―은 세상이 어떻게 작동하고 그렇게 작동하는 이유가 무엇인지 설명하는 것을 내포한다. 이렇게 해서 정책결정자들은 국제정치가 정보가 부족하고 따라서 불확실한 세계라는 것을 알게 된다.

합리적 개인이 특정 문제를 어떻게 해결할지 결정을 내릴 때, 이들은 불확실한 세계에 살고 있다는 것을 감안해서 목표를 성취할 수 있는 최고의 전략이 무엇일지 생각한다. 합리적인 결정 과정에는 중요한 정보적 차원이 존재한다. 합리적 개인은 결정을 내릴 때 주어진 상황을 면밀히 평가한다. 이 과정은 주어진 증거의 수집과 분석을 포함한다. 또 합리적 개인은 선택을 내릴 때 새로운 정보가 들어오면 관점을 바꿀 준비가 되어 있다.

집단의 합리성

집단의 합리성은 정책결정자들이 외교 정책을 수립하기 위해 목표를 설정하고 그 전략을 제안할 때 서로 얼마나 협력할 수 있느냐에 달려 있다. 국가보다는 정책결정자라는 개인들의 합의 중요하다. 따라서 국가의 합리성 역시 이들 주요 정책결정자들의 관점이 어떻게 통합되느냐에 달려 있다.

합리적인 통합 과정에는 두 가지 큰 특징이 있다.

첫 번째는 주어진 선택지들을 체계적으로 검토할 수 있는 메커니즘의 존재다. 정책 결정 집단의 구성원들이 각자 선호하는 선택지―이들이 세상을 이해한 바에서 나온 것―를 테이블 위에 올려놓고 그에 관한 토론을 벌인다. 또 각 정책결정자가 선택지에 대해 내놓은 의견도 논의한다. 이러한 체계적인 검토는 합리적 통합 과정에 매우 중요하다. 불확실한 세상에서는 국가가 무엇을 목표로 설정해야 할지, 또 목표 달성을 위한 최선의 방법은 무엇인지 확실하지 않을 때가 많기 때문이다.

합리적 통합 과정의 두 번째 특징은 주어진 선택지 중에서 결정을 내리는 과정이다. 어찌 됐건 결정을 내놓을 수 있는 통합 과정만이 합리적이다. 결정에 실패하면 비합리적인 과정이 된다.

마지막으로 '합리적 행위자' 개념에 대한 정리가 필요하다. 지금까지의 논의(정책 결정으로 이어지는 개인적 및 집단적 과정)를 보면 합리적 행위자 가설에 대해 우리가 별로 할 말이 없으리라 생각하는 이도 있을 것이다. 합리적 행위자 가설이 표면상으로는 행위에 관한 것으로 보이기 때문이다. 정책과 행위는 분석적으로 봤을 때 개별적인 개념이므로, 우리가 개인적 과정에 초점을 두고 집단적 과정은 무시하는 것처럼 보일 수도 있다. 그러나 이는 틀린 말이다. 정책과 행위는 분석적으로는 다를 수 있어도 두 개념은 떼려야 뗄 수 없게 연결되어 있다. 간단히 말하면 국가는 정책을 기반으로 행동한다. 따라서 정책이 합리적이면 행동도 합리적이다. 즉 우리의 분석은 온전히 합리적 행위자 가설에 관한 것이다.

결론적으로 말하면 국제정치에서 합리성에 관한 견고한 정의의 요건은 단순하다. 그 정의는 불확실한 세상에서 행위자들이 상황을 이해하고 결정을 내리는 과정을 개인 차원과 국가 차원에서 모두 기술할 수 있어야 한다.

국가는 정말 합리적 행위자인가
'전략적 합리성'의 정의

국제관계 연구자들은 국가를 합리적 또는 비합리적이라고 할때 합리적 행위자 가설을 자주 언급한다. 그러면서도 이들의 저술에는 합리성이 무엇인지에 관한 논의가 거의 없으니 놀라운 일이다. 이에 우리는 '전략적 합리성'이란 무엇인지 정의를 내리고, 이 정의가 현재 가장 광범위하게 사용되는 개념보다 왜 나은지를 설명하고자 한다.[8]

합리성의 두 가지 핵심, '신뢰성 있는 이론'과 '심의'

앞서 말했듯이 우리는 국가의 전략이 신뢰성 있는 이론에 근거했고 심의 과정을 거친 결과물일 때, 국가를 합리적이라고 정의한다. 합리적 정책결정자들은 이론 지향적이다. 이들은 세상을 이해하고 목표를 달성할 최선의 방법을 결정하기 위해 신뢰성 있는 이론에 기댄다. 그리고 합리적 국가는 두 단계에 걸쳐 정책결정자들의 여러 관점을 통합한다. 즉 활발하고 자유로운 토론과 최종 결정자의 선택이다.

　세상을 이해하고자 하는 합리적 정책결정자는 신뢰성 있는 이론을 수용한다. 우리는 이들을 '호모 테오레티쿠스'라고 부를 수 있겠다. 이론과 정책은 불가분의 관계이고, 이런 이론에 기대는 정책결정자가 결국 합리적 정책을 지지할 수 있기 때문이다. 개인들은 국제정치의 다양한 면모에 관하여 서로 다른 이론—가정, 인과 논리, 뒷받침하는 증거들로 구성된 확률적 진술—에 기댈 수 있다. 이런 이론 대부분은 신뢰성이 있는데, 이는 가정이 현실적이고 인과관계도 논리적으로 튼튼하며 그 주장이 역사적 기록에서 상당한 지지를 받는다는 뜻이다. 반면 가정, 논리, 실증적인 면에서 봤을 때 신뢰성 없는 이론들도 있다. 이런 이론에서 나온 정책은 비합리적이다. 또 아예 이론에 기대지 않는 비이론적 사고에 근거한 전략도 비합리적이다.

특정 이슈에 관한 결정을 내릴 필요가 있을 때, 합리적 정책결정자는 이번에도 역시 신뢰성 있는 이론에 기댄다. 이들 이론이 세상이 돌아가는 방식을 설명하고 주어진 상황에 가장 적합한 전략을 결정하도록 도와주기 때문이다. 물론 신뢰성 있는 이론이 모든 문제에 적용되는 것은 아니다. 어떤 문제에 적용되었다 하더라도 나중에 상황이 바뀌면 작동하지 않을 수도 있다. 달리 말하면 합리적 정책결정자는 자신의 이론을 고집하지만 그러면서도 그 이론이 해당 사례에 잘 적용되는지를 평가하고, 강력한 증거가 새로 나타나면 마음을 바꾼다.

한편 합리적 국가는 심의deliberation 과정을 통해 주요 정책결정자들의 관점을 통합한다. 어떤 상황에서든 정책결정자마다 선호하는 이론이 있기 마련이고, 그 이론이 (세상이 돌아가는 방식을 가장 잘 포착하므로) 당면 문제에 대처할 만한 검증된 해결책을 주리라 믿을 것이다. 이 이론들은 중첩되는 부분이 많을 때도 있고 날카롭게 대립할 때도 있을 것이다. 또 정책결정자들 가운데 일부는 신뢰성 없는 이론을 선호할 수도 있다. 따라서 의견 통합의 문제가 불거진다.

심의는 국가 차원에서 이루어지는 합리적 의견 통합 과정의 가장 큰 특징이다. 심의라는 것은 활발하고 자유로운 토론뿐 아니라 최종 결정자의 정책 선택까지 포함한다. 토론 과정에서 각 정책결정자는 서로 다른 정책의 장단점을 판단하는데, 이때 강압이나 속임수를 쓰거나 그 피해자가 되면 안 된다. 사실 토론이란 집단이 상황을 이해하려고 하는 전형적인 아이디어의 장과 같다. 토론은 다음과 같은 세 가지 방식으로 마무리될 수 있다.

첫째, 최종 결정자를 비롯한 정책결정자들이 포괄적으로 상황을 토론하다가 각자 기대는 이론들이 많이 겹치므로 쉽게 합의에 이른다. 둘째, 정책결정자들이 다양한 이론과 관련 정책들을 두고 언쟁을 벌이지만 토론을 통해 자신들의 관점을 되돌아보면서 이견이 해소된다. 셋째, 참석자들이 이견을 내세우면서 서로의 의견에 설득되지 않다가 결국 최종 결정자가 언쟁을 해결한다.

반대로 정책 선택에 이르는 통합 과정에 심의가 포함되지 않는다면 그 국가는 비합리적이다. 정책 결정 집단 중 일부 구성원이 침묵이나 강압, 억제, 기만 또는 정보 독점을 할 수 있다는 것이다. 이는 최종 정책이 신뢰성 있는 이론에 근거한 경우에도 해당한다. 물론 의견 통합 과정의 성격과 상관없이, 국가가 선택한 전략이 신뢰성 없는 이론에 기댔거나 근거 이론이 아예 없을 때도 국가는 비합리적이다.

우리가 내린 '전략적 합리성'의 정의—신뢰성 있는 이론에 근거하고 심의를 포함한 결정 과정을 통해 정책이 나왔을 때 그 국가는 합리적이다—는 이런 개념의 본질적 의미를 잘 포착한다. 개인 차원에서 신뢰성 있는 이론—정신 구조—은 불확실한 세상을 이해하는 가장 적절한 방법이다. 그 이론이 완벽하지 않더라도 말이다. 이런 이론은 심각한 정보 부족 상황에서 앞으로 나아갈 최선의 방법을 결정하는 데도 잘 들어맞는다. 그리고 집단의 차원에서 심의는 최선의 전략이 무엇인지 알 수 없는 불확실한 세상에서 아주 중요한 정책 선택지들을 체계적으로 검토하고, 그중 하나를 결정하는 과정이다.

기대효용 극대화

국제관계를 전공하는 학생 대부분은 합리성을 (기본적으로 데이터를 중시하는) '기대효용 극대화'와 동일시한다. 합리적 선택 이론가들이 옹호하는 기대효용 극대화에 따르면, 합리적 개인은 우선 다른 행위자와의 상호작용에서 나올 수 있는 결과가 무엇인지 생각한다. 그런 다음 가능한 결과들의 순위를 선호도에 따라 매기고, 여기에 특정한 효용 또는 가치를 부여한다. 그리고 각 결과의 효용을 해당 결과가 일어날 가능성—나와 있는 데이터를 검토해서 산정—과 곱해서 다양한 행위의 기대효용을 계산한다. 마지막으로 기대효용을 극대화할 행동을 선택한다. 합리성을 바라보는 이런 관점은 주류 경제학에서 통상적으로 사용된다. 그래서 기대효용을 계산해서 이를 극대화하거나 최적화하는 인간을 '호모 에코노미쿠스Homo economicus'라고 부른다.

합리성 및 기대효용 극대화에 관한 저술에는 두 가지 관점이 존재한다. 먼저 합리적 선택 이론가들은 합리적 개인이 마치 기대효용 극대화를 위해 행동하는 것처럼 전제한다. 그러면서도 이들은 합리적 행위자가 그 행동들의 기대효용을 실제로 계산했는지는 고려하지 않는다. 개인이 어떤 행동을 선택하는 정신적 과정에 대해서는 아무 말이 없는 것이다. 한편 정치심리학자들은 조금 다른 관점을 내놓는다. 그들도 역시 기대효용의 최적화를 가지고 합리성을 규정하지만, 최적화라는 개념 자체가 (합리적 개인이 어떤 행동을 결정할 때) 머릿속에서 실제로 기대효용이 계산된다는 것을 의미한다고 본다.

국제관계학에서 내린 이러한 합리성의 정의는 완전하지 않다. 합리적 정책결정자가 기대효용을 극대화하는 행동을 선택하는 것이라 규정하면서 그 과정에서 개인이 어떻게 선택하는지만 다루기 때문이다. 이러한 정의는 개인이 어떤 결정이 필요한 문제에 직면하기 전에 세상을 어떻게 이해하고 있는지에 대해서는 말해주지 않는다. 또 국가 차원에서 합리적 통합 과정이 어떻게 진행되는지도 말하지 않는다.

개인의 선택이라는 문제에만 국한해서 보더라도, 기대효

용 극대화는 합리성의 완벽한 정의가 되지 않는다. 선택이 일 어나는 정신적 과정을 설명하지 않기 때문이다. 그저 합리적 개인이 효용을 극대화하는 방식으로 행동한다고 가정할 뿐, 개 인이 실제로 그러는지에 대해서는 관심을 두지 않는다. 그런데 사고의 과정이야말로 합리성의 핵심이기 때문에, 이는 합리적 선택 이론가들이 궁극적으로는 합리적 결정 과정에 대해 아무 런 주장도 펼치지 않는다는 것을 의미한다. 그런가 하면 합리 적 정책결정자가 실제로 기대효용을 계산한다고 주장하는 정 치심리학자들도 이 문제는 아예 다루지 않는다. 이들 역시 다 음과 같은 비판에 취약하다. 기대효용 극대화가 과연 외교 정 책을 결정하는 데 합리적인 접근법인가. 관련 데이터와 정보가 풍부한 세계에서라면 이것이 목표 달성 방법을 결정하는 좋은 방법일 수 있어도, 국제정치는 정보가 부족하고 불확실한 세계 이지 않은가.

국가는 항상 합리적인가
'전략적 합리성'에 대한 평가

합리성에 대한 정의를 내렸다면 이제 국가가 합리적 행위자인 지 아닌지 평가할 수 있다. 이 문제를 바라보는 견해는 근본적 으로 두 갈래로 나뉜다. 우리는 국가가 일상적으로 합리적이라 고 주장하는 반면, 정치심리학자들은 국가가 일상적으로 비합리적이라고 말한다. 두 주장과 역사적 기록들을 모두 분석해보면 국제정치에서 합리성은 보편적으로 나타난다는 것을 알 수 있다.

일상적 합리성 vs 비합리성

우리는 합리성을 신뢰성 있는 이론과 심의 과정의 존재라고 정의했다. 그리하여 국가는 일반적으로 합리적 행위자라는 것을 알게 되었다. 각 정책결정자는 신뢰성 있는 이론을 기반으로 국제정치를 이해하고 당면 문제에 관한 결정을 내리며 목표 달성 전략을 짜기 위해 심의를 거친다.

이 책에서 우리는 역사적 기록들을 분석하면서, 강대국이 대전략을 세우거나 위기를 헤쳐나간 유명한 사례들에 초점을 맞추었다. 특히 비합리적인 방식으로 사고하고 행동했다고 알려진 사례들을 검토했다. 그 이유는 간단하다. 특정 사건에서 비합리적이었다고 오해를 받았던 국가가 사실은 합리적이었다면, 다른 때에도 대부분 합리적이었을 가능성이 높기 때문이다. 물론 우리가 역사 기록을 모두 분석한 것은 아니다. 국가가 외교 정책을 결정하는 사례는 수없이 많고, 그 수많은 결정을 증명할 증거는 거의 없기 때문에 모든 것을 분석하기란 불가능하다. 그러나 우리는 우리의 접근법이 이 문제를 해결하는 방향으로 나아가고 있다고 믿는다.

우리가 검토한 사례 중 많은 경우, 국가가 선택한 정책이 실패한(때로는 처참하게 실패한) 때도 있었다는 사실을 언급할 필요가 있겠다. 이는 해당 국가가 비합리적이었다는 뜻이 아니다. 과정과 결과 사이에는 개념적으로 중요한 차이가 존재한다. 합리성은 과정에 관한 것이지 결과에 관한 것이 아니다. 합리적 국가는 세상을 이해하고 자국이 쓸 수 있는 전략을 체계적으로 검토한다. 그러나 그렇게 해서 선택한 정책이 반드시 성공하리라는 보장은 없다. 국가는 이론에 기반해서 심의를 하지만, 외부의 제약과 뜻밖의 상황 때문에 원했던 결과를 얻지 못할 수도 있다. 마찬가지로 비합리적 국가가 목표를 이루어내는 데도 여러 가지 원인—행운이나 압도적 우위—이 작용한다. 말하자면 국가는 합리적이어도 실패할 수 있고, 비합리적이어도 성공할 수 있다. 따라서 합리성을 결과와 동일시하는 것은 무의미하다. 그러나 합리적 전략을 추구하는 국가는 실패할 확률보다 성공할 확률이 높다. 국제정치를 잘 이해하고 문제를 어떻게 처리할지 깊이 숙고하기 때문이다.

그렇다고 합리성이 국제정치 전반에 두루 퍼져 있다고 말하는 것은 아니다. 실제로 우리는 국가가 심의에 실패하거나 신뢰성 있는 이론에 기반해 정책을 만드는 데 실패한(혹은 둘 다에 실패한) 비합리성의 사례를 꽤 볼 수 있었다.

국가가 일상적으로 합리적 사고 및 행동을 하는 이유는 간단하게 설명된다. 국제정치는 위험한 사업이다. 국가는 자신을 보호해줄 상위 조직이 없고 다른 국가가 자신을 해할 의도와 가능성이 상존하는 시스템 속에서 운영된다. 따라서 당면 문제를 해결할 수 있는 최선의 전략을 찾아낼 필요가 있다. 그 래서 정책결정자들은 세상을 이해하고 무엇을 해야 할지 결정하기 위해 신뢰성 있는 이론에 기댄다. 또 앞으로 나아가기 위한 전략을 짜기 위해 심의를 한다. 이는 국가가 대전략을 고안하거나 위기를 헤쳐나갈 때, 때로는 비합리적으로 사고하고 행동하기도 한다는 사실을 부정하는 것이 아니다. 그러나 실패의 비싼 대가는 오히려 그런 사례가 흔하지 않음을 의미한다.

정신적 지름길

합리적 선택 이론가들과 정치심리학자들은 분명 합리적 행위자 문제에 관심을 보인다. 그런데 합리적 선택 이론가들은 국가가 실제로 합리적인지 아닌지는 거의 문제로 삼지 않는다. 이들은 국가 행동의 기반이 되는 개인의 정신적 과정은 대부분 무시하고, 그 개인(합리적 정책결정자)이 마치 기대효용 극대화를 위해 행동하는 것처럼 전제할 뿐이다.

　이와 달리 정치심리학자들은 국가가 일상적으로 비합리적이라고 주장한다. 합리성을 '최적화'의 개념으로 정의하는 그들은 국가가 이상적인 전략적 결정의 개념에서 자주 벗어난다고 결론 내린다. 특히 역사적 기록을 보면 정책결정자들이 기대효용 극대화에 따르지 않고 비합리적으로 행동한 사례가 넘쳐난다고 주장한다. 정치심리학자들은 국제관계에서 비합리성 또는 왜곡이 일어나는 가장 큰 이유가 국가 지도자들이 정책을 만들 때 유추나 휴리스틱heuristic[*] 같은 지름길을 택하기 때문이라고 말한다―이런 지도자들은 '호모 헤우리스티쿠스Homo heuristicus'라고 할 수 있겠다. 그러나 이런 단순화 장치―일부는 타고나고 일부는 학습으로 익힌다―는 세상이 돌아가는 방식을 설명하지 않기 때문에 이론이라고 할 수 없다.

정책결정자들은 종종 상황과 인식의 한계 때문에 이런 지름길을 사용한다. 어떤 문제를 전체적으로 생각할 시간이 부족하거나 정보가 부족할 수도 있고, 계산 능력이 모자라서 문제해결을 위한 최적의 전략을 계산해내지 못할 수도 있다. 이런 제약은 불가피하게 유추나 휴리스틱을 사용하도록 만드는데, 이는 제한적인 합리성 개념과 통한다.

그러나 국제정치에서 비합리성이 우세하다는 이런 식의 주장은 의심의 여지가 있다. 우선 정치심리학자들은 정책결정자가 비합리적임을 밝혀내는 방식으로 합리성을 정의하지만, 이들이 말하는 합리성(개인이 기대효용 극대화 정책을 선택하는 것)은 사실 불가능한 것을 요구하는 것이다. 정책결정자들이 다른 국가와의 상호작용으로 발생할 수 있는 모든 결과를 알아낼 수도 없고, 각 결과의 효용값과 확률을 제대로 할당할 수도 없기

---

* 라틴어의 '발견하다'라는 뜻에서 유래한 용어로 '발견법'이라고도 한다. 시간이나 정보가 불충분해 합리적인 판단을 할 수 없거나 굳이 그럴 필요가 없는 소소한 결정을 할 때, 직관 또는 간단한 상식을 이용해 빠르게 의사결정을 내리는 간편 추론의 방법이다.

때문이다. 본질적으로 합리성은 그 자체로 정의되어야 한다.

정치심리학자들이 내린 합리성의 정의가 오직 비합리성에만 초점을 두고 있음에도 불구하고, 그들은 궁극적으로 국가가 대부분의 경우 비합리적이어도 항상 그런 것은 아니라고 주장한다. 이처럼 단서를 추가한 주장은 합리성의 또 다른 정의—정책결정자들이 어떻게 생각하고 행동하는지보다 결과를 더 중시한 정의—때문에 가능하다. 정치심리학자들은 어떤 처참한 결과—예를 들면 패전—에 집중해서, 초기 결정이 유추나 휴리스틱에 기반했기 때문에 그 결정이 비합리적이라고 역추론하는 것이다. 이런 접근법은 잘못되었다. 다시 한번 말하지만 결과를 기준으로 국가가 합리적인지 비합리적인지 평가할 수는 없다.

정치심리학자들이 이른바 비합리성에 관해서도 모든 것을 제대로 설명하는지도 분명하지 않다. 특히 정책결정자들이 외교 정책을 수립할 때 정신적 지름길을 사용한다고 단정할 이유는 없다. 물론 개인이 일상생활에서 경험치에 기댈 때가 많은 것은 분명하다. 그러나 국가의 안위처럼 이해관계가 큰 문제에 대해서는 이론을 기준으로 사고할 동기가 강해진다.

이런 문제를 차치하고라도, 정치심리학자들은 국가가 합리적으로 생각하고 행동하지 않는다는 주장을 뒷받침할 만한 역사적 증거를 제시하지 못한다. 이들이 광범위한 비합리성에 관한 말은 많이 하지만, 그 증거로 국제정치에 나타난 소수의 사례만 제시할 뿐이라는 사실은 충격적이다. 이들은 정책결정자들이 다양한 인지적 지름길을 사용한다고 말하면서도, 마찬가지로 아주 소수의 사례에만 집착한다. 더구나 그 드문 사례들조차 국가의 비합리성을 설득력 있게 보여주는 예시가 아니다. 뒤에서 그 사례들을 자세히 살펴보겠지만, 이때의 정책결정자들도 합리적이었다는 것을 알 수 있다. 이들은 세상을 이해하고 앞으로 나아갈 방향을 결정하기 위해 신뢰성 있는 이론에 의지했다. 이들이 어떤 결정을 내릴 때 유추나 휴리스틱에 기댔다는 증거는 어디에도 없다. 요컨대 정치심리학자들의 관점과는 달리, 역사적 기록은 호모 헤우리스티쿠스보다 호모 테오레티쿠스들로 가득 차 있다.

합리적 국가의 최우선 목표는 무엇인가
목표 합리성

우리는 지금까지 국가가 외교 정책을 결정할 때 합리적인지 아닌지에 초점을 맞추었다. 합리적 행위자 가설을 다루는 국제관계 연구에서는 이러한 전략적 합리성에 관한 논의가 주를 이룬다. 그러나 논의의 범위를 넓혀 목표 합리성 또한 고려할 필요가 있다.

여기서 중요한 문제는 국가가 목표 달성과 관련해 합리적인가 하는 것이다. 합리적 국가가 안보, 성장, 대외 홍보 등 많은 목표를 가질 수 있다는 데는 이론의 여지가 없다. 그러나 우리는 국가가 합리적이라는 평가를 받으려면 '(국가의) 생존'을 최우선 목표로 설정해야 한다고 생각한다. 사실 신뢰성 있는 이론이라면 생존을 그 어떤 목표보다도 우선시할 것이다. 살아 남는 것이야말로 한 국가가 세울 수 있는 다른 모든 목표를 추구하는 데 선행조건이라는 논리는 반박 불가다. 다른 목표들은 국가가 얼마든지 그 우선순위를 매길 수 있다(순위를 정당화할 만한 신뢰성 있는 이론만 구축할 수 있다면 말이다).

그런데 합리적 국가가 생존을 첫 번째 목표로 삼는다는 문제를 이론적으로 논하는 학자는 거의 없다. 일부 학자가 국가의 비합리성의 증거로, 자국의 생존과 관련해 무모한 결정을 내렸거나 거의 신경을 쓰지 않은 국가의 역사적 사례를 내밀지만, 우리는 이들의 해석에도 동의하지 않는다. 그 사례들을 자세히 살펴보면, 국가는 항상 생존을 다른 목표들보다 우위에 두었다.

이 책의 구성과 로드맵

다음에 이어지는 세 개의 장은 이론적이고 개념적인 내용을 다룬다.

제2장에서는 일반적인 수준에서 전략적 합리성이 갖는 의미를 논한다. 국제정치는 정보가 부족한 분야이며, 합리적 행위자—정책결정자와 국가—가 현명한 전략적 결정을 내리기

위해 전략적 합리성을 이해하려 한다는 사실에 초점을 맞춘다.

제3장에서는 우리가 내린 전략적 합리성의 정의를 다룬다. 정책결정자가 합리적인가 비합리적인가를 가르는 기준으로, 신뢰성 있는 이론에 근거해 정책을 결정하는가를 살펴본다. 이는 국가도 마찬가지다. 다만 국가의 경우, 심의를 거친 결정 과정을 통해 정책이 나와야 한다는 기준이 추가된다.

제4장에서는 국제정치에서의 합리성에 관한 다른 주장들을 살펴본다. 우리는 전략적 합리성에 대한 기존의 지배적 정의—합리적 선택 이론가들이 제안하고 정치심리학자들이 받아들인 정의—를 집중적으로 논하면서, 이 정의가 부족하다고 평가할 것이다. 그리고 국가가 일상적으로 비합리적이라는 정치심리학자들의 주장을 의심할 만한, 이론적이고 개념적인 이유를 제시할 것이다.

그런 다음에는 실증적인 질문을 다룰 것이다. 국가는 전략적으로 합리적인가? 국가가 일상적으로 합리적으로 사고하고 행동한다는 우리의 주장을 뒷받침하기 위해 제5장에서는 국가의 대전략 결정 과정의 사례 5건을, 그리고 제6장에서는 주요 위기 해결 과정의 사례 5건을 소개한다. 각 사례는 어떤 경우 비합리성의 예로 소개되기도 했다. 그러나 모든 경우에 결정 과정에는 심의가 있었으며, 신뢰성 있는 이론에 근거한 정책을 도출했다. 물론 우리는 국가가 '항상' 합리적이라고 주장하는 것이 아니다. 따라서 제7장에서는 전략적 비합리성의 사례 4건도 소개한다.

　　제8장은 전략적 합리성에서 시선을 거두고 목표 합리성에 초점을 맞춘다. 국가가 목표 합리성을 갖느냐의 문제는 국가가 생존에 관해 어떻게 생각하는지에 달려 있다는 사실을 먼저 설명할 것이다. 무엇보다 국가가 생존을 최우선 목표로 설정하는지에 대해 살펴본다. 그런 다음 일부 학자의 주장과 달리, 국가가 생존 의무를 저버리거나 무모하게 자신의 생존을 위험에 빠뜨리면서 자기 보존을 다른 목표보다 하위에 둔다는 증거는 거의 없음을 입증할 것이다.

　　마지막으로 에필로그에서는 우리의 주장이 국제정치 이론과 실제에서 어떤 의미를 갖는지 알아본다.

전략적 합리성과 불확실성

불확실한
세상을 어떻게
이해할 것인가

이 장은 국가가 전략적으로 합리적이라는 말이 무엇을 의미하는지에 관한 논의로 시작한다. 이를 위해 우리는 세 가지 과제를 수행한다.

첫째, 우리는 전략적 합리성에 관한 생각의 틀을 제공한다. 이는 나머지 분석에 영향을 줄 것이다. 그래야 '전략적 합리성'이라는 용어에 대한 정의와 그 대안적 정의들에 대한 평가를 다음 장에서 다룰 수 있다. 또 우리는 개인의 합리성과 집단의 합리성을 구분하고, 개인과 집단—여기에서는 정책결정자들과 국가에 해당한다—이 합리적이라는 말이 무엇을 의미하는지 설명한다.

둘째, 현실 세계를 이해하고 어떻게 대처할지 결정하는 일은 전략적 합리성의 본질이므로, 우리는 국제정치의 본질적 특징을 기술할 것이다. 한마디로 말하면 그 특징은 '불확실성'이다. 세상을 탐색하고 이해하는 데 필요한 정보는 매우 부족하고, 관련 정보가 있다 하더라도 믿을 만하지 않을 수도 있다.

셋째, 우리는 정책결정자들이 외교 정책을 수립할 때 심각한 정보 부족을 어떻게 다루어야 하는지 보여주는 역사적 사례 네 가지를 소개할 것이다.

전략적 합리성의 두 차원
정책결정자 개인과 국가

국제관계에서 전략적 합리성—다시 한번 말하지만, 원하는 목표를 추구하면서 세상을 항해하기 위해 세상을 이해하는 것—을 생각할 때는 이 말이 정책결정자와 국가 모두에게 무엇을 의미하는지 고려하는 것이 필수적이다.

개인의 합리성

개인의 합리성은 정신적 속성이다. 누군가가 합리적이라거나 비합리적이라고 말하는 것은 그 사람의 사고 과정에 관해 말하는 것이다. 허버트 사이먼Herbert Simon이 주장한 바와 같이 합리성은 "과정"이며 "사고의 산물"이다. 이는 개인의 합리성에 관한 평가가 "**과정의 합리성**—인간의 인지 능력과 한계, 그리고 행동을 선택하는 데 동원되는 **과정**을 감안한 효율성—을 (…) 고려해야 한다"[1]는 뜻이다. 데브라 새츠Debra Satz와 존 페어존 John Ferejohn은 이것을 합리성의 "**내면적 해석**"이라고 부르면서 이렇게 지적했다. "이런 관점에서 볼 때, 정신적 실체(예를 들어 취향이나 신념)는 행위자가 선택을 내린 이유라는 점에서 선택과 인과적 관련이 있다고 여겨진다."[2]

개인은 판단력을 두 가지 주요 목적을 위해 사용한다. 세상을 이해하는 것, 그리고 특정 문제에 부딪혔을 때 어떻게 할지 결정하는 것이다.[3] 세상이 어떻게 돌아가는지, 왜 그렇게 돌아가는지 이해하는 문제에서 합리적 개인은 작용 중인 동력을 파악하고 가장 중요한 인과관계를 포착하려고 한다. 그러면서 자신에게 주어진 정보의 양과 질을 가늠한다. 특히 외교 정책을 수립해야 하는 합리적 개인은 국제정치가 사회적 세계이고 따라서 정보가 부족한 분야라는 것을 이해한다.

개인의 합리성을 불확실한 세상을 이해하려는 시도로 보는 이 같은 견해는 별다른 논쟁거리가 아니다. 스티븐 캘버그 Stephen Kalberg는 이를 막스 베버를 언급하며 설명했다. "현실을 제어하려고 의식적으로 노력하는 정신적 과정은 그 내용은 다양할지라도 합리성의 모든 유형에 공통으로 나타난다. (…) 베버에 따르면 이런 모든 과정은 구체적 사건, 관련성 없는 사건, 단속적인 해프닝으로 이루어진 사회적 현실의 끝없는 흐름과 부딪힐 수밖에 없다. 현실을 제어할 때 정신적 과정의 목표는 특정화된 인식을 이해 가능하고 '의미 있는' 규칙성으로 정리하여 없애는 것이다."[4]

어떤 사안이 발생하면 개인의 합리성은 어떻게 앞으로 나아갈지에 관한 결정을 수반한다. 데이비드 레이크David Lake와 로버트 파월Robert Powell이 말했듯이 "[합리적] 행위자는 (…) 능력껏 목적의식이 뚜렷한 선택을 한다. (…) [이들은] 주관적으로 정한 목표에 가장 잘 부합하는 전략을 선택한다."[5] 더 자세히 말하면, 합리적인 개인은 자신이 활동하는 세상을 고려하여 주어진 상황을 타개할 최선의 정책이라고 판단한 것을 선택한다. 국제정치에서 이는 불확실성을 염두에 둔 결정 과정을 택한다는 것을 의미한다.

선택을 내릴 때 합리적인 개인은 정보에 주의한다. 무엇을 할지 정하기 위해 자신에게 주어지는 어떤 정보든 수집하고 분석한다. 전략을 선택한 뒤에도 중요한 사실을 새롭게 알게 되면 마음을 바꿀 준비가 되어 있다. 브라이언 래스번Brian Rathbun은 이 점을 강조한다. "합리적 사고는 정보 수집에 적극적으로 임할 것을 요구한다. 이 과정은 지속적으로 이루어진다. 어떤 결론에 도달했다고 해서 끝나지 않는다. 따라서 합리적 사고는 본질적으로 개방적이다. 합리적으로 생각하는 사람은 새로운 증거 앞에서 마음을 닫는 법이 없고, 이미 내린 결론이 마음에 들더라도 늘 자신의 신념을 재고할 의지를 갖고 있다. 합리주의자들은 이를 '업데이팅'이라고 부른다. 업데이팅은 데이터가 더 많이 수집되면서 부족했던 정보가 점점 더 보완되는 과정이다."[6]

집단의 합리성

국제정치에서 집단의 합리성을 논할 때 합리적인가 아닌가를 따져야 할 대상은 국가 자체가 아니라 그 국가의 행정부라는 사실을 유념해야 한다. 지도부는 복수의 관료―보통 정부 수반과 장관 및 참모―로 돌아가면서 구성되고, 이들은 국가의 정책을 수립하기 위해 집단으로 행동한다. 시드니 버바Sidney Verba가 말했듯이 "국제 시스템 안에서 일어나는 모든 행위가 개인들의 행동으로 축소될 수 있다는 말은 사실이다. 그러나 국제관계가 개인의 태도와 행동만으로 올바르게 이해될 수 없다는 것 또한 사실이다. 국제 시스템 모델들은 보통 더 큰 단위인 국가를 주요 행위자로 다룬다."[7] 따라서 국가가 합리적인가 하는 문제는 정책결정자 개개인의 관점을 최종 결정에 반영하는 통합 과정에 달려 있다.[8]

합리적인 의견 통합 과정에는 두 가지 차원이 존재한다. 우선 가능한 전략들에 대한 체계적인 평가를 담보하는 과정이다. 국가는 불확실한 세상에서 운영되므로, 특정 문제를 다룰 때 최선의 정책이 무엇인지 명백하지 않을 때가 많다. 합리적인 해결책은 모든 선택지에 대한 체계적 검토를 보장하는 것이다. 다양한 정책결정자가 내놓은 관점은 회의실에 모인 소규모 집단이 형성한 아이디어의 장에서 모두 소개되고 논의된다. 스탠리 잉버Stanley Ingber도 더 넓은 사회에서 작동하는 아이디어의 장과 관련하여 비슷한 주장을 펼친다. "이 이론이 가정하는 바는, 견실한 토론 과정에 아무런 제약이 없다면 (…) 진리를 발견하게 되거나, 적어도 사회 문제에 관한 최선의 관점이나 해결책이 나오리라는 것이다. (…) [아이디어의] 장에서 이루어지는 아이디어 공개 교환의 질은 정부의 질을 향상시킨다."[9] 합리적인 의견 통합 과정의 또 다른 차원은 주어진 정책 중에서 선택하는 과정이다. 대전략을 결정하는 데 실패한 국가는 비합리적이다. 합리적 국가는 그 결정을 내리는 메커니즘을 갖추고 있다.

정리해서 말하면, 국제관계에서 전략적 합리성은 자신들이 불확실한 세상에서 활동한다는 것을 인지하는 정책결정자와 국가 모두에 해당한다. 어떤 문제에 직면했을 때 합리적인 정책결정자는 그런 세상을 이해하고 최선의 해결 방법을 결정하며, 합리적인 국가는 사용 가능한 전략을 평가하고 무엇을 채택할지 정한다.

현실 세계를 어떻게 이해할까
확실한 세상, 위험한 세상, 불확실한 세상

불확실성이 국제정치를 정의하는 특징이라는 말은 무슨 뜻일까? 합리성에 관한 저술에서 행위자가 마주하는 세상을 확실성, 위험, 불확실성 같은 개념으로 설명하는 것은 흔한 일이다.[10]

확실한 세상에서는 결정에 필요한 모든 정보가 주어진다. 이때는 어떤 전략을 택하더라도 그 결과는 자명하다. 결론에 이르는 데 복잡한 계산과 엄청나게 많은 정보가 필요하더라도 말이다. 필요로 하는 정보는 모두 이용할 수 있다. 그러나 정책 결정자나 국가가 그런 세상에 산다고 말할 수 있는 사람은 거의 없을 것이다.

위험한 세상에서는 정책결정자가 어떤 전략을 적용한 결과를 미리 알 수 없다. 그러나 다양한 결과의 확률을 계산하는 데 필요한 정보는 얻을 수 있다. 확률 판단을 할 수 있는 방법은 두 가지다.

첫 번째 방법은 논리적 추론이다. 프랭크 나이트Frank Knight가 "선험적 계산"[11]이라고 부르는 것이다. 이 방법은 결과가 어떨지 알 수는 없지만 가능한 결과의 확률은 모두 알 수 있는 게임에 적용된다. 예를 들어 주사위를 굴리는 사람은 각 숫자가 나올 확률이 6분의 1이라는 것은 알고 있지만 한 번 굴렸을 때 어떤 숫자가 나올지는 알 수 없다.

위험한 세상에서 확률 판단을 내리는 두 번째 방법은 이용 가능한 데이터를 수집하고 그 데이터를 평가하기 위해 통계를 사용하는 것이다. 나이트가 "실제 사례에 통계를 적용하는 실증적 방법"이라고 칭한 이 과정은 보험업계에서 많이 사용된다.[12] 보험 회사는 방대한 데이터를 보유하고 있어서 화재부터 사고사까지 다양한 사고의 발생 가능성을 계산할 수 있다.

불확실한 세상에서는 행위자들이 서로 다른 전략을 따랐

을 때의 결과를 예측하는 데 필요한 정보를 얻을 수 없다. 존 메이너드 케인스John Maynard Keynes는 "지식"이 "불확실"하면 "계산 가능한 확률을 도출해낼 과학적 근거가 없다"고 말한다. 그러면서 불확실성이 생기면 비용과 편익을 특정하는 데 필요한 정보, 또는 다양한 정책과 연관된 "미래의 강점과 약점"을 이용할 수 없다고 덧붙인다. 이러한 요소들에 대해 "우리는 그냥 알 수 없다."[13]

위험한 세상과 불확실한 세상—또는 이른바 '작은' 세상과 '큰' 세상—의 차이는 아무리 강조해도 지나치지 않다.[14] 이것은 정책을 만드는 데 관련 정보가 풍부하고 믿을 만한 상황과, 정보가 부족하고 신뢰도도 떨어지는 상황의 차이와 같다. 그러나 작은 세상과 큰 세상이 갖는 정보의 특징에 유의미한 차이가 없다고 말하는 사회과학자들이 많다. 존 케이John Kay와 머빈 킹Mervyn King은 경제학계에 이런 사고가 널리 퍼져 있다고 지적한다. "지난 세기에 경제학자들은 위험과 불확실성의 역사적 구분을 없애고, 미래에 대한 우리의 불완전한 지식에 확률을 적용하려고 했다."[15] 그리고 그 결과 근본적으로 다른 두 세계를 하나로 뭉뚱그리는 오류를 범했다.

국제관계는 불확실한 세상에서 형성된다. 정책결정자들은 자신이 맞닥뜨린 사안에 관한 풍부한 정보를 얻지 못하고, 얻을 수 있는 데이터도 항상 믿을 만한 것이 아니다. 프로이센의 전략가였던 카를 폰 클라우제비츠Carl von Clausewitz는 국제정치의 극단적 형태라 할 수 있는 전쟁을 언급하며 이런 점들을 지적한다. "모든 정보와 가정에 의심의 여지가 있기" 때문에 "전쟁은 불확실성의 영역이다. 전쟁 중 이루어지는 행위의 근간이 되는 요소 중 4분의 3은 크고 작은 불확실성의 안개에 싸여 있다."[16]

정책결정자들에게는 대전략을 짜거나 위기를 파악하는 데 중요한 정보가 심각하게 부족하다. 미래를 더 멀리 내다볼수록 정보 부족은 더 심해진다. 무엇보다 정책결정자들에게는 자국민의 결의라든가 자국의 군비 및 전투력이 실제로 전쟁에서 어떻게 발휘될지에 관해 제대로 된 데이터가 없다. 우방국이든 적국이든 다른 국가를 평가할 때 불확실성은 더 커진다. 다른 국가의 군사적 자산, 목표, 의도, 전략을 가늠하기가 어렵고, 특히 해당 국가가 자신들의 능력과 생각을 숨기거나 거짓으로 발표할 때는 더욱 그렇다.[17] 이러한 정보 부족이 쌓이면 정책결정자들은 자국이 어떻게 타국과 상호작용할지, 또 이것이 어떤 결과를 낳을지에 관해 제한된 지식만을 갖기 마련이다. 이런 문제를 더 복잡하게 만드는 것은 예상치 못한 요소들이 출현해 사건을 심각하게 만들 때가 있다는 사실이다.

불확실성이 작용할 때
심각한 정보 부족의 4가지 사례

외교 정책결정자들은 주로 위기 대처나 대전략 수립에 관여한다.

위기관리는 정책결정자들이 타국과의 심각한 분쟁을 해결해야 하는 단기 과업이다. 여러 가지 선택지 중에서 이들은 해결책을 두고 협상하거나, 한발 뒤로 물러서거나, 항복하거나, 뜻을 굽히지 않거나, 문제를 악화시키거나, 전쟁에 돌입하는 것을 택할 수 있다. 예를 들어 유럽 강대국들은 1914년 7월 위기 당시 전쟁을 택했다. 반대로 1938년 가을에는 영국과 프랑스의 지도자들이 '뮌헨 위기'를 종식하기 위해 나치 독일과 협정을 맺었다.* 1898년 파쇼다 사건**에서는 프랑스가 양보를 결정했고, 1948년 베를린 봉쇄***** 때 소련도 같은 길을 걸었다.

반면 대전략을 세우는 것은 장기간에 걸친 노력이고, 정책결정자들은 이때 "[자국을] 안전하게 만들 계획"을 세운다.[18]

---

* 제1차 세계대전 이후로 국제연맹이 민족자결주의를 내세워 중유럽 문제를 해결하려 하자, 히틀러는 이를 역이용해 체코슬로바키아 영토 중 독일인이 많이 거주하는 주데텐란트의 할양을 요구했다. 결국 영국, 프랑스, 이탈리아는 또 다른 세계대전의 발발을 우려해 1938년 9월 30일 뮌헨 협정을 맺어 독일의 요구를 들어주었다.

*** 19세기 말 영국과 프랑스가 아프리카에서 식민지 확보를 위해 경쟁하던 중, 1898년 현재 남수단에 있는 파쇼다에서 충돌한 사건이다. 프랑스가 영국과 전면적인 충돌을 피하고 영국에 수단 지역을 양보하면서 위기가 해소되었다.

**** 소련이 제2차 세계대전 이후 미국, 영국, 프랑스가 장악했던 서베를린의 관할권을 포기하도록 하려고 1948년 6월부터 약 1년 동안 베를린과 서독을 잇는 철도·도로·수로를 차단했던 봉쇄 조치를 말한다.

대전략에 관한 논의를 보여주는 유명한 사례 중에는 20세기 초반, 영광의 고립으로 후퇴할 것인가 아니면 유럽에 대한 책무를 지킬 것인가를 두고 선택해야 할 상황에 놓였던 영국이 있다.* 그리고 1930년대 말에서 1940년대 초 유럽과 아시아 강대국들을 상대해야 했던 미국의 예도 있다.

정책결정자들은 위기에 대응할 때나 대전략을 수립할 때 항상 불확실성에 직면한다. 우리는 이런 정보 문제를 대전략 결정 사례 두 가지(제2차 세계대전 이후 미국의 대유럽 정책, 냉전 이후 미국의 대동아시아 정책)와 위기 해법 결정 사례 두 가지(1941년 미국과 위기를 겪을 당시 일본의 생각, 1962년 쿠바 미사일 위기 당시 미국의 생각)를 통해 설명하고자 한다.

제2차 세계대전 이후 미국의 대유럽 정책

제2차 세계대전에서 독일이 패배한 뒤 5년간 미국의 정책결정자들은 유럽을 상대하기 위한 최선의 전략을 수립해야 했다. 이들은 유럽이 전쟁 이후 어떻게 변화할지, 어떤 정책 선택지가 미국에 주어질지, 그리고 그런 정책의 영향은 무엇일지에 관한 정보가 심각하게 부족한 상황에서 결정을 내려야 했다.

---

*   영국의 '유럽 대륙 책무론(Continental Commitment)'을 말한다. 영국은 제
     1차 세계대전과 같은 규모로 프랑스를 방어하기 위해 대규모 지상군을 파
     견하겠다고 약속했다. 이 책의 제7장 271~281쪽 참조.

양차 세계대전을 일으킨 주범이었던 독일이 패전하면서 유럽 대륙 중심부에서는 권력의 진공 상태가 발생했다. 하지만 독일은 스스로의 힘으로 재건해서 강대국 반열에 복귀할 수 있는 잠재력 있는 국가였다. 제2차 세계대전 당시 미국과 가까운 동맹국이었던 소련은 유럽의 군사 강대국이었지만, 나치 독일과 벌인 전쟁으로 황폐해졌다. 영국도 심각한 경제적 타격을 받았고, 대영제국의 야망을 지키기 위한 부담이 컸다. 프랑스도 비슷한 경제 문제와 식민지 문제에 직면했고, 정치적 혼란―공산당이 원인 중 하나였다―까지 겪었다. 이탈리아 역시 경제적·정치적 문제로 신음하고 있었다. 미국 국내에서도 불확실성이 컸다. 1930년대에 미국의 영향력에 큰 타격을 입힌 고립주의isolationism*와 대공황이 과거의 일로 끝난 것인지 미래의 전조 증상인지도 분명하지 않았다. 상황을 더 복잡하게 만든 것은 1945년 5월에 독일은 항복했지만 일본과의 전쟁이 언제 어떻게 끝날지 아무도 알 수 없었다는 사실이다.

미국의 정책결정자들은 유럽의 상황이 어떻게 변할지 알 수 없었다. 독일이 어느 정도까지 전쟁에서 회복할지도 확실하지 않았다. 연합국은 독일을 네 개 점령 지역으로 분할했다. 독

---

* '고립주의'는 한 국가가 국제분쟁 발생 시 중립을 지키고 정치 및 군사적으로 국제사회에서 고립한다는 정책이다. 미국은 건국 당시부터 고립주의를 채택했는데, 제1차 세계대전 때 예외적으로 고립주의를 포기하고 참전했다가 전쟁이 끝난 뒤 다시 고립주의 노선을 택했다.

일은 영원히 분단될 것인가, 아니면 통일될 것인가? 통일된다면 그것은 언제가 될까? 독일은 중립국이 될까? 그러지 않는다면 독일은 누구와 동맹을 맺을까? 소련은 어떨까? 과연 경제를 완전히 회복할 수 있을까? 소련이 만약 경제를 재건한다면 여전히 동맹국으로 남아 있을까? 아니면 적어도 미국이나 서유럽과 우호적인 관계를 유지할까? 영국과 프랑스의 경제를 전망할 방법도 없었다. 두 국가가 식민 제국을 유지할 생각이 있는지 여부를 판단할 수도 없었고, 그것이 유럽의 정치에 미치는 영향을 예측할 수도 없었다. 게다가 프랑스와 이탈리아의 국내 정치 상황, 특히 양국의 강력한 공산당이 할 역할은 의문에 싸여 있었다.

　1948년에 미국의 정책결정자 대부분은 소련이 서유럽을 위협하는 것은 곧 미국을 위협하는 것이라고 생각했다. 그러나 소련의 의도와 목적, 전략을 평가할 만큼 신뢰성 있는 데이터를 충분히 얻지 못했다. 모르는 것이 많으니 소련의 위협이 어떤 성격인지 평가하고 이를 해결할 최선의 방법을 결정하기가 어려웠다. 소련의 위협은 이데올로기적인 위협(공산주의)인가, 군사적 위협(소련군)인가? 미국과 서유럽의 선택지와 역량, 결의에 대한 불확실성도 큰데 정보까지 부족하니 미국 정부는 최선의 해결책을 세우기가 어려웠다.

　그럼에도 미국 정책결정자들은 유럽을 상대하기 위한 전략을 만들 수밖에 없었다. 그들은 네 가지 광범위한 선택지를 놓고 토론을 벌였다. 첫 번째 선택지는 고립주의다. 고립주의를 선택하면 미국은 자국 군대를 유럽에서 철수시키고, 소련의 위협에 신경 쓰지 않게 될 것이다. 두 번째 선택지는 역외 균형 전략이다. 서유럽 국가들이 소련을 견제하고, 미국은 필요할 때 서유럽을 도울 준비만 한 채 비켜서 있으면 된다. 세 번째 선택지는 견제다. 미군을 유럽에 남기고, 소련 견제에 미국이 주도적 역할을 하는 것이다. 마지막 선택지는 과감한 끌어내리 기 전략을 쓰는 것이다. 동유럽에 대한 소련의 영향력을 줄이 고 가능하다면 소련 자체까지 약화시키는 전략이다.

미국 정책결정자들은 소련과 서유럽, 심지어 자국의 국내 상황에 대해서도 불확실성에 부딪혔다. 이는 네 가지 선택지 중 어느 것이 최선의 답일지 분명하지 않다는 것을 의미했다. 소련은 미국의 각 전략에 어떻게 반응할 것이며, 그것은 또 어 떤 결과를 불러올까? 독일의 분단은 지속될까, 아니면 독일 국 민이 통일을 요구할까? 독일 분단이 지속된다면 서독은 믿을 만한 동맹이 될까? 만약 통일된다면 통일 독일의 외교 정책은 어떻게 될까? 미국은 영국, 프랑스, 이탈리아에 무엇을 기대할 수 있을까? 미국 국민은 유럽에 대한 군사적 약속을 지지할까? 미국의 경제 상황이 이를 버텨낼 수 있을까? 미국 정책결정자 들은 이런 질문에 쉽게 답을 찾을 수 없었다.

냉전 이후 미국의 대동아시아 정책

1990년에 냉전이 끝나고 1년 뒤 소련이 붕괴하자 미국은 지구상 유일한 강대국이 되었다. 미국 정책결정자들 앞에 놓인 중요한 문제는 동아시아 대응 전략을 세우는 것이었다. 그러나 동아시아의 신흥 정치, 미국이 사용할 수 있는 전략, 그리고 그 예상 결과에 대한 정보가 너무 부족해서 전략 수립은 쉽지 않았다.

소련을 뒤이은 러시아는 경제적으로나 군사적으로 무기력해졌지만, 강력한 핵무기와 자원—풍부하고 숙련된 노동력과 풍부한 천연자원—이 있어서 강대국의 지위를 되찾을 가능성이 있었다. 중국 경제는 1980년대에 괄목할 만한 성장을 거두었지만, 아직 개발도상국의 지위를 넘어서지 못했다. 중국이 핵무기를 보유하고 있기는 했어도 세계 최고 수준의 군사 강대국은 아니었다. 당시 세계 2위의 경제 대국이었던 일본은 동아시아의 독보적인 최고 부국이었지만, 군사력이 약했고 안보를 미국에 크게 의지하고 있었다. 미국은 대규모 병력을 주둔시키고 일본과 한국 등 주요 동맹국에 핵 억지력을 제공하며 동아시아에 깊숙이 관여했다. 미국은 동아시아의 주요 경제국 모두와 긴밀한 관계를 맺었다.

그런데 동아시아의 정치 상황이 어떻게 변할지에 대해서는 불확실성이 매우 컸다. 러시아가 지위를 되찾을지, 만일 그렇게 된다면 군사력과 경제력이 얼마나 강력해질지 알기 어려웠다. 러시아가 미국 및 동아시아 국가들과 어떤 관계를 맺을지도 분명하지 않았다. 중국이 놀라운 성장을 계속할지, 또 그렇게 된다면 새롭게 얻은 경제력을 군사력으로 전환할지 예측하기는 더욱 어려웠다. 중국 정부의 정치적·경제적 목적이 무엇일지, 이웃 국가들 및 미국과 어떤 관계를 맺을지 누구도 알 수 없었다. 일본이 미국과 맺은 군사적·경제적 관계도 어느 방향으로 흘러갈지 알 수 없었다. 일본과 다른 동아시아 국가들 사이에 복잡하게 얽힌 역사적 관계도 마찬가지였다.

　　미국에는 일본이 동아시아 내 미국의 이익에 주된 위협이 되리라 생각한 정책결정자가 많았다. 그러나 1990년대 말에 이르러서는 그러한 예측이 틀렸으며, 오히려 중국이 미국의 주요 경쟁자로 부상하리라는 것이 분명해졌다. 하지만 중국의 전망과 그들의 생각에 관한 믿을 만한 정보가 부족했기 때문에, 미국의 정책 엘리트들은 중국의 위협을 가늠하고 그에 대한 대응책을 만들기가 어려웠다.

　　전략을 만들어낼 필요가 있었던 미국 정책결정자들에게는 세 가지 선택지가 있었다. 고립주의를 택한다면 미국은 세력 균형 정치를 무시하고 동아시아에서 자국 병력을 철수시킬 것이다. 물론 그럼에도 중국을 비롯한 역내 국가들에 대한 경제적·정치적 관여는 계속할 것이다. 두 번째 선택지는 포용이다. 중국의 경제 성장을 돕고 정치적 자유화를 후견하며 차후에는 국제기구들에 중국을 가입시키는 것이다. 중국이 미국 주도의 국제 질서 속에서 책임 있는 이해당사자가 되기를 바라면서 말이다. 세 번째 선택지는 견제다. 이는 동아시아에서 미국의 동맹국을 늘리고 역내에 미군 병력을 계속 주둔시키면서 중국의 경제 성장을 제한하는 것이다.

미국은 중국, 일본, 러시아 및 다른 동아시아 국가들에 관한 정보가 부족하므로 세 가지 전략 중 무엇이 자국에 최선의 선택지가 될지 알기가 어려웠다. 중국은 각 선택지에 어떻게 반응할까? 미군이 동아시아에서 철수하면 중국이 역내 패권을 차지하려 할까? 일본이나 러시아 같은 역내 다른 국가들은 어떻게 대응할 것이며, 이는 미국에 어떤 결과를 초래할까? 미국이 중국을 포용하면 중국은 국제 질서 안정을 위해 힘이 되어줄까? 아니면 위험한 적이 될까? 미국이 중국 견제 전략을 쓰면 중국을 억제할 수 있을까? 아니면 안보 경쟁이 격화되면서 전쟁이 일어날까? 이 두 경우에 러시아와 미국의 동맹국들은 또 어떻게 반응하고 어떤 영향을 미칠까? 이런 질문들에 미리 준비된 답은 없었다. 따라서 가장 성공적인 전략을 결정하기가 어려웠다.

진주만 공격 이전 일본의 정책

동아시아의 오랜 제국이었던 일본은 1931년에 만주를 정복하면서 대륙으로 제국을 확장했다. 1937년에는 중국 북부를 침공했고, 3년 뒤 인도차이나 북부를 점령했다. 1941년 7월에는 인도차이나 남부까지 손에 넣었다. 이 시점에 이르자 미국 및 그 파트너인 영국과 네덜란드는 석유와 석유 제품의 일본 수출 금지 조치를 내렸다. 일본은 이들 제품의 수입 의존도가 매우 높았기 때문에, 금수 조치는 일본 경제를 옥죄어 중국에서 진행 중인 전쟁 비용을 감당하지 못할 정도로 위협이 되었다. 일본의 정책결정자들은 자국이 강대국 지위를 유지하고 제국을 존속시키려면 금수 조치를 끝낼 방법을 찾아야 한다고 결론 내렸다.

이들에게는 석유 문제를 풀 전략이 네 가지 정도 있었다. 첫째, 일본이 미국과 협상해서 상호 수용할 수 있는 금수 조치 해제에 이르는 것이다. 둘째, 미국이 일본에 요구하는 것을 모두 들어주고 석유를 다시 확보하는 것이다. 셋째, 일본이 군대를 남진시켜 석유가 풍부한 네덜란드령 동인도 제도를 점령하는 것이다. 넷째, 동인도 유전 지대와 미국의 진주만을 동시에 공격하는 것이다.

각 선택지를 둘러싼 불확실성이 컸기 때문에 일본 정책결정자들의 선택은 쉽지 않았다. 협상을 택한다고 해도 미국이 협상을 원하는지도 확실하지 않았고, 미국의 요구 사항이 무엇일지는 더 불확실했다. 일본의 정책결정자들은 미국이 일본의 협상 의지를 어떻게 해석할지, 이 협상이 미국의 차후 정책에 어떤 영향을 미칠지도 알 수 없었다.

1941년 7월에서 12월까지 미국은 금수 조치 해제 협상에 별 관심이 없어 보였다. 그래서 일본은 나머지 세 가지 선택지에 더 관심을 갖기 시작했다. 그러나 이 선택지들 역시 각기 필요한 정보가 부족한 실정이었다. 예를 들면 항복이 어떤 결과를 초래할지 알기 어려웠다. 일본이 중국 북부에서 완전히 철수하기를 미국이 바란다는 것은 명백했지만, 그 후에 미국이 또 무엇을 바랄지, 그리고 만주·한국·인도차이나의 상황은 어떻게 변할지 알 수 없었다. 항복이 자국의 경제력과 군사력, 그리고 동아시아에서 차지하는 외교적 위상에 어떤 영향을 미칠지도 잘 몰랐다.

나머지 두 가지 군사적 선택지에도 불확실성이 존재했다. 일본이 네덜란드령 동인도 제도 공격에 성공한다면 금수 조치를 깨고 석유를 확보할 수 있을 터였다. 물론 반대로, 미국이 일본의 움직임을 개전 명분으로 삼는다면 일본은 자국보다 훨씬 강력한 국가를 상대로 전쟁을 하게 될 위험이 있었다. 그렇다면 중요한 건 미국이 어떻게 반응하느냐일 텐데, 여기에 분명한 대답을 할 수 없었다. 미국이 방관할 수도 있고, 전쟁을 선포할 수도 있었다.

그렇다면 일본이 네덜란드령 동인도 제도와 진주만을 동시에 공격하면 어떨까? 금수 조치를 깰 수 있을 뿐만 아니라, 미국이 일본을 상대로 전쟁을 하기가 더 어려워질 수도 있다. 일본이 미국 함대를 무찌르고 방어선을 확장하면, 미국은 태평양 너머에서 피비린내 나는 긴 전쟁을 해야 하는 상황에 부딪힐 것이다. 그런데 이때 가장 알 수 없는 점은, 미국의 지도층과 국민이 그럴 가능성에 어떻게 반응하느냐였다. 진주만에서 큰 피해를 입더라도 미국은 전열을 가다듬고 반격할 것이 분명했다. 그러나 미국 국내에 고립주의 정서가 팽배한 데다 나치 독일을 무찌르는 것이 우선순위였기 때문에 아시아에서 긴 전쟁을 벌일 생각이 있는지는 분명하지 않았다. 게다가 미국이 계속 싸운다고 가정했을 때, 일본에 부분적 패배를 가할지 결정적 패배를 안길지, 이런 패전의 대가는 무엇이 될지, 또 전후 합의는 어떻게 될지 알기가 어려웠다. 하지만 일본이 전쟁에서 지더라도 제국은 상당 부분 유지할 가능성도 있었다.

쿠바 미사일 위기 당시 미국의 정책

1962년 10월 존 F. 케네디 행정부는 소련이 쿠바에 핵미사일을 배치했다는 사실을 알았다. 소련의 행보를 용납할 수 없다는 것에는 주요 정부 관료들 사이에 이견이 없었다.

　미국의 정책결정자들에게는 두 가지 전략 선택지가 있었다. 첫 번째는 소련이 넘지 말아야 할 선을 넘었음을 단호히 알리고, 군사적 상황이 악화되리라 위협하면서 미사일 철수를 압박하는 것이다. 그러면 소련은 미국의 요구를 수용하거나, 협상 테이블에 나와 양측 모두 수용할 수 있는 합의를 할 수 있다. 두 번째 선택지는 협상을 건너뛰고 무력으로 문제를 해결하는 것이다. 미국이 미사일 기지를 폭격하거나 쿠바 침공까지도 할 수 있다.

　두 가지 선택지 모두 불확실성이 매우 컸다. 미사일을 폭격하거나 쿠바를 점령하겠다고 위협하면서 쿠바 해상을 봉쇄하는 강압적인 전략은 상황을 악화시킬 가능성이 높았다. 게다가 이 전략의 성공 여부도 알기 어려웠다. 소련이 항복할까? 아니면 협상에 나설까? 혹은 해상 봉쇄를 깨면서 초강대국끼리의 전쟁을 앞당길까? 소련이 협상할 생각이 있다고 가정하더라도 협상이 어떻게 전개될지는 알 수 없었다. 특히 미국의 정책결정자들은 대내외적으로 정치적 압박을 받고 있었고, 소련의 생각과 목적도 분명하지 않은 상황이었다. 게다가 협상이 성사된다 해도 이 합의가 미국과 소련 또는 그 동맹국들과의 관계에 장차 어떤 영향을 미칠지 분명하지 않았다.

군사적 선택지―미사일 기지 폭격 또는 쿠바 침공―에도 정보가 부족했다. 우선 소련이 어떻게 반응할지 알 수 없었다. 결정적으로 소련이 또다시 베를린을 봉쇄해서 보복할지, 아니면 아예 베를린에 군사력을 사용할지도 몰랐다. 미국은 분쟁이 발발하면 소련이 상황을 악화시킬지 또는 그 향방이 어떨지 당시로서는 알 수 없었다. 더 광범위하게는 카리브해나 유럽에서 위기가 고조될 때 핵무기가 과연 사용될지, 그렇다면 어떻게 사용될지도 알기 어려웠다. 양측 중 어느 쪽이든 핵무기로 위협을 하거나 실제로 사용할까? 가장 첨예한 분쟁의 무대인 이 두 지역에서 미국과 소련 사이에 균형을 이루는 해결 지점은 무엇일까? 군사적 균형은 어떻게 이룰까? 미국이 전략핵에서는 뛰어난 우위를 점하지만, 막강한 선제공격 능력(소련 무기고 전체를 단번에 파괴할 수 있는)이 있는지는 분명하지 않았다. 그리고 만약 그런 능력이 있다고 해도, 이것이 미국의 선택에 어떤 영향을 미칠지는 확실하지 않았다. 게다가 소련에 실행 가능한 핵무기 선택지가 있는지도 알기 어려웠다.

정책결정자들이 대전략을 세우거나 위기에 대응할 때 일상적으로 심각한 정보 부족에 직면한다는 사실은 명백하다. 그런데 앞의 네 가지 사례에서 정책결정자들은 우리가 설명했던 것보다 훨씬 더 큰 불확실성에 부딪혔다. 지금은 우리에게 명백해 보이는 사실들이 당시에는 그렇지 않았다. 그들은 당시 직면한 상황을 온전히 이해하지 못했고, 자신들의 결정이 어떤 결과를 낳을지도 알 수 없었다.

지금은 연구자들이 더 많은 사실을 알게 되었지만, 과거의 결정이 갖는 중요한 측면들에 대해서는 여전히 의견이 분분하다. 예를 들어 1940년대 말 소련이 가졌던 목표에 대해서는 지금도 논쟁이 계속된다. 또 1941년 가을에 프랭클린 D. 루스벨트 행정부가 일본과 상호 수용 가능한 합의를 고려할 준비가 되어 있었는지, 1962년 쿠바 미사일 위기 당시 미국에 막강한 선제공격 능력이 있었는지, 21세기 초 미국의 중국 포용 정책이 낳은 결과를 놓고서도 의견이 갈린다.[19]

*

지금까지의 논의를 정리하자면, 국제정치에서 전략적 합리성이란 정책결정자들과 국가가 불확실한 세상에서 어떻게 상황을 파악하고 해결책을 결정하는가를 의미한다. 다음으로 우리의 핵심 과제는 이를 해내는 좋은(또는 합리적인) 방식과 나쁜(또는 비합리적인) 방식이 무엇인지를 명확하게 하는 것이다.

전략적 합리성의 정의

신뢰성 있는
이론에 근거하는가,
심의 과정을 거쳤는가

3

국제정치라는 불확실한 세계에서 신뢰성 있는 이론과 심의는 원하는 목표를 추구하면서 세상을 탐색하고 이해하는 데 가장 적절한 수단을 제공한다.[1]

개인의 수준에서, 전략적으로 합리적인 정책결정자는 이론 지향적이다. 그는 세상이 돌아가는 방식을 이해하고 목표를 달성하기 위한 최선의 정책을 선택하기 위해서 신뢰성 있는 이론에 기댄다. 반대로 신뢰성 없는 이론에 의지하거나 이론을 아예 사용하지 않는 정책결정자는 비합리적이다.

정책결정자 개인들의 관점이 통합되는 국가 수준에서는 합리성이 심의까지 포함한다. 전략적으로 합리적인 국가는 주요 정책결정자들의 관점을 전면적으로 평가해 최종적으로 신뢰성 있는 이론에 근거한 정책을 채택한다. 반면 비합리적인 국가는 심의에 실패하고, 전략을 결정할 때도 신뢰성 없는 이론에 근거하거나 아예 이론에 바탕을 두지 않는다. 혹은 두 문제를 모두 안고 있기도 한다.

신뢰성 있는 이론은 합리성에 관한 우리의 논의 전반에 걸쳐 중요한 단서가 된다. 따라서 우리는 이론과 정책에 대한 이야기로부터 논의를 시작하고자 한다. 이론이란 무엇인가? 불확실한 세상에서 이론적 사고가 갖는 덕목은 무엇인가? 이론과 정책의 관계는 무엇인가? 이론을 신뢰성 있게 또는 신뢰성 없게 만드는 것은 무엇인가? 구체적으로 어떤 이론이 신뢰성 있는 이론이고, 어떤 이론이 신뢰성 없는 이론인가? 그리고 비이론적인 사고란 어떤 것인가?

우리는 이런 질문들의 답을 구한 뒤, 정책결정자 개인 수준의 합리성과 국가 수준의 합리성에 대한 정의를 내릴 것이다. 그리고 마지막으로는 합리성과 그 결과의 관계를 살펴본다. 전략적으로 합리적인 국가가 항상 원하는 결과를 얻는 것은 아니지만, 신뢰성 있는 이론에 바탕을 둔 정책은 생존과 번영의 기회를 극대화한다. 이것이 바로 국가가 신뢰성 있는 이론에 기대는 이유다.

국제정치의 여러 이론
신뢰성 있는 이론 vs 신뢰성 없는 이론

'이론'이란 세상이 돌아가는 양상을 설명하는, 현실에 대한 단순화된 기술이다. 그리고 이론은 실증적 주장, 가정, 인과 논리로 구성된다.

국제관계를 다루는 저술에서 '실증적 주장'은 독립 변수와 종속 변수의 탄탄하지만 절대적이지는 않은 관계를 규정한다. A라는 독립 변수가 B라는 종속 변수의 원인일 가능성이 크다는 것이 전형적인 주장이다. 예를 들어 '위협 균형 이론balance of threat theory'은 위협이 될 만한 경쟁국을 상대로 국가가 능력을 차곡차곡 쌓는다는 이론이다. 여기서 위협은 주로 능력과 의도의 조합이다.[2] 반면 '민주평화 이론democratic peace theory'은 민주주의 국가들이 서로를 상대로 전쟁을 일으키는 경우는 드물다는 이론이다.[3]

가정과 인과 논리는 실증적 주장에 관한 설명—다시 말하면 독립 변수가 어떻게 종속 변수에 영향을 미치는지에 관한 기술—을 제공한다. '가정'이란 정책결정자나 그 주변 환경에 관한 설명이다. 위협 균형 이론과 민주평화 이론을 비롯한 대부분의 국제관계 이론은, 국가가 세계 정치의 주된 행위자이며 생존을 목표로 하는 합리적 행위자라고, 암묵적 또는 명시적으로 가정한다. 또 국가는 더 높은 권위를 가진 주체가 없는 무질서의 시스템에서 작동한다고 가정한다.

'인과 논리'는 일련의 가정 위에 구축되고, 독립 변수와 종속 변수를 연결하는 한 개 이상의 인과 메커니즘 사슬을 만든다. 단순한 인과 논리는 다음과 같은 형태를 띨 수 있다. A가 B의 원인이다. 왜냐하면 A는 X의 원인이고, X는 Y의 원인이고, Y는 Z의 원인이고, Z는 B의 원인이기 때문이다. 위협 균형 이론을 뒷받침하는 주된 인과 논리는 국가가 강력한 경쟁국을 상대로 스스로 보호하려고 행동한다는 것이다. 이때 경쟁국에 악의가 있다고 본다. 경쟁국 때문에 위험에 빠진 국가가 도움을 요청할, 야경꾼 역할을 하는 국가가 없기 때문이다. 반면 민주평화 이론에 담긴 중요한 인과 논리는, 선거와 자유 발언이 가능하므로 (예를 들어) 국내 유권자들이 전쟁을 반대하면 지도자들은 이에 대한 책임을 져야 한다는 것이다. 이는 민주주의 국가들이 서로 싸울 수 없게 되어 있다는 뜻이다.

불확실한 세상에서 이론이 갖는 덕목들

우리가 강조했듯이 국제정치는 정보가 부족한 세계다. 정책결정자들이 위기를 다루거나 대전략을 세울 때, 제한된(또는 결함 있는) 데이터를 바탕으로 상황을 파악하고 결정을 내려야 한다는 데는 변함이 없다. 무엇보다 이들에게는 다른 국가의 이익, 의도, 결심, 능력에 대한 믿을 만한 자료가 많지 않다. 다른 국가와의 상호작용이 어떻게 진행될지도 모른다. 그런데도 목표를 달성하는 데 가장 적당하다고 생각하는 전략을 정하기 위해 선택하지 않을 수 없다.

철학자들은 행위자가 자신을 둘러싼 세상에 관한 지식을 얻기 위해 사용하는 전형적인 방식 두 가지를 규명했다.

첫 번째 방식은 '논리적 추론'이다. 상황을 해결하려는 개인은 가정―전제―을 세우고 여기에서 결론을 끌어낸다. 스티븐 핑커Steven Pinker는 "그런 힘을 가진 도구는 세상에 대한 새로운 진실을 발견하고 (…) 사람들이 동의하지 않는 많은 문제를 둘러싼 분쟁을 해결하도록 해준다"[4]고 지적했다.

두 번째 방식은 '경험적 추론'이다. 이때 개인은 관련 증거를 객관적으로 검토해서 문제에 대한 해답을 찾는다. 브라이언 래스번은 이런 귀납적 접근이 "데이터 지향적 분석"을 선호하고, "세상에 대한 정확한 이해"[5]를 낳는다고 말했다.

각각의 방식은 (그것이 순수한 형태일 때) 국제정치의 작동 방식을 이해하고 특정 목표를 추구하는 최선의 방법을 결정하는 데 제한된 효용성만을 지닌다. 순수 논리학은 정책결정자들이 국제관계에 관하여 내세우는 전제가 참이면 결론 또한 참이라는 것만 보장한다. 그 전제 자체가 참인지에 대해서는 말해주지 않는데, 그것은 오직 실증적 기록을 평가해야만 확인된다. 순수한 경험주의도 성립하지 않는다. 정책결정자들이 국제 시스템의 작동 방식에 대해 얻을 수 있는 증거는 복잡하고 모호하며 모순적이고 쓸모없으며 뒤죽박죽이곤 하기 때문이다. 그래서 아무리 객관적인 증거라 해도 진실을 밝힐 수는 없다. "순수한 경험주의는 불가능하다"고 로버트 저비스Robert Jervis는 말했다. "사실은 스스로 말하지 않는다. '철없는 아이처럼 사실 앞에 앉아 있기만 하는 것'은 (…) 현명하지 않다—그리고 가능하지도 않다."[6]

이론적으로 사고하는 것은 국제정치라는 불확실한 세상을 다루는 데 완벽하지는 않더라도 최선의 방법이다. 간단히 말하면 이는 순수 논리적 접근법과 순수 경험적 접근법의 약점들은 피하고, 둘의 강점을 결합하는 것이다. 이론화란 경험적으로 확인된 가정에 기초하고 사실과 비교하여 검증한, 논리적으로 일관성 있는 설명을 만들어내는 일이다.[7] 카를 폰 클라우제비츠는 국제정치의 불확실성을 정확히 간파하고 이렇게 말했다. "이론은 문제 해결 공식을 마음속에 심어줄 수도 없고, 유일한 해결책이 있는 좁은 길 양쪽에 원칙의 울타리를 심어 표시해줄 수도 없다. 하지만 엄청난 양의 현상과 그 현상들이 갖는 관계에 관한 통찰력을 심어줄 수 있고, 더 높은 차원의 행동으로 나아가게 해준다."[8]

이론과 정책

이론은 정책과 별 상관이 없으며 학계에 국한된 것이라 생각할 수도 있다. 예컨대 미국 정책결정자였던 로버트 졸릭Robert Zoellick은 "미국 외교는 이론의 적용이 아니라 특정 사안에서 결과를 내는 것에 초점을 맞추어왔다"[9]는 입장을 고수한다. 그러나 이런 견해는 틀렸다. 사실상 모든 정책결정자는 이론에 근거해서 대전략을 세우고 위기에 대처한다. 다만 누군가는 이를 깨닫고 누군가는 깨닫지 못한다. 누군가는 이를 인정하고 누군가는 인정하지 못한다. 누군가는 명시적으로 이렇게 하고 누군가는 그러지 않는다. 그러나 정책결정자들이 일을 추진할 때 이론을 사용한다는 사실에는 의심의 여지가 없다.

미국 국무부 관료였던 로저 힐즈먼Roger Hilsman은 국가

안보 정책결정자들에게 이론이 얼마나 중요한지 강조한다. "당연히 모든 사고는 어떻게 그리고 왜 일이 일어나는지에 관한 개념을 포함한다. 이론을 경멸하고 '실용을 강조하는' 사람도 어떤 일이 일어났을 때 어떤 결과가 나온다는 것을 믿게 하는 가정과 기대를 어느 정도 한다. (…) 문제를 해결해야 하는 사람이 주변을 둘러싼 많은 사실 중 연관성 있으리라 기대하는 사실들을 선택하도록 돕는 것이 '이론'이다."[10] 학계와 정계의 관계를 자세히 분석한 마이클 데시Michael Desch도 비슷한 지적을 했다. "[정책결정자들은] 상황을 분석하고 대안을 평가하는 데 이론을 사용한다. (…) 학계로부터 가공되지 않은—양적 또는 역사적—원자료를 얻어 결정에 사용한다. 또 사회과학 이론을 끌어와 원자료를 분석하고 이해한다."[11]

이론과 정책의 관계를 이렇게 설명하는 논리는 "극단적 불확실성"[12]의 영역으로 일컬어지는 경제학에 깊은 뿌리를 두고 있다. 사실 힐즈먼은 존 메이너드 케인스의 유명한 말을 다른 말로 바꾸어 표현했다. "경제학자와 정치철학자의 생각은 옳았을 때든 틀렸을 때든 일반적으로 이해되는 것보다 더 강력한 힘을 가진다. 세상은 소수에 의해 지배된다. 지식의 영향력에서 꽤 떨어져 있다고 믿는 실용적인 사람들도 고인이 된 경제학자의 노예가 되는 일이 보통이다. 환청을 듣는 미친 권력자는 몇 년 전 학계의 어떤 낙서꾼에게 들었던 말에서 광기를 집약시킨다."[13]

예를 찾는 것은 어렵지 않다. 비냐민 애펄바움Binyamin

Appelbaum은 《경제학자의 시간》에서, 1969년부터 2008년까지 경제 이론과 미국의 경제 정책이 유지했던 관계를 이렇게 설명했다. "[리처드 닉슨이] 경제학에 정통하지는 않았지만, 그 세대 미국인 대부분과 마찬가지로 그가 가진 기본 틀은 케인스주의였다. 그는 정부가 인플레이션과 실업 중 하나를 선택해야 한다고 믿었고, 자신이 둘 중 무엇을 고르고 싶어 하는지 알고 있었다." 반대로 로널드 레이건은 밀턴 프리드먼Milton Friedman의 통화주의 이론에 많은 영향을 받았다. 한 저명 언론인에게 보낸 글에서 "내가 가장 좋아하는 사람 중 하나인 밀턴 프리드먼이 반대하는" 정책을 받아들일 수 없었다고 말하기까지 했으니 말이다. 애펄바움은 수십 년에 걸친 미국 경제 정책의 변화는 서로 경합하는 이론들의 영향을 매번 받았다고 주장한다.[14]

경제 정책과 마찬가지로 미국의 외교 정책도 냉전 이후 학계에 널리 퍼진 이론에 바탕을 두고 있다. 미국은 강대국 경쟁이 끝나고 세계가 단극화된 뒤로 자유주의 패권 정책을 채택했다. 이 정책은 '자유주의' 국제관계 이론의 '빅3'를 바탕으로 삼았다. 자유주의적 제도주의 이론liberal institutionalism theory, 경제적 상호의존성 이론economic interdependence theory, 그리고 민주평화 이론이다. 미국의 목표는 냉전 중 서방에서 창설된 국제기구의 회원국을 늘리고, 개방형 세계 경제를 조성하며, 전 세계에 민주주의를 확산하는 것이었다. 이는 그러한 조치로 더 안전하고 번영하는 세계를 만들 수 있다는 믿음 속에서 이루어졌다. 자유주의 패권 정책에 대한 주된 비판은 주로 '현실주의' 이론의 영향을 받았는데, 양측의 정책 논쟁은 서로 경합하는 이들 이론적 전통의 언어로 이루어졌다.

1990년대 주요 정책 사안이었던 북대서양조약기구(NATO) 확장을 예로 들어보자. 나토 동진의 주요 지지자였던 스트로브 탤벗Strobe Talbott 전 미국 국무부 차관은 "나토의 확장은 유럽의 신흥 민주주의 국가 내에서, 그리고 그 국가들 사이에서 법치를 위한 힘이 될 것"이라고 주장했다. 그리고 이것이 "민주주의와 자유 시장의 가치를 증진하고 강화하여 평화에 기여할 것"[15]이라고 했다. 그러나 제2차 세계대전 이후 봉쇄 정책의 설계자였던 조지 케넌George Kennan은 현실주의 이론에 입각해 나토 확장에 반대했다. "나는 이것이 신냉전의 시발점이라고 생각한다. 러시아가 상당히 적대적으로 나올 것이고, 러시아의 정책에도 영향을 줄 것이다. 이는 비극적인 실수라고 생각한다. 그럴 이유가 전혀 없다. 어떤 국가도 다른 국가를 위협하고 있지 않기 때문이다."[16] 간단히 말하면 정책 결정은 본질적으로 이론적인 작업이다. 그렇게 보는 사람이 많지 않지만 말이다.

정책결정자들이 이론에 기대는 것은 놀라운 일이 아니다. 이것만이 일을 해낼 수 있는 방법이기 때문이다. 정책 결정의 본질은 다양한 전략이 낳을 결과를 결정하는 것이다. 정책결정자들은 "만약 ~라면 ~한다"는 논리가 지속적으로 통하는 세계에서 일한다. 로버트 달Robert Dahl은 이렇게 말했다. "정책에 관심을 갖는 것은 의도한 효과를 내기 위한 시도에 초점을 맞추는 것이다. 따라서 정책에 관한 사고는 인과관계에 관한 사고이고, 또 그래야만 한다."[17] 앞에서도 말했듯이 정책결정자들의 세계에는 정보가 부족하고, 이 말은 관련 사실을 모두 수집하기가 불가능하다는 뜻이다. 이들은 제한된 정보에서 원인과 결과를 알아내야 한다. 이론이 하는 일이 바로 그런 것이다.

신뢰성 있는 이론이란

이론을 신뢰성 있게 만드는 것은 무엇인가? 우선 우리는 이론이 세상을 이해하고 어떻게 행동할지를 결정하는 데 매우 강력한 도구임은 분명하나, 최고의 국제관계 이론이라 해도 설명할 수 있는 능력에는 한계가 있다는 점을 강조하고 싶다. 모든 이론에는 주된 주장에 모순되는 사례가 늘 존재한다. 관련 사례를 다 설명할 수 있는 이론은 없다. 이유는 간단하다. 이론은 지극히 복잡한 현실에서 특정 현상을 설명하는 데 중요도가 떨어진다고 판단되는 요소들을 제거하고, 더 중요하다고 생각되는 요소들을 우선시하기 때문이다.

예를 들어 '경제적 상호의존성 이론'은 전쟁 발발을 설명하는 데 번영에 관한 우려가 결정적인 반면, 세력 균형에 대한 우려는 덜 중요하다고 본다. 한편 '구조적 현실주의 이론'에서는 강대국들의 안보 경쟁을 설명할 때 개인으로서의 지도자와 국내 정치는 고려하지 않는다. 이런 단순화 덕분에 이론이 정책결정자들에게 그토록 유용한 안내서가 되는 것이다. 하지만 단순화에는 대가가 따른다. 어떤 이론에서 빼버린 요소들이 특정 상황에서는 매우 큰 의미를 띨 수 있고, 이때 이론은 그 이유를 설명하지 못할 것이다.

　　이론의 신뢰성은 가정, 인과 논리, 그리고 실증적 주장에 바탕을 둔다. 이론이 꼭 현실적인 가정을 근간으로 삼아야 하는가를 둘러싼 논쟁도 있다.[18] 일부 학자들은 가정은 현실을 반영할 필요가 없다고 말한다. 중요한 것은 일련의 특정 가정에 기초한 이론이 실증적 기록으로 뒷받침되는 주장을 하는가라는 것이다. 프리드먼에 따르면 최고의 이론은 "현실을 매우 부정확하게 기술한 '가정'을 설정하며, 일반적으로 이론이 의미가 있을수록 가정은 비현실적이 된다."[19] 그러나 그의 주장은 타당해 보이지 않는다. 최초의 가정이 틀린 이론이라면 세상을 제대로 설명할 리 없기 때문이다. 로널드 코스Ronald Coase는 프리드먼의 주장에 대해 이렇게 말했다. "어떤 시스템이 돌아가는 방식을 이해하는 데 이론이 도움이 되려면 가정에는 현실주의가 필요하다. 가정에 현실주의가 있다면 우리는 존재하지 않는 상상의 세계가 아니라 분명히 존재하는 세계를 분석하게 될 것이다."[20]

　　신뢰성 있는 이론은 현실적 가정을 바탕으로 할 뿐만 아니라, 그 가정에서 논리적으로 일관성 있는 인과관계를 끌어내야 한다.[21] 이론은 독립 변수가 종속 변수에 어떻게 영향을 미치는지를 설명하는 인과 메커니즘을 최소한 한 가지 이상 만들어야 한다. 이론이 국제정치의 핵심 측면을 정확히 설명할 수 있으려면 강력한 인과 논리가 매우 중요하다. 이런 논리를 연역적으로 추론할 수 있는 가장 좋은 방법은 형식 모델을 사용하는 것이라는 주장이 있다. 수식화가 "탁월한 명확성과 일관성"[22]을 보장하기 때문이다. 그러나 형식화가 논리적 일관성을 용이하게 하는 것은 분명해도, 이것은 필요하지도 않고 충분하지도 않다. 수학이 없어도 견고한 논리를 세울 수 있고, 수식화가 명확성과 일관성을 담보하는 완벽한 방법도 아니다.[23]

그렇다고 해서 모든 인과 논리에 빈틈이나 비일관성이 없다는 것은 아니다. 케네스 월츠Kenneth Waltz는《국제정치 이론》에서, 양극 체제의 세계에서는 두 강대국이 주변부에서 치열하게 경쟁한다고 말했다. 그러나 그는 또한 주변부는 전략적 가치가 작으므로 이런 질문을 낳는다고 했다. 도대체 왜 강대국들은 그런 곳에서 경쟁해야 하는가?[24] 그런가 하면 '자유주의적 제도주의 이론'은 국제기구가 평화에 도움이 된다고 말한다. 국가 간 협력에 심각한 방해가 되는 속임수나 편법 같은 문제를 해결해주기 때문이다. 그러나 이 이론은 국가들의 상대적인 이득―국가들이 협력으로 얻은 이익이 균등하지 않다는 사실―에 대해서는 거의 무시한다. 그러한 상대적 이익이 국제 협력에 또 다른 큰 장애가 되는데도 말이다.[25] 그래도 이런 논리적 결함은 미미하기 때문에 이들 두 이론을 신뢰성이 없다고 치부하는 것은 잘못이다. 인과 논리에 심각한 오류나 모순이 있는 이론에만 신뢰성 없다는 판정을 내릴 수 있다.

결국 이론에 신뢰성이 있으려면 증거가 뒷받침되어야 한다. 증거가 이론을 뒷받침하는 타당한 사례가 제시되어야 해당 이론을 판단할 수 있다. 실제 사례와 맞지 않는 이론은 현실에서 벌어지는 사건들을 설명할 수 없다. 모리스 알레Maurice Allais는 노벨 경제학상을 수락하면서 이 점을 잘 지적했다. "단순히 논리적이기만 한, 심지어 수학적인 추론이라도 현실에 밀접하게 연계되지 않으면 현실을 이해하는 데 가치가 없다. (…) 어떤 이론이라도 경험적 증거로 검증되지 않으면 과학적 가치가 없으니 버려야 한다."[26] 증거의 뒷받침은 두 가지 형식을 띤다. 독립 변수와 종속 변수의 관계에 관한 이론의 실증적 주장을 뒷받침하는 증거, 그리고 이론의 인과 논리를 구성하는 가정과 메커니즘이 실제로 무슨 일이 일어나는지를 파악한다는 증거다.

어떤 이론에 신뢰성을 부여할 만한 충분한 증거가 있는지를 판단하는 것은 힘든 일이다. 자료가 아무리 잘 갖춰진 사례여도 관련 증거가 빈약하고 믿을 만하지 못한 경우도 있기 때문이다. 전쟁과 평화를 다루는 많은 이론에서 중요하게 거론되는 제1차 세계대전을 살펴보자.

현실주의 이론가들 가운데 일부는 독일의 전쟁 개시 결정이 유럽 내 패권을 장악하려는 시도였다고 말한다. 또 다른 이들은 러시아의 부상을 막으려고 독일이 시작한 예방 전쟁이었다고 주장한다. 그런가 하면 독일이 유럽을 지배하려 할 이유가 없기 때문에 독일의 국내 정치 상황을 고려해야 가장 잘 설명된다는 현실주의자들도 있다(이들 사이에서도 어떤 국내 상황이 독일을 전쟁으로 이끌었는지에 관해서는 의견이 분분하다).[27]

현실주의 이론가들과 자유주의 이론가들이 제1차 세계대전이 민주평화 이론에 시사하는 바를 두고 벌이는 논쟁도 생각해보자. 민주평화 이론을 옹호하는 자유주의자들은 전쟁 당시 양 진영의 구성이 민주평화 이론에 들어맞는다고 주장한다. 반자유주의 독일이 네 자유주의 강대국인 영국·프랑스·이탈리아·미국을 상대로 싸웠기 때문이다. 반면 많은 현실주의 이론가는 독일 역시 자유민주주의 국가였다고 말한다. 따라서 자유민주주의 국가들이 서로를 상대로 싸웠으니, 이는 민주평화 이론과 모순된다는 것이다.[28]

이 같은 증거 문제는 국제관계 연구에서 단 하나의 유력한 이론이 왜 없는지, 신뢰성 있는 이론이 왜 그렇게 많은지 설명해준다.[29] 폴 크루그먼Paul Krugman도 지적했듯이 "사회과학에서 (…) 제대로 된 아이디어와 유사 과학을 (…) [구분하기란] 훨씬 어렵다. (…) 통제된 실험을 할 수 없다는 것이 한 가지 이유다. 사회과학의 증거는 늘 역사적 증거이고, 역사는 워낙 복잡해서 그 교훈이 분명한 경우가 드물기 때문이다."[30] 따라서 우리는 어떤 이론이 신뢰성의 문턱을 넘는지 판단할 때, 증거에 대해서는 너무 높지 않은 기준을 적용해야 한다. 이론의 실증적 주장뿐만 아니라 가정과 인과 논리까지 뒷받침할 수 있는 확실한 증거—이상적으로는 통계 또는 과정 추적 기법을 역사기록에 적용하여 나온 증거—이기만 하면 된다.[31]

　　신뢰성 있는 국제관계 이론이 많은 이유는 또 있다. 이 이론들은 확률적 주장이기 때문에 특정 사례와 모순된다고 해서 그냥 버리기는 어렵다. 조너선 커슈너Jonathan Kirshner는 이를 잘 지적했다. "어떤 결과가 나타날 확률이 70퍼센트라고 말하는 이론은 그 결과가 나타나지 않을 확률이 30퍼센트라고 말하는 셈이다. 따라서 결과가 실패일 때, 이것은 결함 있는 모델의 결과인가 아니면 운이 나빴던 결과인가? 둘 다 가능하다. 샘플이 균일하지 않고 수가 매우 적을 때는 어떤 일이 일어날지 알아내기가 매우 어렵다. 그래서 경쟁 이론들 중 하나를 쉽게 선택할 수가 없다."[32]

　　그러나 지금까지의 논의에서 예외가 있다. 어떤 이론은 한 번도 일어난 적이 없는 국제 현상을 다루기 때문에, 이론을 테스트할 만한 증거가 없다. 예를 들어 일부 이론들은 핵 위기나 핵전쟁을 다루지만, 제2차 세계대전 막바지에 일본에 떨어뜨린 핵폭탄 두 발을 제외하면 핵무기는 전쟁 중에 사용된 적이 없다. 핵 보유국들 사이에서 핵전쟁으로 치달을 만한 대규모 재래식 전쟁은 일어나지 않았다.[33] 또 핵무기 시대 초기에는 핵 위협 이론과 핵 억지 이론을 평가할 증거도 거의 없었다. 물론 시간이 흐르면서 이제는 상황이 바뀌었지만 말이다. 1991년에 단극 시대가 시작될 무렵에도 단극 체제 이론을 검토할 증거가 제한되어 있었다. 이럴 때 이론의 신뢰성 판단은 그 가정이 현실적인지, 인과 논리가 견고한지에 크게 좌우된다.

신뢰성 있는 이론 목록: 자유주의 이론과 현실주의 이론

정책결정자들은 '현실주의'와 '자유주의'라는 두 계열의 신뢰성 있는 국제관계 이론들을 통해 자신들이 처한 상황을 평가하고 전략을 세운다.[34] 이 이론들은 오랫동안 담론을 지배해온 학계에서 탄생하여 예비 정책결정자들의 머릿속에 들어간다. 이들이 자신의 이론을 얻는 방식은 천차만별이다. 관련 저술을 연구하는 사람도 있고, 그저 다양한 아이디어에 노출되는 사람도 있다(국제정치에 관심을 가진 사람이 그런 노출을 피하기란 불가능하다). 습득 과정은 달라도 이렇게 습득한 국제관계 이론은 실제로 정책결정자들의 이론이 된다.

현실주의 전통과 자유주의 전통은 저마다 다양한 이론들을 가지고 있다.[35] 두 광범위한 전통을 구분하게 만드는 것은 그 하위 이론들이 기반하고 있는 공통의 전제다. 물론 전제가 겹친다고 해서 같은 계열의 이론들이 똑같은 핵심 가정을 공유하는 것은 아니다. 가정이 다르거나 서로 다른 추론을 하기 때문에 서로 다른 인과 논리를 가질 수도 있다. 이는 같은 계열의 이론이라 하더라도 그 실증적 주장이 다를 수 있음을 의미한다.

현실주의 이론들은 국제 시스템의 구조가 국가 행동을 이끄는 주요인이라는 전제를 공유한다. 케빈 나리즈니Kevin Narizny는 "현실주의는 '하향식' 패러다임이다. 모든 현실주의 이론은 체계적인 명령을 구체화하는 것으로 시작해야 한다. 그래야만 다른 요소들을 다룰 수 있다"고 했다.[36] 국제정치의 주요 행위자인 국가는 중앙 권력(국가 간 분쟁을 해결하고 서로를 보호해주는)이 없는 위험한 세상에서 무엇보다 생존을 추구한다. 따라서 세력 균형에 매우 민감할 수밖에 없다. 결국 경쟁국에 비해 얼마나 더 큰 힘을 가졌는가에 따라 자국을 보호하고 다른 이익을 추구할 능력이 결정된다.[37]

이렇게 중요한 유사점에도 불구하고 그 하위 이론들은 매우 다양하게 나타난다.[38]

'방어적 현실주의defensive realism 이론'은 국제 시스템의 구조가 국가 간 힘의 경쟁을 조장하기도 하지만 그 경쟁을 아주 탁월하게 제약하기도 한다고 주장한다. 방어적 현실주의자들은 두 가지 논리를 앞세운다. 우선 전쟁이 성과를 거두는 일은 드물다는 것이다. 원래 공격보다 방어가 더 쉽고, 잠재적 피해국이 자국을 위협하는 국가를 상대로 세력 균형을 맞추려는 강력한 동기를 갖기 때문이다. 그러나 방어적 현실주의 옹호자들도 국가가 힘을 키우거나 국제 시스템을 지배하기 위해 큰 전쟁을 벌이는 등 공격적으로 행동할 때가 있다는 것을 인정한다. 이들의 주장에 따르면 이런 행동은 일반적으로 계산 착오, 지배적인 정치 질서, 민간과 군의 관계, 조직 정치 같은 요인에 따른 결과다.[39]

방어적 현실주의 이론이 내놓는 두 번째 논리는, 현상 유지에 만족하는 국가가 때로는 그 사실을 상대국에 알려 경쟁의 강도를 크게 줄일 수 있다는 것이다. 그런데 서로 신호를 보내지 않으면 힘의 경쟁은 계속된다. 하나 이상의 국가가 현상 유지를 바꾸고 싶어 할 때도 똑같은 일이 벌어진다.[40]

한편 '공격적 현실주의offensive realism 이론'은 국제 시스템이 국가 간 경쟁을 (방어적 현실주의자들이 생각하는 것보다) 더 강하게 부추긴다고 상정한다. 국가가 상대국의 이익과 의도를 점칠 수 없고, 때로 공격이 성공을 거두기도 하기 때문이다. 다른 국가가 위해를 가하거나 자국을 파괴할 능력과 야심이 있음을 알게 된 국가는 가능한 한 큰 힘을 원하게 된다. 그래서 최종 목표인 패권과 함께 힘의 추를 자국으로 기울일 기회—군비 증강, 동맹 또는 전쟁—를 호시탐탐 노린다.[41]

'패권적 현실주의hegemonic realism 이론'도 국가가 국제 시스템을 지배하는 것을 목표로 하며, 그 패권을 차지하거나 유지하기 위해 전쟁을 벌일 수도 있다고 말한다. 그러나 국가가 패권국이 되고자 하는 이유에 대해서는 공격적 현실주의와 다르게 본다. 국가는 안보 보장뿐만 아니라 더 야심 찬 목표를 추구하기 위해 무적의 힘을 원한다는 것이다. 자국의 정치적·이데올로기적 이익 등을 극대화하는 방식으로 세상을 만들고 싶은 것이다.[42]

현실주의 이론가들은 국제정치에서 군사력의 역할에 크게 주목하기 때문에 재래식 전쟁과 핵전쟁 모두에서 특히 억지(억제), 위협, 무력 사용을 다루는 이론을 많이 발전시켰다.

전통적인 억지 이론들은 세력 균형, 현명한 전략, 공격과 방어의 균형 같은 요인들의 중요성을 강조한다.[43] 핵 영역에서

는 상호확증파괴(MAD)[*]를 중심으로 논쟁이 이루어진다. MAD
는 피할 수 없으며 확실한 2차 공격 능력을 지닌 모든 국가에
큰 억지력을 제공한다고 주장하는 이론가들이 있다. 그런가 하
면 MAD를 벗어나 핵전쟁에서 이기는 전투력을 개발할 수 있
다고 주장하는 이론가들도 있다.[44]

위협에 관해서도 평화 시 적의 행동을 변화시킬 최선의
전략에 대해 다루는 학파가 여럿 있다. 전통적인 위협 이론은
적국의 체제나 군사 자산에 대한 무력 위협과 결합한 외교를
강조한다.[45] 그리고 핵 위협 이론은 적국의 인구 중심지, 경제
인프라, 군사력에 대한 핵무기 사용 위협이 핵심이다.[46]

오늘날 무력 사용은 다양한 형태를 띤다. 전통적으로는
지상 공격, 해상 봉쇄, 육·해군 합동 상륙 작전, 공중 폭격 등이
포함될 수 있다. 더 극단적인 경우에는 대규모 육상, 해상, 항공
작전이 펼쳐질 수 있다. 이렇게 무력 사용의 폭이 넓은 것은 가
능한 승전 이론이 그만큼 많다는 뜻이다. 그러나 적절한 성공
기회를 제공하는 전략과 그 전략을 실행할 수 있는 군사력을
갖추는 것이 중요하다는 데는 모든 전문가가 동의한다.[47] 핵전
쟁과 관련해서는 승리할 수 있는 길이 세 가지 있다고 말한다.
먼저 과감한 선제공격으로 상대국의 핵무기를 제거하는 방법
이다. 두 번째는 단계적 확전 시 우위를 유지하면서 상대국과

---

* 핵을 보유한 적국이 선제 핵 공격을 가할 경우 그 상대국 역시 핵을 동원
해 적국을 전멸시키는 보복 전략.

핵무기를 맞교환하며 교전하는 방법이다. 마지막으로는 제한된 방식으로 핵무기를 사용함으로써 추가 확전과 대규모 파괴를 우려한 상대국이 물러서게 만드는 방법이다.[48]

한편 자유주의 이론들은 국가의 행동을 이끄는 주요 동력으로 국가의 이익을 상정한다. 그래서 국제정치의 추진력이 국제 시스템이라는 현실주의적 주장에 반대한다. 나리즈니는 자유주의가 "정책보다는 개인과 집단의 요구가 분석적으로 다뤄지는 '상향식' 관점에 기댄다"고 했다. "모든 자유주의 이론은 사회 구성원들과 그들의 선호를 규명하는 것으로 시작해야 한다. 그래야만 다른 요소들을 다룰 수 있다."[49] 국제 시스템이 국가를 제약할 수 있다는 것을 자유주의자들도 인정하지만, 정책 결정 과정에서 국가의 이익이 훨씬 중요하게 작용한다고 주장한다.[50] 평화와 번영 같은 이익을 중요시하는 것은 중대한 결과를 가져온다. 자유주의자들은 이익 추구가 국가들의 긴밀한 협력을 낳을 수 있다고 주장하는데, 이는 국가 간 경쟁을 강조하는 현실주의자들의 생각과 대조된다.

자유주의 전통의 주요 이론은 세 가지다.

'민주평화 이론'은 규범적인 면과 제도적인 면으로 입장이 나뉜다. 규범적 논조는 민주주의 국가들이 공동의 이익과 가치를 공유하므로 서로를 믿고 존중한다는 입장이다. 제도적 논조는 선출된 정부는 전쟁을 반대하는 국내 유권자들—일반 대중과 다양한 이익 집단—에 대한 책임이 있기 때문에 평화에 관심을 갖는다고 말한다. 두 입장 모두 민주주의 국가들이

서로 잘 싸우지 않는 이유를 설명해준다.[51]

'경제적 상호의존성 이론'은 국가가 번영에 깊은 관심을 가진다는 믿음에 근거한다. 여기에 속하는 이론들은 어떤 면에서는 서로 차이를 보이지만, 번영에 대한 관심이 국가 간에 서로 협력할 뿐만 아니라 안보 경쟁과 전쟁을 피하도록 만든다는 점에는 모두 동의한다.[52]

'자유주의적 제도주의 이론'은 국가들이 만든 행동 규칙에 초점을 맞춘다. 이 행동 규칙은 국가 간에 서로 어떻게 상호작용해야 할지를 규정한다. 이 규칙을 따르는 것이 국익을 위한 최선의 방법이기 때문에 국가들은 되도록 규칙을 따르려 하고, 결국 서로 협력하게 된다.[53]

이들 '빅3' 이론이 자유주의 전통을 지배하고는 있지만, 국가의 행동을 결정하는 주요 동인으로 국익에 초점을 맞춘 이론들도 있다. 이 이론들은 국익을 정의하는 데 중요한 국내적 특징—정치 체제, 문화, 이데올로기 등—을 강조하는데, 국가들이 공동의 이익을 공유한다면 서로 협력할 가능성이 높다고 주장한다. 몇몇 유명한 이론에 따르면, 국가는 자국의 이데올로기가 전 세계에 퍼져서 자국의 정당한 원칙을 공유하는 국가들과 협력하기를 원한다.[54] 또 어떤 이론은 평화로 얻는 이익을 고취하는 문화권이 있다고 본다. 예를 들면 유교 문화권 국가는 정의와 조화를 중요시하므로 평화적으로 행동하는 경향이 강하다는 것이다.[55]

정책결정자들이 일반적으로 사용하는 현실주의 이론과

자유주의 이론 외에도, 국제정치의 작동 방식을 밝혀주는 또 다른 이론—사회구성주의—이 있다.[56] 이 전통에 속하는 다양한 이론들을 묶어주는 연결고리는 두 가지다. 우선 이들은 물질적 요소보다 관념적 요소가 국가 행동을 이끄는 주요 동력이라고 주장한다. 그리고 이런 요소들—특히 사상과 정체성—은 사회적 상호작용을 통해 만들어지고 재창조된다고 말한다. 이들 이론 중 몇 가지는 신뢰성이 있다. 게다가 정책결정자들은 때로 이 이론들을 통해 국제정치에 관해 숙고한다. 그러나 이 이론들이 정책결정자들의 대전략이나 위기 시 정책 결정에 지침이 되는 경우는 드물다.

이처럼 이론이 많은 것은 신뢰성 있는 이론을 판단하는 기준이 낮아서가 아니다. 이 이론들 모두 저마다 현실적인 가정에서 비롯되고, 상당한 경험적 증거로 뒷받침된 논리적 설명이다. 즉 신뢰성 있는 이론의 높은 기준을 통과한 셈이다. 또한 수백 년 동안 국제정치학을 전공하는 학생들이 자유주의 이론과 현실주의 이론의 장단점을 열심히 토론했으니, 그중 신뢰성 없는 이론은 이미 제거되었다고 생각하는 것이 합리적이다. 그리고 신뢰성 없는 이론이나 비이론적 개념(유추나 휴리스틱 같은)을 비롯해 국제관계에 관한 수많은 견해가 신뢰성 기준을 통과하지 못했다.

신뢰성 없는 이론이란

신뢰성 없는 이론이란 다음과 같은 오류를 한 가지 이상 저지른 이론이다.

첫째, 비현실적 가정에 근거한다. 비현실적 가정은 말하자면 국제정치의 어떤 측면을 단순화한 것이므로 현실을 완벽하게 파악할 필요가 없다. 그런데 이론이 신뢰성을 가지려면 그 가정이 적어도 합리적인 수준에서 정확해야 한다.

둘째, 인과관계에 논리적 일관성이 없다. 앞에서도 말했듯이 사소한 사안들이 치명적인 경우는 거의 없다. 이론에는 항상 어느 정도 빈틈이나 모순, 모호함이 있다. 그러나 인과 논리에 심각한 모순이 있다면 신뢰성 없는 이론이다.

셋째, 인과 논리나 핵심 주장 중 어느 하나, 또는 둘 다를 뒷받침할 증거가 거의 없다면 신뢰성 없는 이론이다.

인과 논리의 여러 조각들이 설득력 있게 들어맞는지를 판단하는 것은 이견의 여지가 거의 없는 간단한 문제다. 따라서 논리적 일관성이 크게 부족한 이론은 학계나 정계에서 명성을 얻기 전에 사라질 가능성이 높다. 그러나 어떤 이론에 들어 있는 가정, 인과 논리, 핵심 주장의 실증적 진실에 관해 판단하는 것은 전혀 다른 문제다. 역사적 증거가 많지 않고 그조차도 믿을 만한 게 아닐 경우, 이 사안들에 대해 상당한 의견 차이가 있을 수 있다. 이는 곧 학자들이나 정책결정자들이 채택한 이론들 가운데 일부는 분명히 비현실적인 가정에 바탕을 두거나, 인과 논리 또는 핵심 주장을 뒷받침할 증거를 거의 찾지 못했을 수도 있다는 뜻이다. 물론 그런 이론들은 신뢰할 수 없다.

신뢰성 없는 이론 목록: 문명 충돌 이론부터 편승 이론까지

신뢰성 없는 이론 가운데 몇몇은 비현실적인 가정을 근거로 삼는다. 예를 들어 '문명의 충돌'을 주장하는 이론은 문명이라는 것이 전 세계 사람들에게 정말 중요한 최상위 수준의 사회 집단이라는 전제를 바탕으로 한다. 그래서 문명의 경계선을 따라 갈등이 발생한다고 본다. 즉 서로 다른 문명에 속한 국가들 사이에서, 또는 인구 중 상당수가 여러 문명으로 갈라진 국가 내에서 갈등이 발생한다는 것이다.[57] 그러나 강한 충성심을 요구하는 최대 사회 집단은 문명이 아니라 국가나 민족이다. 문명주의가 아니라 민족주의야말로 지구상에서 가장 강력한 정치 이데올로기다. 따라서 현대 세계의 갈등 대부분이 문명 차이에서 기인한다는 주장을 실증적 기록이 뒷받침하지 못하는 것은 당연하다.[58]

1930년대에 많은 국제관계 연구자가 받아들였던 인종 이론들은 민족이나 국가들 간에 (생물학에 뿌리를 둔) 인종적 위계가 존재한다는 가정에서 출발한다. 여기에 속하는 이론들은 백인이 태생적으로 유색 인종보다 우월하다고 주장했으며, 유색 인종을 '야만인', '유치한 인종', '열등한 혈통' 등으로 불렀다.

'과학적 인종차별' 뒤에 숨어 있는 이런 가정은 일찌감치 폐기되었지만, 정치학자들은 식민 제국을 설명하는 데 이 이론들을 계속 사용했다. 말하자면 인종적 우월성이 정치적 우월성을 낳는다는 것이었다. 이런 잘못된 인종차별적 전제는 식민지 관리 방식을 결정하고 식민주의를 숭고한 과업으로 정당화하는 기틀이 되기도 했다.[59]

한편 노린 립스먼Norrin Ripsman, 제프리 탈리아페로Jeffrey Taliaferro, 스티븐 로벨Steven Lobell이 주장하는 '신고전적 현실주의neoclassical realism'도 신뢰성 없는 이론이다. 이 이론은 핵심적인 인과 논리에 심각한 모순이 있다. 세 사람은 "무정부 상태에서는 생존이 가장 중요한 국익"이라고 주장하면서도, 또 한편으로는 국가가 정치적 이유로 "국제 단체들을 희생시키면서" 국내 단체들의 이익을 충족시키고 "가장 중요한 안보 이익을 위험에 빠뜨릴"[60] 전략을 추구할 수 있다고도 했다. 다시 말해 생존이 국가의 최우선 목표라고도 하고 아니라고도 한 셈이다. 나리즈니가 지적한 것처럼 이러면 이론이 "모순덩어리"[61]가 된다.

인과 논리나 핵심 주장을 뒷받침할 증거가 부족해서 신뢰성을 상실한 이론들도 있다. '민주화와 전쟁 이론democratization and war theory'은 정치 제도가 취약한 신흥 민주주의 국가의 엘리트들이 민족주의적 열정을 촉발할 동기와 기회를 모두 갖고 있으며, 그래서 결국 전쟁을 시작할 가능성이 높다고 주장한다.[62] 그러나 역사적 증거를 포괄적으로 검토해보면, "제도가 취약한 불완전한 신흥 민주주의 국가 중에서 제1차 세계대전 이후 대외 전쟁을 시작하거나 전쟁에 참전한 국가는 하나도 없었다." 1914년 이전 한 세기 동안에는 그런 사례가 여섯 건 있었지만, 그중 전쟁을 발발시킨 사례는 단 한 건뿐이었다. 그리고 그 한 사례—칠레가 볼리비아와 페루를 상대로 벌인 1879년 태평양 전쟁—에서조차도 칠레가 불안정한 체제였다는 것에는 의심의 여지가 있다. 다시 말해 "1816년에서 1992년까지 취약한 제도를 가진 불완전한 민주주의 국가가 전쟁을 개시한 사례는 단 한 건도 없다."[63]

　‘청중 비용 이론audience costs theory’은 민주적으로 선출된 지도자—비민주적인 상대국 지도자와 달리—가 위기 상황에서 자신의 결의를 알리는 데 특히 능숙하다고 주장한다. 선출된 지도자들은 특정 상황에서 어떻게 행동하겠다고 공개적으로 약속할 수 있고, 이를 지켜야 할 의무가 있기 때문이다.[64] 그러나 이 이론을 뒷받침하는 인과 논리가 주장대로 작동한다는 증거는 거의 없다는 사실을 보여주는 연구가 많다. 한 학자는 "청중 비용 메커니즘이 어떤 상황[위기]에서 ‘중요한’ 역할을 했다는 증거는 거의 없다. 실제로 그 메커니즘이 큰 역할을 한 사례를 찾기 어렵다"[65]는 결론을 내렸다. "청중 비용 이론의 가장 쉬운 사례"를 다룬 또 다른 분석도 "청중 비용 메커니즘의 증거가 거의 없어서 (…) 이론의 중요성을 재평가할 필요가 있다"고 밝혔다.[66] 요컨대 청중 비용 이론은 신뢰성이 없다.

　‘강제적 민주주의 증진 이론forcible democracy promotion

theory'은 어떤 국가가 군사력을 동원해 다른 나라의 비민주적 지도자를 실각시키고 그 국가를 민주주의로 전환시킬 수 있다는 이론이다.[67] 전 세계 사람들이 민주주의를 열망하는데 독재자들이 그 길을 막고 있으므로, 민주주의 국가는 군사력을 사용해서 다른 나라에 대규모 사회공학social engineering을 수행할 수 있다는 논리다. 그러나 이 전략이 성공한 적이 있다는 증거는 찾기 어렵다(그렇다고 해서 국가가 비군사적 방식으로 해외에서 민주주의를 진흥할 수 있다는 사실까지 부정하는 것은 아니다). 다른 국가에 민주주의를 도입시키려는 시도를 자주 했던 미국이 실패를 밥 먹듯 했다는 사실을 지적하는 연구도 여럿 있다. 한 주요 분석에 따르면, 제2차 세계대전부터 2004년까지 "미국은 35차례 이상 세계 각지의 개발도상국에 개입했다. (…) 그리고 단 한 차례─1989년 미국이 마약과의 전쟁을 선포하며 개입한 콜롬비아─완전하고 안정적인 민주주의가 (…) 10년 만에 등장했다. 따라서 성공률은 3퍼센트 미만이다."[68] 이런 형편없는 성과는 (지금도 계속되고 있지만) 강제적 민주주의 증진 이론이 신뢰성이 없다는 것을 보여준다.

'핵 위협 이론nuclear coercion theory'은 핵무기를 보유한 국가가 그렇지 않은 국가─또는 핵무기를 적게 보유한 국가─를 위협해서 행동을 바꾸도록 한다는 이론이다.[69] 냉전 초기에는 핵 위협이 그렇게 작동할 수 있다고 생각하는 것이 합리적이었다. 그러나 핵 위협 이론이 실증적으로 검증되면서 신뢰성이 없다는 학계의 합의가 이루어졌다. 이 주제를 다룬 가장 포괄적인 연구에서는 핵 무장 국가가 경쟁국에 위협을 가할 수 있다는 것을 설득력 있게 주장할 만한 사례 19건을 소개하는데, 그중 성공했다고 말할 수 있는 유일한 사례는 1962년 쿠바 미사일 위기 때다. 그러나 이것조차 미국이 소련을 핵으로 위협하는 데 성공했다고 보기는 어려우며, 설득력 있는 사례로도 보기 어렵다.[70]

마지막으로 '편승 이론bandwagoning theory'은 강하고 위협적인 경쟁국을 상대하는 국가가 상대국에 대적하기보다는 동조하는 것이 전형적인 반응이라는 주장이다. 위협을 낮추고 공격을 피하고 싶기 때문이거나, 상대국(강대국)이 어디선가 전쟁을 벌일 때 승리의 전리품을 나눠 갖고 싶기 때문이다.[71] 이 이론의 가장 유명한 변형이 아마 '도미노 이론'일 것이다. 도미노 이론은 미국의 드와이트 아이젠하워 대통령이 1954년 처음 공개적으로 언급했다. 베트남 공산화를 막기 위해 미국이 들인 공을 정당화하기 위해서였다. 도미노 이론에 따르면, 어떤 국가가 공산주의 진영으로 넘어가면 그 이웃 국가들도 그 뒤를 빠르게 따라가고, 그렇게 해서 머지않아 세계 대부분의 국가가 공산주의에 물든다는 것이다. 이 이론은 1950년대에서 1960년대 초반까지는 신뢰성이 있었다. 그때는 미국이 남베트남을 방어하겠다고 강하게 약속했던 시절이다. 그러나 당시 도미노 이론에 신뢰성이 있었던 것은 판단에 필요한 증거가 거의 없었기 때문이다. 시간이 지나면서 도미노 이론, 더 나아가 편승 이론에 반하는 증거가 쌓였고, 1980년대 중반에는 두 이론의 신뢰

성이 없다는 것이 명백해졌다.[72]

도미노 이론의 사례는 이론의 신뢰성이 역사적으로 변한다는 사실을 보여준다. 세계에서 벌어지는 실제 사건들의 흐름이 증거 기반을 크게 바꿔서, 신뢰성 있는 이론을 신뢰성 없는 이론으로 만들기도 하고 그 반대도 마찬가지다. 물리학자 스티븐 와인버그Steven Weinberg는 이렇게 말했다. "헬레니즘 시대의 천문학자 아폴로니우스와 히파르코스는 자신들에게 주어진 데이터만 보고 행성들이 주전원epicycle을 그리며 지구 주위를 돈다는 이론을 발전시켰다."[73] 그러나 두 천문학자의 이론은—처음 개발되었을 때는 신뢰성이 있었지만—새로운 증거가 나타나면서 신뢰성을 잃었다.

비이론적 사고: 데이터 지향 또는 감정 지향적 사고

정책결정자가 이론적 동물이기는 하지만, 가끔은 대전략을 세우거나 위기를 관리할 때 비이론적 사고에 근거하기도 한다. 그럴 때는 데이터 지향적 사고나 감정 지향적 사고에 기대어 행동한다.

데이터 지향적 사고는 기대효용 극대화 또는 유추·휴리스틱의 사용을 포함한다. 기대효용 극대화를 사용하는 정책결정자는 역사적 기록을 조사해서 다양한 현상의 확률—다른 행위자가 선의나 악의를 품을 가능성, 어떤 사건이 일어날 가능성 등—을 정한다. 그다음에는 발견한 사실을 기대효용 극대화 공식에 적용한다. 유추를 사용하는 사람도 역사적 기록을 들여다보긴 하지만 많은 사례를 검토하지 않고 소수의 과거 사건에 초점을 맞춘다. 그래서 과거 사건이 현재 사건과 유사하다면, 과거 사건이 현재 취해야 할 행동을 처방한다고 가정한다. 휴리스틱을 사용하는 정책결정자도 유사한 방식으로 사고하면서 과거를 선택적으로 선별하고—예를 들면 쉽게 떠오르는 사건이나 현 상황과 비슷하다고 판단되는 사건—그에 맞춰 결정을 내린다.

한편 철학자와 심리학자들은 감정에 대해 합의된 정의가 없으며 감정은 구체적 형태가 없는 개념이라고 지적한다.[74] 우리는 감정을 '주어진 상황에 대한 무의식적인 반응을 나타내는 느낌'이라고 정의하며 이 정의는 많은 문헌에 나오는 개념과 광범위하게 일치한다. 학자들은 공포, 분노, 불안, 희망, 자부심, 수치심 등의 감정을 자주 규명하는데, 이들 감정은 생물학적으로나 문화적으로 촉발되는 자극으로 일어난다.[75] 즉 감정적 사고는 비이론적 사고다. 세상을 이해하려는 의식적이고 적극적인 노력을 수반하지 않기 때문이다.

감정이 비이론적이기는 하지만, 신경과학자 안토니오 다마지오Antonio Damasio는 합리적인 사고에 감정이 무척 중요하다고 주장한다.[76] 그의 관점은 학계는 물론 국제정치학 전공생들 사이에서도 널리 받아들여지고 있다.[77] 재니스 그로스 스타인Janice Gross Stein은 관련 연구를 검토하면서 이렇게 말한 바 있다. "우리가 지난 20년 동안 배운 것은, 감정 없이는 합리성도 없다는 사실이다."[78] 도미닉 존슨Dominic Johnson도 "합리적 결정을 내리려면 감정이 제대로 작동**해야 한다**는 것을 보여주는 상당한 증거가 있다. (⋯) 특정한 감정은 정책 결정 과정을 개선할 수도 있다"[79]고 밝혔다.

강압적인 외교에 작용하는 감정의 역할을 자세히 분석한 로빈 마르크위카Robin Markwica는 감정이 으레 이성과 함께 작동한다는 다마지오의 관점을 뒷받침했다. 1962년 쿠바 미사일 위기 당시 소련의 수반 니키타 흐루쇼프와 1990~1991년 걸프전 당시 이라크의 지도자 사담 후세인의 사고 과정을 검토한 마르크위카는 감정이 이성을 짓누르는 것이 아니라 보완한다고 했다. 그는 흐루쇼프와 사담 후세인의 감정이 사고 과정을 "형성"하고 이에 "영향"을 주었다고 썼다. "'감정적 선택 이론 emotional choice theory'이라는 용어와 내가 이 행동 모델을 합리적 선택 패러다임과 대조한 방식은, 자칫 내가 감정을 합리성과 반대되는 개념으로 본다는 인상을 줄 수도 있다. 그러나 그런 것은 분명 아니다. 나는 감정과 사고를 서로 별개이거나 상반되는 과정으로 보지 않는다."[80]

그렇지만 정책결정자가 이론보다 주로 감정에 휘둘릴 때가 있다. 재니스 그로스 스타인과 리처드 네드 르보Richard Ned Lebow는 정책결정자가 어떤 상황에서는 "감정적으로 흥분"할 수 있다고 주장한다. 그렇게 되면 정책결정자는 "불안과 두려움을 높이는 경고를 회피하거나 무시 또는 거부"하고 잘못된 결정을 내린다.[81] 필립 테틀록Philip Tetlock도 "인간의 감정 동요"는 위기 상황에서 "냉정한 계산"을 방해할 수 있고, 그로 인한 스트레스는 "복잡한 정보 처리를 손상"시킨다고 했다. 그는 또 감정적 사고가 "차갑고 합리적이며 계산적인 것이 아니라 (…) 독선적이고 지나치게 도덕적이며 단순화하는 것이어서" 정책결정자들이 위험한 전략을 추구하게 만든다고 했다.[82] 한편 래스번은 "우리의 감정은 심의 기능을 이길 때가 많다"[83]고 주장한다. 조너선 머서Jonathan Mercer는 기본적인 요점을 이렇게 정리했다. 감정은 "합리성에 감정이 필요할 때도 합리성을 약화시킬 수 있다."[84]

그러나 이처럼 감정이 정책 결정을 주도한 사례는 드물다. 정책결정자가 감정에 크게 좌우될 수 있다고 말하는 학자들은 그 주장을 입증할 사례를 몇 가지밖에 제시하지 못하고, 심지어 이 사례들도 지도자들이 감정적 사고에 취약하다는 개념을 뒷받침하지 못한다. 러시아 제국의 니콜라이 2세를 예로 들어보자. 그는 제1차 세계대전으로 이어진 7월 위기 당시 "우유부단함으로 마비되어"(세르비아에 대한) 오스트리아의 도발에 강력하게 대응하지 못했다는 평가를 받는다.[85] 그러나 이 이야기가 사실에 부합한다고 말하기는 어렵다. 학술 문헌에는 니콜라이 2세가 세계대전을 목전에 두고 스트레스 때문에 아무것도 하지 못했다는 증거가 거의 없다. 확실히 그는 파괴적인 충돌은 피하고 싶어 했지만, 독일이 이미 전쟁으로 기울었고 먼저 움직이면 유리한 고지를 선점할 수도 있다는 점이 분명해지자 곧바로 총동원령을 승인했다.[86]

물론 극단적인 압박을 받은 정책결정자들이 감정을 감당하지 못해 판단력을 잃은 경우도 있다. 예를 들어 제1차 세계대전이 시작될 당시 독일 육군 참모총장이었던 헬무트 폰 몰트케 Helmuth von Moltke 장군은, 독일이 1914년 8월 슐리펜 계획*을 시행하자 잠시 신경 쇠약에 걸렸다.[87] 또 소련의 지도자 이오시프 스탈린도 1941년 6월 독일의 소련 침공 직후 깊은 우울감에 빠졌다.[88] 이스라엘 국방군 참모총장이었던 이츠하크 라빈 Yitzhak Rabin 장군도 '6일 전쟁' 개시 직전인 1967년 6월에 극심한 감정에 압도된 적이 있다.[89]

그러나 이런 경우에도 신속하게 움직인 다른 결정권자들이 있었다. 스탈린이 일시적인 직무 불능 상태에 빠지자 그의 핵심 참모들―뱌체슬라프 몰로토프Vyacheslav Molotov, 라브렌티 베리야Lavrentiy Beria, 게오르기 말렌코프Georgy Malenkov, 클리멘트 보로실로프Kliment Voroshilov―은 소련의 전쟁을 감독하는 최고 기관인 국방위원회를 창설했다. 또 몰트케 장군은 해임되었고, 라빈 장군은 지휘 계통에서 제외되었다가 복권되었다.

긴장한 지도자가 정책 결정 과정에 영향을 미치지 않도

---

* 제1차 세계대전 당시 독일 제국의 육군 원수 알프레트 폰 슐리펜이 수립한 전쟁 계획. 러시아 및 프랑스와의 양면 대결을 상정하여, 먼저 프랑스를 침공해 신속하게 굴복시키고, 그다음에 러시아와의 전면전을 준비하는 것을 주요 내용으로 한다.

록 방지하는 것은 매우 중요해서 다른 정책결정자들이 그런 지
도자를 미리 배제할 때가 있다. 1974년 여름 리처드 닉슨 대통
령이 워터게이트 사건 수사로 엄청난 압박을 받았을 때, 그가
감정적으로 취약해질 것을 우려한 참모들이 있었다. 제임스 슐
레진저James Schlesinger 국방장관은 대통령이 지휘 계통을 우회
해 비합리적인 정책을 시행하지 못하도록 조치를 취했다.[90] 그
로부터 수십 년이 지난 뒤 미국 합동참모본부 의장 마크 밀리
Mark Milley 장군도 도널드 트럼프 대통령이 2020년 11월 대선
패배로 감정적으로 무너질까 봐 우려했다. 그래서 그는 트럼프
대통령이 미중 전쟁을 개시할 가능성을 최소화하기 위해 행정
부 관료들 및 중국 측 관계자들과 협의했다.[91]

개인의 합리성
합리적 정책결정자는 이론 지향적이다

그렇다면 정책결정자가 합리적이라는 것은 무슨 뜻일까? 합리
적인 정책결정자는 호모 테오레티쿠스다. 이들은 세상을 이해
하고 특정 상황에서 행동의 방식을 결정할 때 신뢰성 있는 이
론을 사용한다. 반면 비합리적인 정책결정자는 직면한 상황을
해결할 때 신뢰성 없는 이론을 사용하거나 이론에 아예 기대지
않는다.

국제정치가 작동하는 방식을 이해하기 위해 신뢰성 있는

이론에 의지하는 것은 합리적이다. 그런 이론은 완벽할 수는 없을지라도 해당 작업에 가장 적절한 도구이기 때문이다. 신뢰성 있는 이론은 세상을 만드는 데 가장 중요한 요소들, 그리고 다양한 국제정치 현상의 원인과 결과를 알려준다. 그 방식이 논리적으로 일관되고 실증적으로 뒷받침되어 있어서, 정책결정자가 상황이 어떻게 전개될지에 대해 정확한 평가를 내릴 가능성을 극대화한다. 그런데 또한 이런 이유로 지도자들은 자신이 선호하는 이론에 크게 집착하고, (신뢰성은 아랑곳하지 않은 채) 자신이 믿는 이론이 다른 이론보다 우월하다고 생각하기도 한다.

신뢰성 있는 이론에 기대는 것은 문제가 발생할 때 최선의 전략이 무엇인지를 결정하기 위해서도 합리적이다. 그런 이론은 서로 다른 전략이 가져올 결과를 규명하기 때문에, 정책결정자들이 세상을 이해하는 데뿐만 아니라 앞으로 나아갈 방법을 정하는 데도 도움이 된다.

개인의 의사결정에는 정보라는 중요한 측면이 존재한다. 정책결정자들은 끊임없이 변화하는 일련의 수많은 사실에 늘 직면하면서, 무엇을 해야 할지 결정할 때뿐만 아니라 그러한 초기 결정 이후에도 어떤 문제가 가장 중요한지를 파악해야 한다. 이때 가장 중요한 사실을 추려내는 합리적인 방법 역시 신뢰성 있는 이론에 의지하는 것이다. 이런 이론은 어떤 사실에 초점을 맞춰야 하는지 알려주고, 전체적인 상황에서 그 사실들의 의미를 규정해주는 강력한 도구이기 때문이다. 그런데 만약 정책결정자가 믿는 이론이 서로 모순적인 사실들을 아예 외면하게 하거나 사실을 왜곡하게 한다면, 그 정책결정자는 당연히 비합리적이다. 그 이론 자체는 신뢰성이 있을지라도 말이다. 이론을 그런 식으로 사용하지 않아야 합리적인 정책결정자가 된다.

국가의 합리성
관점의 통합과 심의

지금까지 개인의 합리성에 대해서는 충분히 언급했다. 그런데 국제정치에서는 정책결정자가 단독으로 대전략을 구상하거나 위기를 타개할 노력을 기울이는 것이 아니다. 이는 국가―정책결정자 집단―가 하는 일이다. 정책 결정 과정에 개입하는 모든 사람은 당연히 자신이 선호하는 이론을 가지고 있고, 그 이론에서 비롯된 정책을 옹호할 것이다. 정책결정자들이 제시하는 이론은 저마다 다를 수 있고, 모두 신뢰성이 있는 것도 아니다. 중요한 것은 정책결정자 개개인이 생각하는 바가 아니라, 국가가 어떻게 이들의 관점을 통합하고 최종적으로 어떤 정책을 받아들이느냐다.

　한 국가의 정책은 신뢰성 있는 하나의 이론 또는 몇 가지 이론의 조합에 근거하면서 심의 과정의 결과물일 때 합리적이다. 신뢰성 있는 이론에 기대지 않거나 심의의 결과물이 아닌 정책은 비합리적이다.

심의는 두 단계로 이루어지는 의견 통합 과정이다. 첫 단계는 주요 정책결정자들이 자유롭게 벌이는 활발한 토론이다. 두 번째 단계는 최종 결정자가 정책을 선택하는 것이다. 토론만으로는 합리적인 집단 의사결정을 내릴 수 없다. 정책결정자들이 서로 생각을 교환하면서 각 선택지의 장단점을 활발하고 자유롭게 비교해야 한다. 각자의 생각을 강하게 주장할 수는 있지만, 동료들의 의견도 기꺼이 들으면서 앞에 놓인 선택지의 장단점을 비교해야 한다. 또한 관련 정보를 숨기거나 거짓말을 한다든가, 동료들을 위협하거나 강요하여 토론을 중단시켜서는 안 된다.

물론 활발하고 자유로운 토론은 국가의 합리성에 필수 조건이지만 충분 조건은 아니다. 합리적인 국가라면 지침이 되는 정책을 선택할 줄도 알아야 한다. 이 말은 합리적 전략으로 이어지는 길이 세 갈래라는 뜻이다.

첫째, 관련 정책결정자들 ─ 최종 결정자를 포함해 ─ 이 신뢰성 있는 똑같은 이론을 염두에 둔 채 토론장에 모이고, 토론 후 적절한 전략에 관한 합의에 이르는 데 별 어려움이 없는 경우다.

둘째, 정책결정자들이 서로 다른 이론을 가지고 와서 활발하고 자유로운 토론을 벌이는 경우다. 이후 신뢰성 있는 이론을 바탕으로 지침이 되는 정책을 결정한다. 사실, 토론을 거치면 선택지 사이에 힘의 균형이 흔들려 어떤 이론(들)이 승리를 거둔다. 이때 정책 결정 집단 내에서 힘의 균형이 옮아가는 방식은 두 가지다. 우선 어떤 정책을 지지하는 사람들이 반대자들의 마음을 바꾸려고 설득할 수 있다. 또는 새로운 정보가 나타나 양측이 최선의 정책에 합의할 수 있다. 두 가지 방식 모두에서 최종 결정자는 합의를 비준하고 그 합의가 최종 정책이 된다.

셋째, 정책결정자들이 활발하고 자유로운 토론을 했지만 하나의 전략에 동의하지 못하는 경우다. 그러면 최종 결정자가 나아갈 방향을 정한다. 이처럼 교착 상태에 빠지는 일은 흔하다. 정책결정자 한 사람 한 사람은 자신의 이론을 고집하고, 학계나 정계에서는 신뢰성 있는 이론의 순위를 매기는 방식에 합의가 이루어지지 않는다. 게다가 정책 사안이 논의될 때면 늘 새로운 정보가 나타나기 마련인데, 그 정보가 방향을 결정해주는 경우는 드물다. 그러나 결정은 내려져야 하고, 그 책임은 최종 결정자에게 주어진다. 최종 결정자는 합의나 동의를 비준하기보다 토론에 대한 판결을 내려야 하는 처지다.

이 세 번째 경우에 제대로 된 심의가 아니므로 비합리적이라고 말하는 이도 있을 것이다. 그러나 이는 틀린 판단이다. 무엇보다 각 이론이 갖는 장점에 관한 토론을 건너뛰지 않았고, (과정이 합리적이려면 반드시 필요한) 분명한 정책 결정 메커니즘이 존재하기 때문이다. 이러한 '결정'의 필요성은 국가가 왜 위계적으로 조직되어야 하는지 말해주는 핵심 이유 중 하나다.

과정 vs 결과
합리성이란 과정에 관한 것이다

합리성은 자주 결과로 판단될 때가 있다. 이럴 경우, 성공한 정책은 합리적인 것이 되고 실패한 정책은 비합리적인 것이 된다. 합리적 사고는 승전과 같은 좋은 결과와 결부되고, 비합리적 사고는 패전과 같은 나쁜 결과와 연결된다.[92]

그러나 합리성이란 결과보다 과정에 관한 것이다. 합리적 행위자는 자신의 판단력을 사용해 불확실한 세상에서 어떻게 행동할지를 파악한다. 그렇다고 해서 그가 내놓은 정책이 성공하리라는 법은 없다. 그 정책이 심의 과정을 거친 신뢰성 있는 이론에 기초했다 하더라도, 외부의 제약이나 예상하지 못했던 상황이 발생해 목표 달성을 막을 수도 있다.

우선 신뢰성 있는 이론이 불완전한 도구임을 인정하자. 이론은 복잡한 현실을 단순화한 것이기 때문에 어떨 때는 틀릴 수밖에 없다. 빠뜨린 요소들이 어떤 사건에서는 중요한 요소가 될 수도 있기 때문이다. 그럴 경우 신뢰성 있는 이론에 근거한 정책이라 해도 기대만큼 작동하지 않을 수 있다. 예를 들어 노먼 에인절Norman Angell이 그의 고전적인 저서 《위대한 환상》에서 말했듯이, '경제적 상호의존성 이론'을 바탕으로 사고한 국가는 1914년 7월 위기 당시 평화적 해결이라는 결말을 기대했을 것이다. 그러나 기대와 달리 제1차 세계대전이 벌어졌다.[93]

물론 국가의 결정을 뒷받침하는 이론이 상황과 잘 들어

맞을 때도 정책은 실패할 수 있다. 정책결정자들이 상황에 대한 정보를 충분히 확보하지 못하거나 잘못된 정보를 가졌기 때문이다. 전투에 투입되기 전까지는 상대적인 능력을 평가하기 어렵다. 의도, 선호, 결의 같은 눈에 보이지 않는 요소는 측정하기가 더 어렵다. 게다가 국가들은 서로 우위를 점하기 위해 자국의 역량이나 생각을 숨기고 왜곡할 강력한 동기를 가지고 있다. 이유가 무엇이든 간에, 정보 부족으로 인해 국가는 위협을 당하는 상황에서도 안전하다고 판단할 수도 있고, 강경책이 더 현명할 때 유화책을 쓰거나 패배가 목전인데 승기를 잡았다고 판단할 수도 있다.

신뢰성 있는 이론에서 비롯된 정책이 예상 밖으로 크게 변한 상황—마키아벨리는 이를 '운'이라 불렀고 투키디데스와 클라우제비츠는 '기회'라 불렀다—때문에 실패하는 경우도 있다.[94] 국가가 적절한 이론을 사용하고 좋은 정보를 가졌음에도 목표를 달성하지 못하는 것은 경쟁국이 뜻밖의 정권 교체를 겪거나 세력 균형을 흔들 신기술을 개발하기 때문이다. 마찬가지로 외부의 제약과 예상치 못한 상황 덕분에, 비합리적 국가가 (상황 이해와 정책 결정에 결함이 있더라도) 목표를 달성하는 경우도 있다. 정리하자면, 합리적 국가가 실패할 수도 있고 비합리적 국가가 성공할 수도 있다. 따라서 합리성은 결과로 정의될 수 있는 것이 아니다.

그렇다고 해서 합리성이 결과와 아무런 연관이 없다는 것은 아니다. 합리적인 정책은 실패할 확률보다 성공할 확률이 높다. 합리적 정책은 신뢰성 있는 이론에 기반을 두고 있고, 신뢰성 있는 이론은 해당 정책이 나아가야 할 방향에 관해 국가가 논리적이고 실증적으로 예측할 수 있도록 해준다. 반면에 비합리적인 정책은 실패할 확률이 더 높다. 세상이 돌아가는 방식에 대한 이해가 부족하고, 심의를 거치지 않은 결정 과정에 근거하기 때문이다.

*

국제정치에서 전략적 합리성이란 세상을 이해하고 특정 목적을 추구할 최선의 방식을 결정하는 것을 뜻한다. 이는 개인 차원과 국가 차원에서 모두 일어나는 현상이다.

합리적 정책결정자는 상황을 이해하고 해결 방법을 결정하기 위해 신뢰성 있는 이론을 사용한다. 반대로 비합리적인 정책결정자는 정책을 만들 때 신뢰성 없는 이론에 기대거나 이론을 아예 사용하지 않는다.

합리적 국가는 신뢰성 있는 이론을 바탕으로 정책을 만들고, 심의 과정을 거친다. 이 두 단계 과정에는 한자리에 모인 정책결정자들의 활발하고 자유로운 토론과 최종 결정자의 정책 선택이 포함된다. 반대로 비합리적 국가는 정책을 만들 때 신뢰성 있는 이론에 근거하지 않거나 심의를 거치지 않는다(둘 다를 건너뛸 때도 있다). 이는 내부 토론이 활발하지 않고 제약이 가해지기 때문이거나, 최종 정책의 결정을 이루어내지 못하기 때문이다.

　　지금까지 '합리성'과 '비합리성'의 정의를 소개했으니, 이제 문헌에 등장하는 주요 관련 정의들을 기술하고 평가할 차례다.

합리성의 다른 정의들

합리적 선택 이론과
정치심리학을
중심으로

4

국제정치에서 합리적 행위자 가설을 연구하는 그룹은 둘이다. 합리적 선택 이론가들과 정치심리학자들이다. 이들은 모두 '기대효용 극대화'를 기준으로 합리성을 연구하며, 기대효용 극대화는 기본적으로 데이터를 중심으로 한다. 그러나 두 그룹의 강조점은 다르다. 합리적 선택 이론가들은 합리성에 초점을 두는 반면, 정치심리학자들은 비합리성에 주안점을 둔다.

합리적 선택 이론가들은 표면상으로는 '합리성'을 기대효용 극대화로 정의한다. 그런데 가까이 들여다보면 정작 합리성에 대해서는 거의 언급하지 않는다. 무엇보다 합리적 정책결정자가 세상을 이해하는 방식이나 합리적 국가가 정책결정자들의 다양한 관점을 통합하는 방식에는 별 관심이 없다. 합리적 선택 이론가들은 개인이 어떻게 선택을 하는지를 연구하지만, 개인으로서의 정책결정자가 어떤 결정을 내릴 때까지 일어나는 정신적 과정에 대해서는 논의하지 않는다. 다만 합리적 정책결정자가 '마치' 기대효용 극대화를 추구하는 것처럼 전제할 뿐이다. 그래서 이들은 국제정치에서 개인의 합리적 선택이란 무엇인지에 대해서도 정의 내리지 않는다. 그러려면 정책결정 자들의 머릿속에서 실제로 무슨 일이 벌어지는지를 설명해야 하기 때문이다.

대신 합리적 선택 이론가들은 한발 물러나 다른 정의를 채택한 것 같다. 합리적 정책결정자가 어떤 결정을 내릴 때 '마치'가 아니라 '실제로' 기대효용 극대화 공식을 사용한다는 것 이다. 그러나 이들의 접근법이 지닌 문제는 간단하다. 국제정 치와 같은 불확실한 영역에서 '기대효용'이라는 개념을 사용하 는 것 자체가 합리적이지 않다는 것이다.

한편 정치심리학자들은 기대효용 극대화에서 벗어난 것 을 비합리성으로 정의한다. 그리고 이를 '편향bias'이라고 부른 다.[1] 개인의 선택 방식에만 초점을 맞추는 정치심리학자들은 정책결정자들이 편향을 초래하는 정신적 지름길—주로 유추 와 휴리스틱—에 일상적으로 의존한다고 주장한다. 그러나 개 인 차원의 비합리적 선택에 대한 이러한 정의는 타당하지 않 다. 지도자들이 거의 항상 비합리적이라는 뜻을 내비치기 때문 이다. 게다가 정치심리학자들은 개인으로서의 지도자가 어떻 게 세상을 이해하는지, 혹은 그의 관점이 국가의 외교 정책 수 립에 어떻게 통합되는지에 관해서는 거의 다루지 않는다. 한마 디로 정치심리학자들이 내린 국제관계에서의 '비합리성'의 정 의는 결함 있고 불완전하다.

이 장의 대부분은 합리적 선택 이론가들과 정치심리학자

들이 '합리성'과 '비합리성'에 관한 설득력 있는 정의를 내리지 못했다는 우리의 주장을 펼치는 데 할애될 것이다.[2] 그런 다음에는, 정치심리학자들이 비합리성의 주요 동력으로 유추와 휴리스틱을 지목하므로, 이런 정신적 지름길에 관한 이들의 주장을 비판할 것이다.

기대효용 극대화
합리적 선택 이론가들에 대한 비판

합리적 선택의 핵심 개념인 기대효용 극대화는 전략적 합리성의 표준적 정의로 널리 알려져 있다. 합리적 행위자는 이익 또는 가치로 정의되는 기대효용을 극대화하거나 최적화하는 방향으로 움직인다는 주장이다. 반대로 비합리적 행위자는 그렇게 하지 않는다.

이 분야의 거두인 브루스 부에노 데 메스키타Bruce Bueno de Mesquita는 이렇게 설명했다. "내가 상정하는 합리성의 특정 형태는 기대효용 극대화다. (…) 합리적이라는 것은 의사결정자가 목표 달성을 위한 최선의 방법을 계산할 때 극대화 전략을 쓴다는 것을 의미한다."[3] 마찬가지로 정치학에서의 합리적 선택 이론을 평가한 도널드 그린Donald Green과 이언 셔피로Ian Shapiro는 "합리적 선택 이론가들이 대체로 동의하는 첫 번째 가정은 합리적 행위가 **효용 극대화**를 수반한다는 것"[4]이라고 지적했다. 아서 스타인Arthur Stein도 같은 지적을 했다. 그는 의사 결정 이론가들과 합리적 선택 이론가들에게 합리성이란 "행위자의 취향을 최적화하고 극대화하는 것"[5]을 의미한다고 말했다. 또 에밀리 해프너-버턴Emilie Hafner-Burton과 그 동료들은 이렇게 밝혔다. "국제관계의 합리주의 이론은 모두 환경과 행위자에 관한 중요한 가정들에 바탕을 둔다. 개인은 기대효용을 극대화하는 것으로 설정된다."[6]

극대화를 강조하는 기대효용 이론은 경제학, 특히 존 폰 노이만John von Neumann과 오스카르 모르겐슈테른Oskar Morgenstern의 1944년 저작 《게임 이론과 경제적 행동》[7]에 나온 유명한 정리에서 탄생했다. 적어도 초기에는 이 두 저자가 설명한 접근법이 꽤 규범적이었다―즉 개인이 목표를 달성하는 데 가장 좋은 행동을 선택할 수 있게 돕는 것을 가리켰다. 욘 엘스터Jon Elster는 이것이 "무엇보다 규범적인 이론"이라고 설명한다. "그것은 목표를 최대한 달성하기 위해 해야 할 일을 알려준다."[8] 찰스 글레이저Charles Glaser도 국제정치에 대한 자신의 합리적 선택 이론을, 국가가 정책 선택을 어떻게 해야 하는지 논하는 "지시적이며 규범적인 이론"이라고 불렀다. 국가가 실제로 무엇을 할지 결정하는 방법을 다루는 "긍정적이며 설명적인 이론"이라기보다는 말이다.[9]

그러나 시간이 지나면서 기대효용 이론을 지지하는 많은 사람이 기술적이거나 설명적인 목적으로 이 방법을 사용하게 되었다. 존 하사니John Harsanyi는 "상식적인 수준에서 합리성은 **규범적인** 개념"이라고 말하면서도 이렇게 덧붙였다. "그러나 상식적인 수준에서도 합리성의 이런 개념은 **긍정적으로** 적용된다. 이것은 인간 행동을 **설명**하거나 **예측**하거나 심지어 단순히 **기술**하는 데도 사용된다."[10] 아서 스타인은 기대효용 이론을 바탕에 둔 전략적 선택의 기본 틀을 종합하면서 이런 변화를 포착했다. "모순적이게도 여기서 과거의 행동과 결과에 대한 소급적 설명으로 제시된 전략적 선택이라는 접근법은, 의사결정을 설명하려는 것이 아니라 향상시키려는 규범적 과제의 일환으로 시작되었다."[11]

사실 '기대효용 이론'이라는 용어는 '기대효용 극대화'가 이론이 아니라 의사결정에 관한 접근법이라는 점에서 분명 부적절하다. 이것은 개인이 기대효용을 극대화하기 위해 사용하는 특수한 공식을 설명한다. 데이비드 레이크와 로버트 파월은 이를 명시적으로 말한다. "전략적 선택 접근법은 명백히 이론이라기보다 접근 방식 또는 방향이다."[12] 이는 국가를 효용 극대자로 다루는 학자들이 '합리주의적' 국제관계 이론을 제안할 수 없다는 뜻이 아니다. 사실 많은 학자가 그렇게 한다. 그러나 우리의 목적이 합리성을 정의하는 것이라면, 그들의 이론에 대한 탐구가 아니라 기대효용 극대화 공식 자체에 초점을 맞춰야 한다.

합리성을 어떻게 정의할까

기대효용 이론에서 분석 단위는 개인이라는 행위자다. 도널드 그린과 이언 셔피로는 "합리적 선택 이론가들 사이에 널리 합의된 [핵심] 가정은 관련 극대화 주체가 **개인**이라는 사실"[13]이라고 말했다. 이에 따라 합리성을 최적화와 동일시하는 학자들은 두 가지 접근법 중 하나를 취한다. 즉 매우 강한 지도자에 초점을 맞추거나, 국가를 단일한 행위자로 다루는 것이다. 부에노 데 메스키타는 그중 첫 번째 접근법을 채택하여 "전쟁에 관한 의사결정을 지배하는 것은 한 명의 지도자"라고 가정한다. 그는 1930년대 독일의 외교 정책을, "합리적인 기대효용 극대자의 행동과 완전히 일치하는"[14] 히틀러의 행위가 만들어낸 결과물이라고 본다. 그러나 대부분의 경우 기대효용 이론가들은 두 번째 접근법을 채택하여 단일한 행위자로 국가를 상정한다. 파월은 "협상 모델에서 행위자는 개인이 아니라 (…) 국가다. 대부분의 국제관계 모델과 이론에서 행위자는 개인이 아니다. 정확하게 정의되는 취향을 가진, 단일한 행위자처럼 행동할 것으로 가정되는 집합체다"[15]라고 지적했다.

기대효용 극대화는 결정을 어떻게 내려야 하는지를 명시한 일련의 규칙을 준수하는 것을 내포한다. 폰 노이만과 모르겐슈테른이 설명했듯이 "해결책의 즉각적 개념은 각 참여자에게 일어날 수 있는 모든 상황에 어떻게 행동해야 할지 알려주는 일련의 규칙이라고 보는 것이 그럴듯하다."[16]

개인이 결정을 내려야 할 상황에 닥쳤을 때 사용해야 할 규칙은 무엇일까?[17] 합리적 의사결정자는 가장 먼저 세상의 다양한 상태—해당 문제와 관련하여 제어할 수 없는 요소—를 살펴보고, 그런 상태가 진짜일 확률을 계산하기 위해 적절한 데이터를 분석할 것이다. 그와 동시에 어떤 행동 또는 정책을 사용할 수 있는지 살필 것이다. 그런 다음 세상의 상태와 실행 가능한 행동을 조합해서 얻을 수 있는 일련의 결과를 알아본다.

두 가지 상태와 두 가지 행동이 존재하는 간단한 상황에서 나올 수 있는 결과는 네 가지다. 그 결과를 알아낸 의사결정자는 선호하는 순서대로 결과의 순위를 매길 것이다. 선호도는 전이적이다—즉 결과 A를 결과 B보다 선호하고, 결과 B를 결과 C보다 선호한다면, 결과 A의 선호도는 결과 C의 선호도보다 높다. 그다음 각 결과에 효용 또는 가치가 부여된다. 이때 가장 선호하는 결과에 가장 큰 점수가 매겨진다. 서수적 효용성에는 부여한 점수 간 차이가 거의 없지만 기수적 효용성이라면 차이가 크다.

의사결정자가 이런 정보를 확보하면, 그다음 단계는 각 행동 또는 정책의 기대효용을 계산하는 것이다. 그러려면 세상의 다양한 상태의 확률을 그에 상응하는 결과의 효용성과 곱해야 한다. 그렇게 얻은 값이 각 행동의 기대효용이다. 극대화란 기대효용값이 가장 큰 행동을 선택하는 것을 뜻한다. 요컨대 최적화 접근법은 "가능한 모든 결과에 대한 이득을 결정하는 것, 확률을 평가하는 것, 확률에 대한 정보를 업데이트하는 것,

기대 이익이 가장 높은 전략을 선택하는 것"을 포함한다.[18]

기대효용 극대화가 실제로 작동하는 것을 보기 위해, 미국의 정책결정자들이 냉전 초기 유럽에서 소련을 상대하면서 어떻게 기대효용 극대화를 사용하여 합리적 정책을 알아낼 수 있었는지 살펴보자.[19] 가장 중요했던 문제는 소련의 목적이 갖는 성격이었다. 이에 관해서는 가능한 국제 상황이 두 가지였다. 소련이 현상 유지 세력이거나, 아니면 반대로 팽창주의 세력이라는 것이었다. 그리고 미국 입장에서 가능한 행동 또는 정책은 두 가지였다. 유럽에서 철수하거나 계속 주둔하는 것이다. 이를 종합해보면 국제 상황과 가능한 행동은 다음과 같은 네 가지 결과를 낳을 수 있다.

첫째, 소련이 현상 유지를 원하고 미군이 유럽에서 철수한다면 유럽에서 적은 비용으로 세력 균형을 이룰 수 있다. 둘째, 소련이 현상 유지를 원하고 미군이 유럽에 남는다면 값비싼 세력 균형을 결과로 얻을 것이다. 셋째, 소련이 팽창주의를 원하고 미군이 유럽에 주둔한다면 그 결과는 두 강대국의 전쟁이 될 것이다. 마지막으로, 소련이 팽창주의를 원하고 미군이 철수한다면 소련이 유럽에서 패권을 장악할 것이다.

다음과 같이 가정해보자. 첫째, 미국의 정책결정자들이 주어진 데이터를 검토하여 소련이 팽창주의일 확률이 60퍼센트, 현상 유지일 확률이 40퍼센트라고 가정했다고 치자. 둘째, 네 가지 가능한 결과에 가장 선호하는 것부터 순위를 매겨, 비용이 적은 세력 균형, 비용이 많은 세력 균형, 강대국 간의 전쟁, 소련의 패권 순으로 놓았다고 해보자. 셋째, 세력 균형—차후에 이루어졌지만—이 미국의 안보에 가장 좋은 결과이고 전쟁이나 특히 소련의 패권은 안보를 해칠 것이라는 믿음을 반영해 네 가지 결과에 각각 1, 0.75, 0.25, 0이라는 기수적 효용값을 매겼다고 해보자.

이런 확률과 효용값을 보면, 미국에 합리적인 결정은 미군이 유럽에 계속 주둔하는 것이다. 이 선택지의 기대효용이 철수 시 기대효용보다 더 크기 때문이다. 이 결론은 다음과 같은 계산에 근거한다.

주둔 시 기대효용 = (소련의 팽창주의 확률) × (강대국 간 전쟁의 효용값) + (소련의 현상 유지 확률) × (값비싼 세력 균형의 효용값) = 0.6 × 0.25 + 0.4 × 0.75 = 0.45

철수 시 기대효용 = (소련의 팽창주의 확률) × (소련의 패권 장악의 효용값) + (소련의 현상 유지 확률) × (적은 비용의 세력 균형의 효용값) = 0.6 × 0 + 0.4 × 1 = 0.4

개인의 합리성에 대한 정의의 부재

지금까지의 논의를 보면, 믿기 어려울 수 있지만, 합리적 선택 이론가들은 국제관계에서의 개인의 합리성을 정의하지 않은 것으로 나타난다. 이들은 합리적 정책결정자들이 어떻게 세상

을 이해하는지도, 어떻게 할 일을 결정하는지도 설명하지 않
는다.

국제정치에서 개인의 합리성에 대한 정의는 합리적 정책
결정자가 세상을 어떻게 이해하는지를 설명하는 것으로 시작
해야 한다. 주어진 문제를 먼저 이해하지 않으면 앞으로 나아
갈 합리적 방법을 알 수 없다. 그런데 합리적 선택 이론가들은
합리적 정책결정자들이 자신이 살아가는 세상을 이해하는 방
식에 대해서는 거의 관심을 기울이지 않는다. '선택'과 관련해
서도 개인의 합리성에 대한 정의는 합리적 정책결정자가 결정
을 내리는 정신적 과정까지 설명해야 한다. 기대효용 극대화가
이를 설명하지 않느냐고 생각하는 사람이 있을 것이다. 이 방
법이 여러 정책 선택지 중 하나를 선택하는 방식을 식별한다고
알려져 있기 때문이다. 이는 합리적 개인이 자신의 기대효용을
극대화하는 전략을 선택한다는 개념이다.

그러나 자세히 살펴보면, 기대효용 극대화는 선택의 정신
적 과정을 설명하지 않아서—합리적 의사결정자가 어떻게 생
각하는지 기술하지 않는다—개인의 합리적 선택에 대한 정의
를 내리지 못한다. 정책결정자의 머릿속에서 무슨 일이 일어
나는지는 무시하고, 그가 선택한 행동이 기대효용 극대화 공식
이 권하는 것과 일치하는지만 묻는다. 합리적 선택 이론가들에
게 중요한 것은 합리적 의사결정자가 '실제로' 그 공식에 따라
생각하는지가 아니라, '마치' 그 공식을 사용한 듯 행동하느냐
일 뿐이다. 부에노 데 메스키타는 이렇게 썼다. "[합리성] 가정

은 전쟁과 평화 중 선택하는 것이 **마치** 강한 지도자의 안녕을 극대화하기 위해서인 양 이루어진다는 개념을 전달하려는 것이다." 그는 더 나아가 "그런 정책결정자가 마치 합리적인 기대효용 극대자인 것처럼 행동한다는 것을 우리가 알게 된다면 그 가정은 현실에 부합한다"[20]고도 주장했다. 크리스토퍼 에이컨Christopher Achen과 덩컨 스나이덜Duncan Snidal도 합리적 행위자가 행동하는 방식을 설명할 때 '마치'라는 주장을 사용했다. "합리적 억제는 정책결정자가 한 실제 계산에 대해서는 알 수 없다. 이것은 그들이 **마치** 수학 문제를 풀듯 행동할 것임을 뜻한다. 실제로 문제를 푸는지와는 상관없이 말이다."[21] 이렇게 합리적 선택을 이해하는 방식은 경제학에 뿌리를 두고 있는데, 밀턴 프리드먼은 이를 이렇게 설명했다. "다양한 상황에 처한 회사들은 **마치** 기대 수익 극대화를 합리적으로 추구하는 것처럼 행동한다."[22]

기대효용 극대화가 합리적 개인이 어떻게 판단력을 사용해 결정을 내리는지에 대해서는 설명하지 못한다는 주장에는 논란의 여지가 없다. 1978년 허버트 사이먼이 "경제학은 합리적 선택의 **과정**보다는 **결과**에 훨씬 관심이 있다"[23]고 한 말은 지금도 틀리지 않는다. 합리적 선택 이론가들은 이 점을 노골적으로 드러낸다. 제임스 모로James Morrow는 이렇게 말했다. "우리는 결정 과정이 글자 그대로 계산의 연속이라고 가정하지 않는다. 효용성 이론은 개인의 인지 과정을 설명하려는 시도가 아니다."[24] 에이컨과 스나이덜도 "합리적 억제는 의사결정자가 어떻게 생각하는지에 관한 이론으로 암묵적 오해를 받고 있다"고 말했다. 더 나아가 "효용성 이론의 공리와 결론은 오직 선택만 다룬다. 정신적 계산은 언급된 바 없다. 그 이론에서는 계산을 언급하지 않는다"[25]고도 했다. 밀턴 프리드먼은 더 단호했다. "물론 이제는 수리경제학자가 이 가설을 표현하는 데 편리하다고 생각할 연립방정식을 사업가가 실제로 푸는 일은 없다."[26]

개인의 합리성에 대한 미흡한 정의

합리적 선택을 다루는 문헌들은 합리적 개인이 결정을 내리는 방식에 관한(세상을 이해하는 방식에 관해서는 아니지만) 또 다른 정의를 제공한다. '마치'라는 가정을 포기하고, 전략적 선택지 중 하나를 선택하는 데 기대효용 극대화 방법을 실제로 사용하는 것으로 정의하는 것이다. 이 접근 방식에는 장점이 있지만 결국에는 실패했는데, 국제정치 영역처럼 불확실한 세상에서는 기대효용 극대화가 합리적이지 않기 때문이다.

　합리적 선택 이론가들이 합리적 정책결정자를 실질적인 기대효용 극대자로 정의하는 데는 그럴 만한 근거가 있다. 정신적 과정을 설명함으로써 개인이 실제로 어떻게 선택을 내리는지 다루기 때문이다. 그런 설명이 없으면 어떻게 결정이 내려졌는지에 관한 이야기가 전혀 없기 때문에, 합리적 선택의 정의는 미흡할 수밖에 없다. 브라이언 래스번, 조슈아 커처

Joshua Kertzer, 마크 패러디스Mark Paradis는 이를 이렇게 설명한다. "합리적 선택은 합리적 사고 없이는 불가능하다. (…) 도구적 합리성은 과정의 합리성 없이는 불가능하다. 과정의 합리성은 관련 데이터 조사, 정보 왜곡 없는 통찰, 신중한 논의 등 우리가 합리적 의사결정과 연결하는 모든 인지 과정을 포함한다. 이것이야말로 합리적인 사고 또는 이성이다."[27]

과정에 관한 이야기가 있어야 한다는 조건이 인정된다면, 합리적 정책결정자가 실제로 기대효용 극대자라는 합리적 선택 이론가들의 주장이 그럴듯해진다. 아무튼 기대효용 극대화 공식을 적용하는 것은 꽤 간단한 일이고, 일반인이 이 접근법을 사용하기는 어려울 수 있어도 고위급 정책결정자 대부분에게는 능력 밖의 일이 아니다. 실제로 다른 직군에 속하는 개인—학자와 사업가를 포함하여—들이 이 공식의 몇몇 버전을 사용해 전략 극대화 방법을 찾아낸다는 증거는 많다. 필요한 계산이 때로는 매우 복잡할 수도 있지만, 정책결정자라면 언제나 전문가들에게 분석을 의뢰할 수 있다.

따라서 합리적 선택 이론가들이 합리적 결정 과정에 (기대효용 극대화를 중심으로 한) 정신적 과정이 실제로 있다는 것을 가끔 암시하는 것도 놀랄 일은 아니다. 부에노 데 메스키타의 주장도 그렇다. "합리적이라는 것은 의사결정자가 목적을 달성할 최선의 방법을 계산할 때 극대화 전략을 쓴다는 것을 내포한다."[28] 그는 또 "각 의사결정자와 결정에 영향을 미치려는 개인 또는 집단은, 어떤 행동을 선택했을 때 어떤 반응이 나올지를 생각하며 앞을 내다본다. 그러고 나서 예측과 현재 상황에 대한 검토에 기초하여 최선의 결과를 낼 만한 행동을 선택한다"[29]고도 했다. 글레이저도 "합리적으로 행동한다는 것은 국가가 목적의식이 분명한 행위자라는 것을 의미한다. 국가는 목적 달성을 위한 최선의 전략을 선택하기 위해 적어도 합리적인 노력을 펼친다. 또 국가는 성공할 가능성과 그 비용 및 편익을 추정하여 선택지를 알아내고 비교할 수 있다"[30]고 주장했다. 엘스터는 "합리적 선택에는 세 가지 최적화 과정이 있다. 선택된 행동은 행위자의 바람과 신념에 최적화되어야 한다. 신념은 행위자에게 주어진 정보에 따라 최적화되어야 한다. 정보 획득에 필요한 출처의 양도 최적화되어야 한다"[31]고 언급했다. 래스번이 지적했듯이 "의사결정 과정 이론을 부정하는 접근 방식치고 많은 생각이 필요하다."[32]

이러한 대안적 정의에는 장점이 여럿 있다. 우선 개인의 합리적 선택을 명확하게 정의해준다. 기대효용을 극대화해줄 것이 확실한 정책을 선택하는 행위자는 합리적이고, 그렇지 않은 행위자는 비합리적이다. 그리고 다양한 정책 선택지 중 기대효용을 극대화하는 것이 무엇인지 선정할 방법을 정확하게 규정한다. 아서 스타인이 말했듯이 이 방법은 인상적인 "분석적 일관성과 엄격성"[33]을 부여한다. 달리 말하면 기대효용 극대화는 목표 달성을 위해 최적의 전략을 결정해야 하는 개인에게, 올바르게 정의된 간단한 과정을 제공한다. 헨스 엘스터 Hence Elster는 이 정의를 찬미한다. "일련의 규범적 지시로서의 합리적 선택 이론에 대안은 없다. 그것이 무엇이든 간에 우리에게는 목표를 가장 잘 달성하기 위해 무엇을 해야 할지만 말해준다."[34]

그러나 무엇보다 이 대안적 정의의 가장 큰 장점은, 작은 세상—확실한 세상 또는 위험한 세상—에서는 기대효용 극대화가 합리적 선택이 된다는 점이다. 그런 상황에서는 개인이 어떤 선택지를 결정하는 데 기대효용 극대화가 이상적인 방법이다. 확실한 세상—각 행동에 따른 결과가 확실히 알려진 세상—에서는 기대효용 극대화 공식 덕분에 개인이 목표 달성을 위한 최선의 정책을 선택할 수 있다. 모로도 기대효용 이론의 관점에서 "확실성 속에서 내리는 결정은 사소하다"[35]고 지적했다. 또한 기대효용 극대화 공식은 위험한 세상에서 앞으로 나아갈 방법을 결정할 때도 이상적이다. 그곳에서는 의사결정자가 논리적 또는 통계적 수단으로 확률을 부여할 수 있다.

그러나 불확실한 세상에서는 기대효용 극대화가 결정을 내리는 데 미흡한 접근법이다. 데이터가 부족하고 믿을 수 없으면, 확률 계산에 통계적 방식을 사용할 수 없다. 즉 국제정치에서 기대효용 극대화는 비합리적인 결정 방식이라는 뜻이다. 국제 시스템은 정보가 부족한 불확실한 세상이지, 정보가 풍부하고 확실하거나 위험한 세상이 아니다.

기대효용 극대화는 세상의 상태와 할 수 있는 행동을 알아보는 것이다. 이 둘을 결합해서 가능한 선택지의 목록을 만들고, 순위를 매기며, 효용성을 부여하고, 각 선택지의 기대효용값을 계산해서, 가장 높은 값을 내는 전략을 선택하는 것이다. 여기서 핵심은 확률이다. 처음에는 세상의 다양한 상태에 확률을 부여하고 그다음에 기대효용을 계산한다. 좀 더 분명히 말하자면, 공식이 가장 좋은 해결책을 찾는 것이라고 한다면 그 확률은 제로일 것이다. 확률은 객관적이어야 한다. 세상의 지배적 상태를 정확히 포착해야 한다. 그 말은 경쟁국이 공격적인지 평화를 원하는지, 결심이 단호한지 등에 대한 확률이 정확히 얼마인지 알아내야 한다는 뜻이다. 그것을 알아내는 데는 풍부하고 믿을 만하며 그 자체로 통계적 분석을 가능하게 할 데이터가 필요하다.

그러나 국제정치는 정보가 모자라고 믿을 수도 없는 불확실한 세계다. 사회적 세계—모든 정치와 경제 체제를 포함하여—의 특징이 불확실성이라는 점은 20세기의 가장 영향력 있는 두 경제학자가 강력히 주장했다. '위험'과 '불확실성'을 처음 구분한 프랭크 나이트는 "불확실성의 가장 좋은 사례는 미래에 대해 판단을 하거나 의견을 형성하는 것과 관련이 있다. 그 의견(과학적 지식이 아니다)이 실제로 우리 행동의 대부분을 결정한다. (…) 삶의 대부분은 불확실한 것들로 채워져 있다"[36]고 말했다. 존 메이너드 케인스는 "미래에 관한 우리의 지식은 혼란스럽고 모호하며 불확실하다. (…) 내가 말하는 불확실성이란 유럽에서의 전쟁 발발 가능성, 구리 가격, 20년 뒤 금리, 새로운 발명의 노후화, [미래 시대인] 1970년의 사회 체계에서 개인 부자들의 지위를 가리킨다"[37]고 했다. 조너선 커슈너는 경제학에서 참인 것은 국제정치에서는 더욱더 참이라고 주장했다. "전쟁과 전쟁으로 가기 전까지 밟는 수많은 단계는 극단적인 불확실성으로 떨어지는 일이다. 합리적인 전문가는 전쟁의 비용과 진행 및 결과에 관한 예측에 동의하지 않을 수 있고, 또 그럴 것이다. 정보 환경이 최대한 완전하고 대칭적이라 할지라도 말이다."[38]

따라서 현재의 기대효용 극대화는 국제정치에서 합리적인 선택을 위한 방법이 아니다. 외교 정책결정자는 부족하고 믿을 수 없는 정보를 바탕으로 선택을 해야 하고, 객관적인 확률을 정할 수 없다. 즉 최고의 기대효용을 낳을 행동을 가려내기는커녕 그다음 대안으로 생각하는 행동의 기대효용도 계산할 수 없다는 것을 의미한다. 다시 말해 기대효용 극대화는 국제 시스템에서 목적을 가지고 행동할 때 그 근거로 사용될 수 없다. 따라서 정책결정자가 기대효용 극대화를 행동 가이드로 삼는 것은 비합리적이다.

기대효용 극대화의 단점을 설명하기 위해 앞에서 나왔던 냉전 초기 미국의 대소련 정책을 다시 살펴보자. 세상의 여러 상태에 확률을 부여하고, 이를 기준으로 다양한 정책 선택지에 기대효용성을 부여하는 것은 불가능하다. 소련이 팽창주의를 택할 확률이 60퍼센트이고 현상 유지를 원할 확률이 40퍼센트일 때 미국에 가장 좋은 선택은 유럽에 군대를 계속 주둔시키는 것이라는 주장이 있었다. 그런데 소련이 실제로 팽창주의를 원할 확률과 현상 유지를 원할 확률을 구하는 것은 불가능하다. 또 각 전략의 상대적 기대효용을 알 수도 없다. 불확실한 세상에서 정책결정자는 세상의 상태가 어떻게 되리라는 확률과 각 정책의 비용과 편익을 단지 추측할 뿐이다. 이 문제는 워낙 어려워서 지금도 학자들은 지나온 역사를 이미 다 알고 있음에도 불구하고 초기 냉전에서 얻을 수 있었던 실제 확률과 기대효용을 계산할 수 없다.[39]

불확실한 세상에서는 객관적인 확률과 기대효용성을 부여할 수 없고 국제정치란 정보가 부족한 영역임을 고려하면, 기대효용 이론은 합리적 결정을 위해 사용될 수 없다. 그러나 이 방법을 옹호하는 사람들은 그렇게 하고 있다. 이는 자명한 질문을 하게 한다. 그들은 어떤 식으로 그 방식을 옹호하는가?

합리적 선택 이론가들은 '주관적 확률'이라는 개념을 도입해서 이 문제를 다룬다.[40] 이들은 위험한 세상과 불확실한 세상 사이에 근본적인 차이가 있음을 알고 있다. 모로가 말했듯이 "대부분의 [정책] 결정은 불확실성 속에서 이루어진다"[41]는 것도 모르지 않는다. 또 정보가 부족한 환경에서는 객관적인 확률을 계산할 수 없다는 것도 인정한다. 그럼에도 그들은 정책결정자가 주관적 확률—세상의 다양한 상태에 대한 확률을 개인적으로 측정한 것—을 계산할 수 있다고 주장한다. 그런 다음에 최선의 해결책을 정하기 위해 기대효용 극대화 공식에 대입하면 된다는 것이다.

위험과 불확실성의 차이를 지적하는 제프리 프리드먼Jeffrey Friedman은 주관적 확률을 "분석가 개인의 확신에 관한 확률 평가"[42]라고 정의하면서, 불확실한 영역에서 개인은 주관적 확률을 사용한다고 주장한다. 또 엘스터는 이런 주장이 다음과 같은 믿음을 반영한다고 했다. "모호하고 혼란스러울지라도 우리는 늘 어느 정도의 정보를 가지고 있고, 이를 이용해 다양한 결과의 확률을 계산할 수 있다. (…) 그리고 그 확률은 특히 개인이 맞닥뜨린 선택 상황에서 주관적 확률을 이끌어내는 과정이 존재한다는 사실을 암시한다." 그러면서 그는 "그 확률이 한번 주어지면 기대효용 극대화 원칙은 과거처럼 적용될 수 있다"[43]고 덧붙였다. 즉 합리적 개인이 불확실성 속에서든 위험 속에서든 선택하는 방법에는 유의미한 차이가 없다는 뜻이다.

그렇다면 주관적 확률은 어떻게 부여할까? 몇몇 학자들이 그 방법을 설명했다. 사용 가능한 정보를 축적하고 통계적 추론으로 그 정보를 분석하는 데이터 지향적 접근법을 쓴다는 것이다. 필립 테틀록과 피터 스코블릭Peter Scoblic은 "태생적으로 계산에 빠르고 개방적인" 사람들은 "확률적으로 사고"할 수 있다고 주장한다. 이런 사람들은 "겉으로 보기에 어려운 문제를 부분으로 해체해서 접근한다. 과거에 비슷한(아주 똑같지는 않더라도) 사건이 발생한 빈도를 알아보고, 상황의 고유성에 근거해 확률을 조정하며, 새로운 정보가 나타날 때마다 계산을 다시 한다." 그렇게 함으로써 그들은 "불확실성을 측정 가능한 위험으로 전환했다."[44] 래스번도 비슷한 입장이다. 그는 "심의를 더 하고, 객관적인 상황 이해를 위해 더 노력하는" 사람들이 있다고 했다. "그런 사람들은 '정보를 찾고 얻어내고 그에 대해 생각하고 다시 돌아본다. (…) [이들은] 보통 적극적이고 탐구심이 강하다는 평가를 받고, 감각과 지성을 통해 정보에 접근해 끌어낸다.'"[45] 이에 비해 데이비드 에덜스틴David Edelstein은 의사결정자가 아닌 환경에 초점을 맞춘다. 그는 주관적 확률 판단은 더 많은 정보가 있어야 가능해진다고 주장한다. "내 주장의 핵심은 불확실성이 위험으로 바뀔 수 있다는 것이다. 국가는 알 수 없는 미래에 대한 최선의 대응 방식을 평가할 수 없는 상태에서, 어떤 국가가 위협인지 아닌지에 대한 확률을 부여할 수 있는 상태로 바뀐다. 특히 해당 국가의 의도를 알아야 불확실성이 위험으로 바뀔 수 있다."[46]

하지만 주관적 확률의 순위를 다시 매긴다고 해서 문제가 해결되지는 않는다. 주어진 상황에 대한 합리적 선택을 알아내려고 할 때, 기대효용 극대화는 풍부하고 믿을 만한 정보를 요구한다. 이때 정보는 통계 방식으로 객관적 확률을 계산하는 데 사용되거나 공식에 대입할 수 있는데, 이는 정보가 풍부한 '작은 세상'에서만 가능한 일이다. 국제관계는 정보가 부족한 '큰 세상'이며, 진짜 확률을 계산하는 데 통계를 사용할 수 없는 세계다. 주관적 확률을 사용한다고 해도, 부족하고 믿을 수 없는 데이터를 통계적으로 생각해서 확률을 추측하는 셈이므로 소용없는 일이다. 결과는 입력된 정보만큼이나 믿을 수 없다. 따라서 주관적 기대효용 극대화는 세계 정치에서 의사결정을 내리는 방식으로서 객관적 기대효용 극대화보다 더는 합리적이지 않다.

그런데 정책결정자가 결정을 내리려면 확률에 대한 감각이 어느 정도 필요하다.[47] 특히 다른 국가의 태도—목표, 의도, 의지—와 다양한 행동이 낳을 수 있는 결과를 예측할 필요가 있다. 의사결정은 그런 판단 없이 이루어질 수 없다. 국제정치에서 가능성을 추정하는 (완벽하지는 않아도) 가장 좋은 방법은 신뢰성 있는 이론을 사용하는 것이다. 논리적으로 일관성 있고 실증적으로 검증되었으며 세상이 돌아가는 방식에 대해 확률적으로 서술하는 이론 말이다. 이런 이론 지향적 접근법은 데이터 지향적인 기대효용 극대화와는 근본적으로 다르다. 데이터 중심의 접근법을 옹호하는 사람은 이론을 건전한 통계적 사고의 장애물로 본다. 그리고 "세상을 이해하는 데 기존의 신념을 적용하는 '하향식'의 '이론' 지향적" 분석을 "세상이 우리에게 저절로 모습을 드러내게 하는 '데이터' 지향적 분석"에 부정적으로 대비시킨다.[48]

정리하면 기대효용 극대화는 세계 정치에서 개인의 합리성에 대한 정의의 부재 또는 미흡한 정의다. 그 개념대로라면 합리적 정책결정자가 세상을 이해하거나 앞으로 나아갈 방법을 결정하는 정신적 과정을 설명하지 않는다. 또 그 대안적 버전—정신적 과정을 설명하는 버전—역시 국제관계라는 불확실한 세상에서의 합리적 결정 방식을 알려주지 않는다.

국가의 합리성에 대한 정의의 부재

집단의 합리성을 살펴보자면, 합리적 선택 이론가들은 합리적 국가가 어떻게 개별 정책결정자들의 관점을 통합—토론을 통해 여러 선택지 중에서 결정하는 것—하는지 거의 논하지 않는다. 그들이 개인의 선택을 지나치게 강조하는 점에 비춰보면 이는 거의 놀랍지 않다. 그러나 개인 수준에서 기대효용 이론이 작용하므로 국가 차원에서도 전략적 합리성을 다루는 것이 필요하다. 합리적 선택 이론가들은 개인이 주관적 확률—더나아가 주관적 효용—을 사용한다고 주장하므로, 다양한 정책결정자가 (목표를 달성할 가장 좋은, 즉 합리적인 행동이 무엇인지에 대해) 서로 다른 결론에 도달할 수 있다는 점도 인정해야 한다. 정책결정자들은 기대효용 공식에 대입할 확률에 어떤 값을 매겨야 하는지에 대해 의견이 엇갈릴 수 있다. 그렇게 되면 어떤 전략이 최대 기대효용을 갖는지에 대해서도 의견이 상당히 갈릴 수 있다.

냉전 초기 미국의 대소련 정책을 다시 한번 살펴보자. 앞서 우리는 소련이 팽창주의일 가능성을 60퍼센트로, 현상 유지를 원할 가능성을 40퍼센트로 보았다. 기대효용 극대화에 따르면, 그 결과로 미국은 유럽에 군대를 계속 주둔시켜야 했다. 그런데 만약 소련이 팽창주의일 가능성을 40퍼센트로, 현상 유지를 원할 경우를 60퍼센트로 본다면—다른 국가의 목표를 추정하기란 어렵기 때문에 무리는 아니다—미국에 최적의 정책은 유럽에서 철수하는 것일 수도 있었다. 게다가 결과의 효용 값을 조금만 바꿔도 결론은 크게 달라진다. 예를 들어 앞서 보았듯이 초강대국 간의 전쟁에 효용값 0.25를 주고 소련의 패권 장악에 0을 주면 미국에 최적의 정책은 유럽에 남는 것이다. 그러나 전쟁이 지나치게 파괴적이므로 그 효용값을 뒤집어야 한다고 생각하는 것도 불합리한 일은 아니다. 만약 그렇게 된다면 미국에 최적의 정책은 유럽에서 철수하는 것으로 바뀔 것이다.

기대효용 이론가들도 이를 알고 있다. 모로는 이렇게 설명한다. "불확실한 상황에 처한 행위자는 세상의 기본 상태에 관한 자신의 믿음의 정도를 반영하는 주관적 확률을 추정한다. (…) 불확실한 상황에서는 서로 다른 결정자들이 서로 다른 확률 분포를 가진다. 세상의 기본 상태에 대한 믿음이 서로 다르기 때문이다."[49] 그렇다면 서로 다른 의사결정자는 어떤 행동이 효용을 극대화하는지에 대해서도 다른 판단을 내릴 수 있다. 부에노 데 메스키타도 "합리성에 관한 [일반적인] 오해는 어떤 상황에서도 객관적으로 가장 훌륭하고 합리적인 선택이 있다고 여기는 것"이라고 지적했다. "이는 사실이 아니다. 서로 다른 개인은 취향이나 선호하는 것도 다르기 때문에 서로 다른 결정을 한다. 각 결정이 모두 합리적이라 할지라도 말이다. 이는 정책이 낳는 결과뿐 아니라 전략 또는 위험에 대한 개인의 선호도에도 똑같이 적용된다."[50] 로버트 저비스는 이 문제를 다음과 같이 정리했다. "기대효용 주장을, 모든 사람이 같은 상황에서 같은 방식으로 행동하리라는 주장(즉 분석에서 개인의 차원을 무시한 주장)과 동일시해서는 안 된다. 개인 모두가 합리적이어도 각자 서로 다른 가치와 목표-수단의 신념이 있다면 행동은 개별적일 것이다."[51]

이러한 변형을 고려하면, 기대효용 이론에서도 합리적인 집단 의사결정 과정이 어떤 것인지 설명할 수 있는 이야기가 필요하다. 만약 단독으로 행동하는 지도자가 정책을 결정한다면 그런 설명은 물론 필요 없을 것이다. 그러나 일반적으로 외교 정책은 저마다 의견을 가진 수많은 개인이 관여하는 집단적활동이므로 그런 설명이 매우 중요하다. 그런데 기대효용 이론가들은 그런 설명을 하지 않는다. 대신 집단 의사결정 과정을 무시하고 권력을 쥔 한 개인이 정책을 만들거나, 국가가 단일한 행위자로 다뤄질 수 있다고 가정한다. 이 두 가정은 그들이 개인 차원에서 이루어지는 의사결정 과정을 강조하는 것과 들어맞는다.

정치심리학
국제정치에서는 비합리성이 우세하다?

합리적 선택 이론가들과 마찬가지로 정치심리학자들도 원칙적으로 개인의 의사결정에 관심이 있다. 그런데 그들은 정책결정자가 최선의 전략을 선택할 때 기대효용 극대화를 사용한다는 바로 그 점 때문에 대개는 '비합리적'이라고 주장한다.

재니스 그로스 스타인은 "[비합리성은] 일반적으로 합리적 정보 처리의 표준 모델에서 일탈한 것을 가리킨다"고 주장하면서 이렇게 결론을 내렸다. "사람들이 추상적인 합리 모델의 기대에 부응하는 경우가 드물다는 사실을 보여주는 연구가 이제 축적되었다. 인지심리학은 합리적 의사결정 모델의 기대와 사람들이 자주 사용하는 귀인attribution* 및 추정 과정 사이의 중요한 차이점을 증명했다."[52] 도미닉 존슨도 "사회과학의 많은 영역에서 사용되는 모델로서 합리적 선택(이론)은 여전히 핵심적"이라고 인정하면서도 "실증적으로 볼 때 인간 행동의 설명으로서는 치명적으로 미흡하다"고 평가했다. 나아가 그는 이렇게 덧붙였다. "최근 학자들은, 국제정치에서 합리적 선택은 사실 드물며 심지어 최고 결정권자들의 경우에도 마찬가지임을 시사하고 있다." 실제로 "지도자들은 온갖 종류의 비합리적 행동을 한다"[53]는 것이다.

또 다른 정치심리학자들 역시 이런 관점에 공명한다. 래스번은 "합리적 선택 체계의 핵심은 도구적 합리성 개념─구조적 제약에 비추어 기대효용을 극대화하는 결정을 내리는 행위자"인데, "합리적 선택이 정치학에 매우 큰 영향을 미친 반면, 정치학 안팎에서는 다른 비판이 존재한다. 실제로 개인은

---

* '원인의 귀착.' 어떤 결과에 대한 원인을 개인마다 다르게 생각할 수 있다는 것을 설명하는 심리학 용어.

이러한 접근법에 내포된 전략적, 계산적, 목표 지향적 결정의 규범에 대개 부응하지 않는다는 비판이다"[54]라고 썼다. 케렌 야르히-밀로Keren Yarhi-Milo도 "지도자가 합리적으로 행동하는 경우는 드물다는 실질적이고 다양한 국제관계 연구가 존재한다"[55]고 지적했다. 전쟁 결정의 과정들을 검토한 리처드 네드 르보는 "지도자들의 잦은 비합리성과 전쟁을 일으킨 국가에서 이루어지는 정책 결정 과정의 조잡함"을 평한다. "지도자와 그 참모들은 좋은 정보를 수집하지 않고, 주어진 정보조차 평가하지 않기도 한다. 또 제안된 계획의 단기 및 장기 비용과 편익을 깊이 숙고해서 평가하지도 않는다." 그에게 "실질적이고 도구적인 합리성은 (…) 예외가 아니라 표준이다."[56]

여기서 개인이 비합리적으로 생각할 때가 많다는 직관은 행동경제학의 핵심이다. 리처드 세일러Richard Thaler는 "사람들이 경제 모델을 구성하는 허구의 존재들에게서 멀어지는 수많은 방식"을 소개한다. "문제는 경제학자들이 사용하는 모델이다. 이것은 호모 사피엔스를 호모 에코노미쿠스—나는 줄여서 '에콘Econ'이라 부르고 싶다—라는 허구의 존재로 대체하는 모델이다. 에콘들이 사는 가상 세계와 달리 인간들은 많은 비행을 저지른다. (…) 우리가 에콘들의 세상에 살지 않는다는 것은 당신도 알고 나도 안다. 우리는 인간 세상에 산다."[57] 아모스 트버스키Amos Tversky와 함께 행동경제학의 아버지라 불리는 대니얼 카너먼Daniel Kahneman은 이런 주장이 지난 반세기 동안 상당한 견인력을 얻었다고 했다. "1970년대 사회과학자들은 (…) 사람들이 대부분 합리적이고 그 생각도 보통 건전하다고 믿었다. (…) 그러나 지금은 인간의 정신이 체계적 오류를 일으킬 수 있다는 생각이 널리 받아들여진다. (…) 합리적 행위자 모델은 인간을 잘 설명하지 못한다."[58]

정치심리학자들은 국제정치에서 비합리성이 우세하다는 것에 대해 공통된 설명을 내놓았다. 이들은 정책결정자들이 인지적 한계가 크다는 것과 기대효용 극대화 공식이 요구하는 계산을 수행할 수 없다는 것에서 출발한다. 그렇다면 정책결정자들은 정신적 지름길―유추와 휴리스틱―에 기대어 앞으로 나아갈 방법을 결정하고, 이러한 경험 법칙은 편향으로 이끈다. 편향은 기대효용 극대화와 상충하는 결론의 또 다른 표현이다.[59] 세일러는 카너먼과 트버스키가 쓴 중요한 논문을 이렇게 논평했다. "인간은 제한된 시간과 지능을 가지고 있다. 그 결과 간단한 경험 법칙―휴리스틱―을 사용해서 판단을 내리려 한다. (…) 휴리스틱을 사용하면 사람들은 예측 가능한 실수를 저지른다. 그래서 이 논문의 제목이 '휴리스틱과 편향'이다."[60]

유추는 역사적 사건의 관찰에 바탕을 둔 정신적 지름길이다. 유추에 의한 추론은, 과거 사건과 현재 사건에 유사점이 있다면 과거 사건이 현재 사건과 관련이 있고 앞으로의 행동 방침도 규정한다는 것을 가정한다. 유엔 콩Yuen Khong은 이런 현상이 정책결정자에게 흔히 일어난다고 주장했다. "정치인들은 현재 문제를 다룰 때 끊임없이 과거로 돌아갔다. (…) 국내외 정책 문제에 부딪혔을 때 역사적으로 유사했던 사건을 들먹였다." 뮌헨 신드롬이 대표적인 사례다. 1930년대 말 히틀러를 달래는 정책을 썼던 것이 결국 전쟁을 불러왔고, 따라서 유화 정책은 항상 전쟁을 낳는다는 것이다. 이미지, 스키마, 스크립트도 비슷한 "지적 장치"[61]다. 저비스는 유추를 이미지와 동일시하면서 "세계 역사는 국제관계와 다른 국가들의 이미지에 관한 신념의 강력한 출처"[62]라고 주장했다. 한편 데버라 라슨 Deborah Larson은 "스키마와 스크립트는 유추에 의한 추론에 근거한 '매칭' 과정의 산물"[63]이라고 주장한다.

휴리스틱은 인간의 두뇌에 내장된 정신적 지름길이다. 개인은 휴리스틱 덕분에 앞에 놓인 사실들을 빠르게 분류해서 해결책을 선택할 수 있다. 카너먼과 트버스키가 처음으로 밝혀낸 이후 정치와 경제 분야에서 가장 두드러진 휴리스틱은 세 가지다. 바로 '가용성' 휴리스틱, 과거와 현재 사건의 유사성을 과장하는 경향인 '대표성' 휴리스틱, 새로운 정보가 나타나도 초기 판단의 업데이팅을 막는 경향인 '기준점 설정' 휴리스틱이다. 학자들은 그 밖에 기본적 귀인, 손실 회피, 부정적 성향, 지나친 과신, 위험 회피, 만족하기 등 정책결정자들에게 영향을 준다고 보이는 다른 휴리스틱도 많이 발견했다.[64]

정책결정자들은 인지적 한계 때문에 유추와 휴리스틱을 사용해 정보를 처리한다. 인지적 능력에 한계가 있다는 것은 널리 알려진 개념이다. 케네스 애로Kenneth Arrow는 정치 및 경제 관련 의사결정에 내재된, "정보 수집 및 계산 능력에 가해지는 극도의 부담"은 "인공적 기술로 증강되더라도 인간의 한계"

를 뛰어넘는다고 주장한다.[65] 사이먼의 "제한된 합리성"은 "인간의 합리적 행동이 (…) 작업 환경과 행위자의 계산 능력이라는 양날을 가진 가위로 만들어진다"[66]고 설명한다. 사이먼은 모든 인간에게 "심리적 한계"가 있고 이것이 "계산 능력"을 제약한다고 말한다.[67] 로버트 코헤인Robert Keohane도 국제정치에 관해 비슷한 지적을 했다. "실제로 의사결정자는 환경에 내재된 불확실성과 별개로 인지 능력에 제한을 받는다."[68]

정치심리학자들 역시 인간의 인지에 한계가 있어서 정책결정자들이 정신적 지름길에 기댄다고 주장한다. 재니스 그로스 스타인은 이렇게 썼다. "복잡하고 다층적인 전략 게임의 정점에 있는 정치 지도자들도 다른 사람들과 마찬가지로 정보 처리 능력에 한계가 있다. 이들의 합리성은 제한되어 있다. 그렇기 때문에 사람들은 많은 인지적 지름길을 사용해서 (…) 복잡한 것을 단순화하고 불확실성을 관리하며 정보를 다루고 추론을 하며 위협 인식을 만들어낸다."[69] 존슨도 "합리성은 규범적 이상이고 인간의 두뇌는 인지적 한계 때문에 그 이상을 성취하지 못한다는 생각이 사회과학에 널리 퍼져 있다"고 했다. 그는 또한 "우리는 일련의 진화한 휴리스틱 덕분에 그 방식은 모르면서도 매일같이 복잡한 사회적·물리적 도전을 헤쳐나갈 수 있다"[70]고 말했다.

하지만 인지적 지름길은 이론과 다르다는 사실이 중요하다. 래스번은 두 개념을 동일시했다. 그는 "휴리스틱은 두루 적용되는 의사결정 규칙으로 사용되는 '이론'으로 작용하면서 사고 과정을 쉽게 만드는 장치들을 단순화한다"[71]고 했지만 이는 틀린 말이다. 물론 유추와 휴리스틱, 그리고 이론은 분명 비슷한 기능을 한다. 정보 처리를 쉽게 하기 위해 사용될 수 있는 장치들을 단순화하고 선택을 용이하게 하는 공통점이 있다. 그러나 그 방식은 완전히 다르다. 이론은 세상이 돌아가는 방식을 알려주는 인과 논리를 중심으로 전개되는 설명이다. 반면 유추와 휴리스틱에는 인과관계에 관한 이야기가 없다. 저비스가 지적한 대로, 개인이 유추로 추론할 때는 "어떤 일이 일어난 **이유**보다 일어난 **일 자체**에 더 관심을 기울인다. 따라서 학습은 표면적이고 과도하게 일반화된다. (…) 원인을 찾는 것도 빠르고 지나치게 단순화된다. (…) 존재한다고 보이는 연관성에 대한 주의 깊은 검토도 일어나지 않는다. 변수들의 인과적 효력을 판단하는 데 필요한 비교를 시도도 하지 않는다."[72]

유추나 휴리스틱을 사용하는 개인은 비합리적이거나 편향적이다. 이 말은 그들이 내리는 결정이 기대효용 극대화가 규정하는 것에서 이탈한다는 뜻이다. 트버스키와 카너먼은 "편향은 매우 경제적이고 효과적인 판단 휴리스틱에 대한 의존에서 비롯"되지만 "동시에 '체계적이고 예측 가능한 실수'로 이끌" 수도 있다고 했다.[73] 재니스 그로스 스타인도 비슷한 지적을 했다. 유추로 추론하는 개인은 "자신 앞에 놓인 문제에서 뉘앙스, 맥락, 미묘함을 무의식적으로 제거"하고 "지극히 단순화된 판단"을 내릴 수 있다는 것이다.[74] 테틀록에 따르면 지도자들도 이런 사고 유형에서는 다른 사람들만큼이나 취약하다.

"정책결정자들은 과도하게 단순화할 때가 많다. 세계 정치에서—삶의 다른 영역에서도—인지 경제성cognitive economy의 대가는 실수와 편향에 대한 취약성이다."[75]

정치심리학자들은 정책결정자들의 선택 방식에 주로 초점을 맞추지만, 그 선택에서 비롯된 결과—성공과 실패—에도 많은 관심을 보인다. 특히 나쁜 결과를 내는 정신적 지름길을 규명하는 오랜 전통이 있다. 저비스는 "분쟁, 충격, 실수의 사례를 살피는 불가피한 경향이 있다"[76]고 했다. 또 존슨은 "따라서 인지적 편향은 우리가 판단 오류, 오해, 착각, 위기, 정책 실패, 재앙, 전쟁 등을 피하려면 경계해야 할 인간 두뇌의 문제다. 인지 편향은 나쁘고 그 결과도 나쁘다"[77]고 지적했다. 조너선 머서도 비슷하게 "인지 편향과 감정은 실수만 불러일으킨다고 하는 국제관계 학자들에게 편재하는 믿음"[78]에 대해 설명했다.

그러나 최근에는 정치심리학자 일부가 유추 및 휴리스틱이 좋은 결과를 낳은 사례를 소개했다.[79] 존슨은 "인지 편향"이 "실패뿐 아니라 성공의 원천"도 될 수 있다면서 "국제관계 영역에서 성공을 일으키거나 촉진한" 사례들을 밝혀냈다.[80] 래스번도 비합리적 사고를 하는 자들이 "역사에서 위대한 일을 해냈다"고 주장했다. "아마도 덜 합리적인 인지 스타일 덕분—'에도 불구하고'라기보다—일 것이다. (…) 합리적 사고와 비합리적 사고는 모두 나름의 장단점을 가지고 있다."[81]

비합리성에 대한 미흡한 정의

국제정치에서 나타나는 개인의 비합리성에 관한 주장은 늘 비합리성이라는 개념의 정의에 달려 있다. 정치심리학자들은 정책결정자들이 세상을 이해하고 정책을 결정하는 데 비합리적이라는 말이 무슨 뜻인지 설명해야 한다. 그러나 이들도 합리적 선택 이론가들과 마찬가지로, 개인이 어떻게 주변 세계를 이해하는지에는 별 관심이 없고 어떻게 선택하는지만 탐구한다.

정치심리학자들은 비합리적 선택을 유추와 휴리스틱에서 비롯된 편향된 결정으로 간단하게 정의한다. 이 정의의 한 가지 장점은 의사결정을 정신적 과정으로 묘사함으로써 이를 통해 특정 선택이 합리적인지 비합리적인지를 확인할 수 있다는 것이다. 또 다른 장점은 정신적 지름길이나 경험 법칙으로 이루어진 결정이 실제로 비합리적이라는 것이다. 결국 유추와 휴리스틱은 이론이 아니며, 신뢰성 있는 이론은 더더욱 아니다. 그런데 국제정치에서 일어나는 비합리적 선택에는 또 다른 유형들이 있다. 신뢰성 없는 이론이나 기대효용 계산에 근거한 결정, 그리고 감정에 휩싸인 개인이 내린 결정이 여기에 포함된다.

그럼에도 정치심리학자들이 내린 비합리적 선택의 정의에는 근본적인 문제가 있다. 정책결정자들이 일상적으로 비합리적이라고 암시하기 때문이다. 이는 상식을 거스르는 주장이다. 정치심리학자들은 비합리적 결정을 기대효용 극대화 공식을 사용하는 데 실패한 것으로 보고, 지도자가 실제로 그랬는지 알 수 있는 증거는 찾지 못하기 때문에, 지도자들이 항상 비합리적이라는 결론을 내릴 수밖에 없다. 그러나 이러한 주장은 옹호하기 어렵다. 인간이 자명하게 비합리적이라는 생각은 호모 사피엔스, 즉 '지혜로운 사람'이라는 명칭에 내재된 인간 이해와 완전히 상충한다. 또 아리스토텔레스가 강조했듯 인간은 단순한 동물이 아니라 이성을 지닌 합리적 동물이라는 보편적인 믿음에 정면으로 맞서는 것이다.[82] 인간이 합리적으로 행동하지 않는다면, 누가 혹은 무엇이 그렇게 할 수 있을까?

정치심리학자들은 국가의 비합리성을 다루면서 국가가 국제정치의 주요 행위자라는 사실은 파악했지만, 개인에 초점을 맞추기 때문에 그보다 상위 차원에서 이루어지는 정책 결정에 관해서는 다루지 않는다. 재니스 그로스 스타인은 그 문제를 이렇게 표현했다. "심리학자들—그리고 행동경제학자들—은 방법론적 개인주의자들이다. 인지심리학과 미시경제학에서는 설명이 개인 차원에 머물러 있고 추론 문제는 사라진다. 그러나 개인 차원의 분석에서 나온 이론적 제안들은 쉽게 국가와 같은 '상위 차원'의 단위로 넘어가지 않는다." 더 간단히 말하면 "심리학 이론들"이 "통합의 도전"에 부딪힌 것이다.[83]

이 문제는 널리 인정되고 있다. 엘리자베스 손더스Eliza-beth Saunders가 주시했듯이 "개인의 선호와 신념에 관한 연구는 어떻게 편향이 통합되는지 거의 다루지 않지만, 외교 정책 결정은 집단에서 이루어질 때가 많다. '집단 사고' 또는 관료 정치 모델처럼 미흡한 점을 메꿔줄 많은 집단 의사결정 이론은 정치인들이 어떻게 집단 자체에 영향을 줄 수 있는지 적절하게 다루지 않았다."[84] 파월은 더 비판적이다. 그는 정치심리학자들이 "통합 문제 근처에는 가지도 않았고" 앞으로도 "그 문제에 손대는 것을 매우 어렵게 생각할 것"[85]이라고 주장했다. 요컨대 정치심리학자들은 국가의 비합리성에 대한 정의를 내리지 않았다.

유추와 휴리스틱
정치심리학자들에 대한 비판

지금까지의 정의에 대한 논의에 비춰보았을 때, 유추와 휴리스틱이 국제관계에서 하는 역할을 검토하는 것이 타당할 것이다. 이것은 합리성을 이해하는 데뿐만 아니라 국가가 합리적 행위자인지 가리는 데도 중요하다.

정치심리학자들이 정신적 지름길과 외교 정책을 바라보는 방식에는 네 가지 문제점이 있다.

첫째, 정책결정자들이 대전략을 세우거나 위기를 관리할 때 유추와 휴리스틱에 기댄다고 주장하는 것은 의미가 없다. 개인이 일상생활에서 인지적 지름길을 사용하는 것은 분명할 테지만, 국제정치 분야의 지도자들은 그렇지 않다. 인간은 매일 부딪히는 일상의 문제를 늘 경험의 법칙으로 다룬다. 정신적 지름길이 없다면 우리는 효과적으로 기능할 수 없다. 그러나 국제정치는 완전히 다른 영역이다. 이해관계가 훨씬 크고 결정도 일상적이지 않다. 주요 외교 정책 결정에는 국가 안보나 번영과 관련한 엄청난 의미가 담겨 있다. 따라서 지도자들은 그런 환경에서 유추와 휴리스틱을 사용해서는 안 된다는 것, 자신들이 처한 환경과 목표 달성을 위한 최선의 방법을 조심스럽게 생각해야 한다는 것을 이해하고 있다.[86]

둘째, 정치심리학자들이 정신적 지름길에 대해 펼치는 주장에는 심각한 이론적·방법론적 결함이 있다. 우선 이들의 설명은 충분히 이론화되지 못했다. 학자들은 편향된 결정을 설명하는 데 매우 다양한 유추와 휴리스틱을 언급한다. 이는 그 자체로는 문제가 아니지만, 다음과 같은 질문에 제대로 된 답을 주는 것이 매우 중요하다는 것을 의미한다. 국제정치에서 어떤 정신적 지름길이 개인의 생각을 이끄는 주요 동력인가? 그 동력이 가장 중요한 이유는 무엇인가? 그 동력은 언제 작용하며 효과는 무엇인가? 이때 일어나는 편향은 무엇인가? 정치심리학자들은 이런 질문에 의미 있는 방식으로 답하는 데 실패했고, 즉각적인 방식으로만 유추와 휴리스틱을 들먹인다.

머서는 이런 이론적 문제를 강조한다. 정치심리학자들은 지도자들의 나쁜 결정을 "인지적 일관성 부족, 새로운 데이터를 낡은 신념에 부적절하게 동화시킨 것, 가치 교환을 피하고 싶은 바람, 집단 사고, 개별적 스키마, 부추겨지거나 감정적인 편향, 인지적 한계에 따른 휴리스틱 의존, 유추의 잘못된 사용, 정보 프레이밍, 부끄러움과 수치심, 불우한 어린 시절 탓으로 돌린다"[87]는 것이다. 케네스 슐츠Kenneth Shultz는 그보다 더 나아가 정치심리학자들이 정신적 지름길과 경험 법칙만 줄줄이 나열할 것이 아니라 이론을 만들어야 한다고 주장한다. 지도자들이 "수없이 다양한" 인지적 요소에 영향을 받고 있다고만 말할 것이 아니라 "그 요소들을 분류"하고, 그 요소들이 "동시에 작용하는지" 아니면 "다른 요소에 비해 인과적으로 선행하는" 요소가 있는지 밝혀야 한다는 것이다. 슐츠는 "연구가 진행될수록 국내 및 국제 요소들을 제어할 때 '개인이 중요하다'는 사실을 보여주는 것만으로는 충분하지 않다. 우리에게는 사람들이 서로 달라지는 많은 방식 중 무엇이 가장 중요한지 알려줄 지침이 필요하다"[88]고 덧붙인다.

　　방법론을 살펴보면, 휴리스틱 기반의 주장들에는 외적 타당도external validity 문제가 있다. 주장의 핵심인 실험들이 실제 세상에서 지도자가 결정을 내리는 방식을 정확하게 반영하는지가 분명하지 않다. 실험실에서 가상의 시나리오를 겪는 피험자들이 휴리스틱을 사용하는 것과, 노련한 정책결정자가 대전략 수립이나 위기관리에 휴리스틱을 사용하는 것은 완전히 다른 이야기다. 재니스 그로스 스타인이 밝힌 것처럼 여기에는 논란의 여지가 없다. "잘 계획된 실험에서 도출된 결과의 내적 타당도internal validity는 높아지는 경향이 있지만, 그 외적 타당도는 (…) 훨씬 더 어렵다. (…) 그 어려움은 이런 실험에서 지도자의 행동에 대한 추론을 끌어내는 것에서 비롯된다. 심리학자들이 학부생들을 대상으로 한 실험에서 너무 많은 것을 주장하지 않도록 조심해야 했던 것처럼, 국제정치학자들도 학생들이나 또는 그와 거의 다를 바 없는 대중을 상대로 수행한 실험을 근거로 지도자의 행동에 대한 주장을 하는 것에 주의를 기울여야 한다."[89]

셋째, 지적한 바와 같이 많은 정치심리학자가 결과(특히 크게 실패한 결과)에 초점을 맞춘 다음 역추론하여, 정신적 지름길이 실패의 명백한 원인이라고 주장한다.[90] 이처럼 결과를 강조하는 것은 언뜻 매력적으로 보인다. 비합리성과 실패를 연관 짓는 것처럼 보이기 때문이다. 그러나 이는 잘못된 생각이다. 국가가 합리적인가 여부는 결과만 보고 결정할 수 없다. 합리적 국가도 외부적 제약이나 뜻밖의 상황 때문에 원하던 결과를 얻는 데 실패할 수 있다. 따라서 시도를 했다가 목표 달성에 실패한 국가를 비합리적이라고 판단하는 것은 말이 안 된다. 그 반대도 마찬가지다. 원하던 결과를 얻은 국가가 반드시 합리적이지는 않다. 비합리적인 국가도 물질적 우위나 뜻밖의 운 등 많은 이유로 인해 성공할 수 있다.

넷째, 정치심리학자들은 지도자들이 인지적 지름길을 사용해 정책을 만들기 때문에 비합리적이라는 주장에 대해 실증적 증거를 대지 못한다. 그들이 강대국의 비합리성 사례로 든 네 가지 사건—1914년 7월 위기 당시 독일의 결정, 1938년 나치 독일에 유화 정책을 쓰기로 한 영국의 결정, 1941년 소련 침공 이전과 이후 독일의 결정, 1941년 미국의 진주만을 공격하기로 한 일본의 결정─에서, 유추나 휴리스틱이 작동하고 있었다는 체계적 증거를 제공하지 못한 것을 보라. 사실─앞으로 밝히겠지만─유추도 휴리스틱도 이러한 결정에 크게 중요하지 않았고, 오히려 신뢰성 있는 이론들에 의해 뒷받침되었다.

그렇다고 정치심리학자들이 자세한 연구를 하지 않았다는 뜻은 아니다. 사실 그들은 미국 외교 정책의 몇몇 사례에서 유추와 휴리스틱이 했던 역할을 주의 깊게 검토했다. 미국이 냉전 초기에 내린 봉쇄 결정,* 1965년 베트남 전쟁 확대 결정, 1956년 수에즈 위기** 당시 영국 및 프랑스에 맞서기로 한 결정 등이다.[91] 그러나 이 사례들은 예외에 해당하고, 학자들도 비합리성의 표준적인 사례에 이것들을 포함시키지 않았다.

---

* 제2차 세계대전 이후 소련의 공산주의가 확산하지 못하도록 막기 위해 미국이 쓴 전략으로, 1947년 미 국무부 외교관이었던 조지 캐넌이 창안했다.
** 1956년 말 이스라엘이 이집트를 침공하고 여기에 영국과 프랑스가 개입한 전쟁으로, 제2차 중동 전쟁이라고도 한다. 1956년 취임한 나세르 이집트 대통령은 영국이 최대 주주로 있던 수에즈 운하의 국유화를 선언했다. 이에 반발한 영국과, 나세르가 프랑스령 북아프리카에서 독립운동을 자극할 것을 우려한 프랑스, 그리고 이집트를 커다란 위협으로 여기던 이스라엘이 연합해 이집트를 공격했다. 이때 미국은 이집트가 소련의 지원을 받을 것을 우려하여 이들 3국에 전쟁을 중단할 것을 압박했다. 결국 1957년에 3국 군대가 철수하고, 시나이반도에는 유엔 다국적군이 주둔하기 시작했다.

*

결론적으로 말하면 합리적 선택 이론과 정치심리학 연구에 바탕을 둔 '합리성'과 '비합리성'의 정의는 부족하다. 그렇다면 세계 정치에서 합리성은 찾아보기 힘들다는, 널리 퍼져 있는 주장은 어떨까?

합리성과
대전략

국제정치에서
대전략 결정의
5가지 사례

국가는 외교 정책을 실행할 때, 특히 대전략 및 위기 대응에 대한 결정을 내릴 때 합리적인가? 이것은 궁극적으로 실증적인 문제다. 역사적 기록을 검토하면, 국가가 일상적으로 자국의 정책을 신뢰성 있는 이론에 근거해서 결정하는지, 그리고 국가의 정책 결정이 심의 과정을 거친 결과인지 밝힐 수 있을까? 우리는 대부분의 국가가 거의 항상 합리적이라는 것을 발견했고, 이는 그리 놀랄 일이 아니었다. 국제정치가 위험한 일이다 보니 국가는 전략을 심각하게 고민한다. 이는 국가가 어떤 정책을 결정할 때 신뢰성 있는 이론에 기대고 그에 대해 심의하는 경향이 크다는 것을 뜻한다.

합리적 국가의 정책은 어떤 모습일까? 우선 회의실에 모인 정책결정자들의 다양한 관점이 활발하고 자유로운 토론을 포함한 심의 과정을 통해 통합되고, 최종 결정자가 선택을 할 것이다. 앞에서도 말했듯이 이 과정은 세 가지 형태 중 하나를 띠게 된다.

첫 번째 형태는 주요 정책결정자들—최고 결정자를 포함한다—이 신뢰성 있는 동일한 이론을 머릿속에 생각하고 테이블에 모이는 것이다. 이들은 상황을 논의한 뒤 최선의 방법에 관한 합의에 쉽게 도달한다. 두 번째 형태는 정책결정자들이 서로 다른 이론을 가지고 모였지만 활발하고 자유로운 토론을 거친 뒤 신뢰성 있는 이론에 근거한 지침 전략에 동의하는 것이다. 세 번째 형태는 주요 정책결정자들이 활발하고 자유로운 토론을 벌인 뒤에도 합의에 이르지 못해서 최종 결정자가 결정을 내리는 것이다.

심의 과정이 끝난 뒤 국가가 채택하는 정책은 신뢰성 있는 이론 또는 이런 이론들을 조합한 것에 근거해야 한다. 그러나 토론에 참여한 정책결정자 모두가 신뢰성 있는 이론을 머릿속에 품고 있어야 한다는 말은 아니다. 신뢰성 없는 이론을 가지고 나타나는 정책결정자도 있기 마련이다. 그러나 국가가 합리적이 되려면 심의 과정에서 그런 이론을 제거해야 한다.

국가가 일상적으로 이런 기준들을 충족한다는 것을 보여주기 위해 우리가 수집할 수 있는 증거에는 한계가 있다. 외교 정책 결정의 세계란 워낙 광활해서 그중 의미 있는 일부분이라도 자세한 설명을 제공하기란 불가능하기 때문이다. 따라서 우리는 차선의 전략에 만족한다. 바로 아주 적은 사례에 집중하는 것이다. 우리는 흔히 비합리적 정책 결정 사례로 알려진 10건의 결정—대전략에 관한 결정 5건과 위기 대응에 관한 결정 5건—을 검토할 것이다. 우리는 각 사례마다 해당 국

〈표 1〉 강대국의 합리적인 정책 결정

대전략 결정	위기 대응 결정
제1차 세계대전 이전 독일의 삼국협상 대처 방안 결정	독일의 제1차 세계대전 개시 결정
제2차 세계대전 이전 일본의 소련 대처 방안 결정	일본의 미국 진주만 공격 결정
제2차 세계대전 이전 프랑스의 나치 위협 대응 방안 결정	독일의 소련 침공 결정
냉전 이후 미국의 나토 확장 결정	미국의 쿠바 미사일 위기 해결 결정
냉전 이후 미국의 자유주의 패권 추구 결정	소련의 체코슬로바키아 침공 결정

가가 실제로는 합리적으로 행동했음을 보여줄 것이다. 따라서 그런 합리적 행동의 패턴이 다른 많은 사례에도 그대로 나타난다고 볼 수 있을 것이다.[1]

〈표 1〉은 우리가 제5장에서 다루는 대전략 사례 5건과 제6장에서 다룰 위기 대응 사례 5건을 정리한 것이다.

제1차 세계대전 이전 독일의
삼국협상 대처 방안 결정

정치학자들은 제1차 세계대전을 준비할 당시의 독일 제국을 비합리적으로 묘사하는 것이 일반적이다. 잭 스나이더Jack

Snyder는 독일의 행동이 "자기 파괴적 공격의 동의어"였다고 주장한다. 독일의 극단적인 "호전성"이 불필요하게 연합군의 결속을 강화했고, 이것이 "독일 민족에 결정적인 패배"를 안겼다는 것이다. 스나이더는 독일이 "돈키호테 같은 어리석음에 사로잡혔다"고 평가하며 "독일의 행동에 대한 합리주의적 설명"을 일축했다. 여기에는 "국제적 상황이 팽창주의를 합리적인 도박으로 만들었다"[2]는 익숙한 주장도 포함됐다. 스티븐 밴 에버라Stephen Van Evera도 독일의 외교 정책을 비합리적이라고 평했다. 그는 이 정책이 "환상―지금으로 치면 가짜 뉴스"에 기초했다고 주장했다. 더구나 정책 결정에 심의 과정이 빠져 있었으며, "제1차 세계대전 이전 독일의 외교 정책 토론에서는 하찮은 주장이 그대로 받아들여져 정책의 기본이 되기도 했다"고 썼다. 또한 밴 에버라는 "제국에 해가 될 어리석은 주장들"에는 "반응이 없었고", 그런 "비상식적인 주장"에 맞서 목소리를 높인 정책결정자들은 "억압받았다"[3]고 했다.

역사학자들도 제1차 세계대전 이전 독일이 보인 비합리성에 대해 비슷한 주장을 펼쳤다. 예를 들어 루트비히 데히오 Ludwig Dehio는 독일 제국이 "권력의 악마적 습성"에 압도되었고, 그로 인해 "과시하고픈 과장된 욕망과 (…) 전쟁에 대한 비도덕적 갈망"을 키웠다고 주장한다. 그는 독일이 유럽 내 세력 균형에서 우위를 차지했기 때문에 "특별한 종류의 악마적 유혹"에 맞닥뜨렸다고 했다.[4]

그러나 이런 관점은 역사적 기록과 상충한다. 1909년 7월

—테오발트 폰 베트만 홀베크Theobald von Bethmann Hollweg가 총리가 된 시기—에서 (7월 위기 직전인) 1914년 6월까지 경쟁 국인 강대국들에 대응하려는 독일의 전략은 신뢰성 있는 이론 에 바탕을 두었다. 또 폭넓은 합의를 낳은 심의 과정의 결과물 이기도 하다. 일반적인 생각과 달리 독일 제국은 제1차 세계대 전을 준비하던 시기에 합리적 행위자였다.[5]

독일은 1909년 7월 꽤 우월한 전략적 지위를 누렸다. 가 장 중요한 것은 독일이 유럽에서 군사적으로나 경제적으로 최 강대국이었다는 사실이다. 게다가 독일의 가장 큰 동맹인 오 스트리아-헝가리는 1908~1909년 보스니아 위기를 거치면서 더 강해졌다. 국내외적으로 여전히 해결할 문제가 남아 있었지 만 말이다. 독일은 세 강대국—영국·프랑스·러시아—으로 구 성된 연합을 상대하게 되었지만, 이 삼국협상은 느슨한 동맹에 지나지 않았다. 또 1904~1905년 러일전쟁에서 대패한 러시아 는 군사적으로 무력했다.

베트만이 총리직에 오른 뒤 5년 동안 독일을 위협하는 환 경은 두 단계에 걸쳐 악화되었다.

첫 번째 단계는 1909년 7월에서 1912년 6월로, 이 시기 에 군사적·외교적 균형이 독일에 크게 불리해졌다. 프랑스군 의 전투 능력을 크게 향상시킨 군대 개혁법—1909년 7월에 통과되고 1910년 말부터 전면 시행되었다—으로 문제가 시작 되었다. 이어 1910년에 러시아도 군대 재조직으로 전투력 효 율을 엄청나게 개선함으로써 세력 균형을 심하게 흔들었다.

1911년에는 모로코에서 아가디르 위기가 발생해 영국과 프랑스가 가까워지면서 독일의 정책결정자들은, 다음 전쟁은 독일이 삼국협상의 세 당사국과 맞붙는 세계 전쟁이 될 가능성이 높다는 결론을 내렸다.

　두 번째 단계는 1912년 7월에서 1914년 6월이다. 이때 군사적·외교적 균형은 독일에 더욱 불리해졌다. 1912년 여름에 삼국협상의 당사국들은 군사력을 강화하고 동맹을 결속시켰다. 그러나 이때 중요한 사건은 1912~1913년에 일어난 제1차 발칸 전쟁*이었다. 제1차 발칸 전쟁은 1912년 11~12월의 동원 위기와 1913년 4~5월의 슈코더르 위기로 나뉜다. 오스만 제국은 세르비아 왕국 등 발칸 동맹에 크게 패했고, 이는 전략적으로 심각한 결과를 낳았다. 러시아는 오스만 제국과 마주하는 국경에서 드디어 군대를 철수시켜 오스트리아-헝가리 및 독일 쪽 국경으로 배치할 수 있었다. 오스트리아-헝가리도 세르비아 왕국으로부터 점점 더 큰 위협을 받았다. 그것도 모자

---

* 　1912년 10월에서 1913년 5월까지 발칸 동맹 국가들(세르비아 왕국, 불가리아 왕국, 그리스 왕국, 몬테네그로 왕국)이 오스만 제국을 상대로 벌인 전쟁. 이탈리아와의 전쟁으로 군사력이 약해져 있던 오스만 제국은 발칸 동맹이 빠르게 군대를 동원한 것과 달리 병력을 동원하는 데 어려움을 겪었다. 1912년 10월 28일 몬테네그로 왕국은 오스만 제국의 행정 중심지였던 슈코더르를 포위했고, 결국 1913년 5월 13일 오스만 제국은 슈코더르를 몬테네그로 왕국에 넘겼다. 오스만 제국은 이 전쟁에서 크게 패하여 유럽 쪽 영토의 83퍼센트를 잃었다.

라 프랑스와 러시아는 1913년 3월에 각각 '3년 법'과 '위대한 계획'을 도입해서 군대를 강화했다. 이런 조치들은 나중에 군사적 균형을 독일에 불리하게 만들었다. 이 전쟁은 외교적으로도 심각한 결과를 낳았다. 특히 전쟁 중에 훨씬 더 가까워진 프랑스와 러시아는 삼국협상을 강화하면서 독일 정책결정자들에게 미래의 대전쟁을 두 전선에서 치러야 할 것임을 확신하게 만들었다.

독일은 군사적 및 외교적 균형의 두 단계 변화에 각각 약간 다른 대전략으로 대응했다.

첫 번째 단계에서 독일의 정책결정자들은 세력 균형을 유지하고 강대국 전쟁을 막기 위한 행동을 해야 한다는 데 빠르게 뜻을 모았다. 이들이 내세운 균형 전략의 핵심은 1912년 군대법이다. 이 법으로 독일군 병력은 61만 2557명에서 64만 6321명으로 약간 증가했다. 전쟁에 있어서는 프랑스와 러시아의 공격을 저지하는 데 힘을 쏟았지만, 그 노력이 실패할 때를 대비해 전쟁을 준비했다.

두 번째 단계에서도 독일 지도자들은 또 한 번 한뜻을 모았으나, 이번에는 세력 균형을 유지하는 수준에 그치지 않고 그 균형을 흔들고자 했다. 그들은 러시아를 상대로 한 예방 전쟁에 동의했고, 이는 어쩔 수 없이 프랑스, 그리고 아마도 영국과도 전쟁을 벌여야 함을 의미했다. 그래서 1913년에는 군대법에 따라 독일군의 규모가 78만 2344명으로 크게 늘어났고, 군사 계획가들도 패권 전쟁 준비에 박차를 가했다.

1909년에서 1914년 사이에 독일이 내린 전략적 결정은 모두 신뢰성 있는 현실주의 이론에 근거했고, 심의 과정을 거친 결과였다. 1912년에 군대를 보강하겠다는 결정도 명백히 세력 균형 논리에 바탕을 두었다. 독일 제국이 군사력을 향상시켜 경쟁국들이 힘의 우위를 차지하지 않도록 해야 한다는 믿음에 근거한 것이다. 국가방위부 소속 전쟁총괄부를 맡았던 프란츠 폰 반델Franz von Wandel 장군은 그 상황을 이렇게 표현했다. "현재 우리가 적들에게 둘러싸여 있고 (…) 따라서 세계에서 독일의 지위가 위태롭다는 사실을 부인할 독일인은 많지 않을 것이다. 여러 정당에서 이런 상황을 인지한 많은 사람이 군대를 증강해야 한다고 이미 목소리를 높였다. 사람들은 그런 제안에 다들 동조한다."[6] 요지아스 폰 헤링겐Josias von Heeringen 전쟁부 장관도 1912년 3월 독일 연방상원 연설에서, 삼국협상의 적대감과 힘은 독일의 군대 증강을 "국가의 절대적인 필요성"[7]으로 만든다고 역설했다.

아가디르 위기의 여파로 독일이 삼국협상의 공격 의지를 꺾기에 역부족일까 봐 우려한 반델은 독일이 전쟁에 대해 어떻게 생각하고 있었는지를 보여준다. 그는 1911년 11월 "우리는 그 어느 때도 전쟁으로부터 안전하지 않다"고 경고했고, 독일의 군사력 증대가 억지력을 강화하는 데 필수적이라고 강조했다.[8] 헤링겐은 더 노골적이었다. 그는 독일의 적들이 전쟁을 하기 위한 핑계를 찾고 있으니 "평화를 보장하는 조치로 군대 증강이 이루어져야 한다"고 주장했다. 육군 참모총장 헬무트 폰 몰트케 장군은 독일이 군대를 보강하더라도 억지력을 상실할지 모른다고 우려했다. 그는 이렇게 썼다. "너도나도 큰 전쟁을 준비 중이고, 모두가 그 전쟁이 머지않아 닥칠 것이라 생각한다." 군대 보강은 억지력뿐만 아니라 발발 가능성이 커지고 있는 전쟁 준비에도 필수적이었다. "미래를 차분히 주시하는 것뿐 아니라 결정의 날을 위해 준비하는 것이 모든 국가의 의무다. (…) 독일은 그 결정을 위해 무장해야 한다. 나는 (…) 건강한 인력을 확보하는 것, 다시 말해 평화 시에 힘을 기르는 것이야말로 생존에 반드시 필요하다고 생각한다."[9]

독일의 정책결정자들 사이에서 세력 균형과 억지력을 위한 대전략에 이견은 없었다. 그런데도 이들은 1912년 그 전략을 이행하기에 앞서 활발하고 자유로운 토론을 벌였다. 베트만 총리는 1911년 9월과 10월에 전쟁부 장관 헤링겐, 재무부 장관 아돌프 베르무트Adolf Wermuth와 여러 차례 회의를 열었다. 헤링겐이 10월 9일 새로운 군대법 입법을 지지하자, 베트만은 빌헬름 2세 황제에게 갔다(이번에는 독일이 군사력을 키워야 한다고 설득할 필요가 없었다). 빌헬름 2세와 베트만, 베르무트는 군사력 증강에 많은 예산이 들 것이라는 점에 동의했다. 머지않아 상세 계획이 시작되었다. 11월 19일 헤링겐은 새로운 군대법의 필요성을 주장하는 보고서—몰트케 장군의 승인을 이미 받았다—를 작성했다. 그리고 열흘 뒤 법안 작성을 맡았던 반델 장군은 군대가 어떤 형태를 갖추어야 하는지 열거하면서, 헤링겐과 마찬가지로 군대 규모를 키우는 것이 세력 균형을 유지하고 강대국 간 전쟁을 억제하는 데 중요하다고 강조했다. 12월 2일에는 몰트케가 베트만에게 법안을 지지하는, 특히 헤링겐과 반델의 주장을 반복한 긴 보고서를 보냈다. 일주일이 조금 지난 뒤 베트만은 몰트케의 보고서를 받았다고 알리며 모든 정책결정자의 뜻이 같다고 말했다.[10]

세력 균형 논리는 두 번째 단계에서 다시 전면에 등장했다. 독일의 정책결정자들이 군대 규모를 크게 늘리기로 했을 때다. 1912년 12월 초 오스만 제국의 동원 위기 당시 몰트케는 헤링겐에게, 기존의 세력 균형에 만족하지만 차후에 독일에 불리하게 변할까 봐 우려된다고 말했다. "따라서 현재 군사 정치 상황은 우리에게 유리하지만 곧 바뀔 수 있다." 그런 일이 일어난다면 "독일은 자력에 기댈 만큼 강해야 한다." 독일은 "군사력 개발에 충분히 빠르게 착수하지 못했다."[11] 헤링겐은 이에 동의했다. 그리고 베트만과의 대화에서는 이렇게 덧붙였다. "육상에서 독일의 군사력을 개발하더라도 절대 충분히 광범위한 수준이 아니다."[12]

1913년 2월 새로운 군대법 도입을 알리는 칙령은, 세력 균형이 독일에 불리하게 변하기 때문에 이 법이 필요하다고 설명했다. "발칸반도에서 일어나는 사건들의 결과로서 유럽 내 힘의 관계가 변했다." 두 달 뒤에는 헤링겐이 의회 지도자들과의 비공개 회의 자리에서 같은 논리를 펼쳤다. 그는 정부가 "[러시아의] 군사력 확대가 너무 빨라서 놀랐다"며 "1912년에 비해 독일의 상황이 훨씬 어려워졌다"고 말했다. 게다가 러시아는 "몇 년 안에" 힘이 더 강해질 수도 있었다. 그러니 의회가 군대법을 통과시키는 것이 절대적으로 필요했다.

독일의 적들은 새로운 군대법 뒤에 세력 균형 논리가 숨어 있다는 것을 잘 알았다. 러시아 전쟁부 장관인 블라디미르 수홈리노프Vladimir Sukhomlinov는 상트페테르부르크 주재 프랑스 군사 담당관에게 이렇게 말했다. "독일이 매우 심각한 상황에 놓였다. 서쪽으로는 프랑스, 동쪽으로는 러시아라는 적군에 포위된 형세다—그래서 적들을 우려하고 있다. 따라서 독일이 독자적으로 어떤 큰 역할을 할지는 그들에게 달려 있다."[13]

한편 전쟁을 생각하던 독일은 바뀌기 시작했다. 1913년 3월 의회 연설에서 베트만 총리는 당시의 지배적인 관점을 다시 한번 설파했다. 제국은 공격을 억제하고자 했지만 억제가 실패하면 승리하기를 원했다. "우리가 이 법안을 여러분에게 제안하는 것은 전쟁을 원해서가 아니라 평화를 원하기 때문입니다. 그리고 전쟁이 닥치면 승리자가 되기를 원하기 때문입니다."[14]

그러나 독일 정책결정자들은 억제에 실패해 삼국협상과 전쟁을 벌일 가능성이 높다는 확신을 점점 더 갖게 되었다. 몰트케는 오스트리아-헝가리의 군사 담당관에게 이렇게 표현했다. "아마도 세계 전쟁의 시작을 고려해야 할 것이다." 그는 상황을 참작했을 때, 싸우려면 독일의 적들이 군사적 이점을 누린다고 생각할 지금 싸우는 게 낫다고 생각했다. 1912년 소집된 '전시 내각'에서 몰트케는 이렇게 선언했다. "나는 전쟁이 피할 수 없는 것이라고 생각하며, 전쟁은 빠르면 빠를수록 좋다."[15]

　이번에도 독일의 적들은 그 밑에 깔린 논리를 간파했다. 헨리 윌슨Henry Wilson 영국군 소장은 한 보고서에서 다음과 같이 러시아 군대의 개선을 대략 설명했다. "이제는 왜 독일이 미래를 걱정하는지, 또 왜 '지금이 아니면 안 된다'고 생각할 수도 있는지 쉽게 이해된다." 러시아의 놀라운 성장은 독일 정책결정자들, 특히 군사 부문의 정책결정자들이 러시아를 상대로 한 예방 전쟁을 지지하기 시작했음을 의미했다. 레몽 푸앵카레 프랑스 대통령도 이렇게 기술했다. "그들은 이 거대한 조직이 날마다 응집한다는 것을 알고 있다. 그래서 더 충분한 힘을 갖추기 전에 공격해서 파괴하기를 원한다."[16] 프랑스는 러시아 편에 서야 하므로 예방 전쟁은 실질적으로 유럽 패권 전쟁이 될 터였다.

　첫 단계에서 그랬듯이 독일의 정책결정자들은 최선의 대전략에 대해 처음부터 동의했다. 황제가 1912년 10월 13일 회동에서 베트만, 헤링겐, 몰트케, 그리고 알프레트 폰 키데를렌-베히터Alfred von Kiderlen-Wächter 외무장관에게 또 다른 군대법을 제안하자, 이들은 세력 균형이 독일에 불리하게 바뀔 것에 대한 황제의 우려는 이해하지만 군대 증강을 또 하는 것은 필요 없다고 답했다. 그런데 발칸반도의 상황이 악화되자 재빨리 황제의 입장을 지지하고 나섰다. 11월 19일 회동에서 베트만과 헤링겐은 대규모 군대 증강이 필수적이라는 데 동의했다. 나흘 뒤 베트만은 빌헬름 2세, 몰트케, 알프레트 폰 티르피츠

Alfred von Tirpitz 제독을 만나 1913년에 새로운 군대법안을 의회에 제출하는 데 동의했다. 12월 초 주요 정책결정자들이 여러 차례 모임과 문건 교환을 했고, 빌헬름 2세는 베트만과 헤링겐을 만나 두 번째 법안 준비를 시작하도록 승인했다. 이때 전쟁부와 작전 참모 사이에서 군대 규모를 두고 격렬한 토론이 일어났다. 전쟁부는 군대를 훨씬 증강하자는 제안을 더 옹호했다. 결국 빌헬름 2세와 베트만이 나서서 전쟁부의 입장을 지지했고, 법안은 1913년 3월 1일 의회에 제출되었다.[17]

제2차 세계대전 이전 일본의
소련 대처 방안 결정

제2차 세계대전이 일어나기 전 10년 동안 일본의 대전략은 비합리적으로 기술될 때가 많다. 예를 들어 스나이더는 "제국과 경제 자립을 위한 일본의 노력은 합리적이거나 전략적인 도박이 아니었다"고 평가한다. 일본의 "제국주의적 폭식"은 "국제적 무정부 상태에서 생존의 필요성 때문에 어쩔 수 없이 선택한 합리적 경제 자립 시도"가 아니었다. 사실 경제 자립은 "터무니없는 목표"였다.[18] 찰스 컵챈Charles Kupchan은 1937년 이후 일본의 전략이 "냉정한 전략적 계산에 근거하지 않았다"고 주장한다. "제국의 확장을 위한 그들의 인지적·감정적 헌신의 깊이"를 따져보면 일본의 정책결정자들은 "이미지에 기반한

안보 개념을 가졌다. 이것은 일본의 동아시아 패권을 국가 정책의 목표가 아닌 '하나의 신념'으로 정의한 개념이다." 게다가 "[그들은] 그들의 행동이 보유 자원과 전략 목표 간의 위험한 격차를 낳고 있음을 보여주는 분명한 정보에 제대로 대응하지 않았다."[19]

일부 학자는 일본의 정책 결정에 심의 과정이 빠졌다고 강조한다. 로버트 부토Robert Butow는 이렇게 썼다. "그들의 정책 결정은 전통적인 패턴에 따라 이루어졌다. 그 전통이란 독립이 아닌 순응, 항의가 아닌 묵인, 질문이 아닌 복종이다. 이성보다는 본능에 더 많은 근거를 둔 것으로 보인다. (…) 의심스러워도 아무도 말하지 않는 것이 원칙이었다. 아무도 말하지 않아서 일본은 결국 파멸의 길로 내몰렸다."[20] 이에나가 사부로家永三郎는 "제국의 육군과 해군"은 정책을 만드는 데 "사실상 무제한의 자유를 누렸고, 이들의 행동 방식은 매우 비합리적이고 비민주적인 군대의 성격을 반영한 것이었다"[21]고 말한다. 밴 에버라는 그보다 더 나아간다. "일본에서는 분석이 아니라 어리석은 유추가 정책을 지배했다. (…) 평가는 위험해서 거의 이루어지지 않았다. 어리석은 정책—그리고 국가의 파멸—이 그 결과였다."[22]

그러나 이런 주장은 사실과 일치하지 않는다. 1931년 9월에서 1941년 6월까지 일본의 동아시아—특히 소련—에 관한 대전략은 합리적이었다. 신뢰성 있는 이론들에 근거했을 뿐 아니라 합의까지 이르는 심의 과정에서 나온 전략이었다.[23]

일본은 1920년대 거의 내내 상대적으로 유리한 전략적 입지에 있었다. 소련─일본을 제외한 아시아의 유일한 강대국이자 20세기 초부터 경쟁국─은 제1차 세계대전에서 패했고, 그 뒤에도 잔혹한 내전을 겪어서 힘이 특히 약했다. 반면 일본은 미국과 꽤 좋은 관계를 유지했고─양국 모두 워싱턴 해군 군축조약 가입국이었다─중국에 대해서도 우려할 것이 없었다. 당시 중국은 국내 갈등에 에너지를 소모하면서 대륙 내 일본의 이익에 도전할 상태가 아니었다.

일본의 상황은 1920년대 말에 악화되기 시작했다. 더 중요한 것은 1928년에 소련이 장차 경제력과 군사력을 크게 증가시킬 제1차 5개년 계획을 마련했다는 사실이다. 이듬해 소련은 만주에서 일어난 분쟁에서 중국에 승리하면서 개선된 군사력을 보여주었다. 세력 균형에서 소련의 위상이 올라가자 일본의 입지는 악화되었다. 장제스가 이끄는 중국의 민족주의자들은 본토에서 힘을 다지고, (일본에 경제적으로나 전략적으로 엄청나게 중요했던) 중국 북부와 만주에서 커지는 일본의 영향력에 저항하기 시작했다. 대공황과 그에 따른 근린궁핍화 정책 beggar-thy-neighbor policies* ─특히 1930년의 스무트-홀리 관세

---

* 한 국가가 다른 국가의 경제 문제를 악화시켜 국내 경제 문제를 해결하려는 정책. 대공황에 빠진 미국은 1930년 자국 산업 보호를 위해 관세를 최고 500퍼센트까지 부과할 수 있는 스무트-홀리 관세법을 제정했고, 이로 인해 유럽 국가들도 경쟁적으로 관세를 높이는 관세 전쟁이 벌어졌다.

법—이 시작되자 상황은 나빠지기만 했다. 일본의 번영은 개방된 국제무역 체제에 크게 의존했기 때문이다.

동아시아에서 일본의 전략적 상황은 1931년에서 1937년까지 계속 나빠졌다. 1931년 9월에 일본은 만주를 침략해 장악했고, 1932년에는 만주국이라는 괴뢰 정권을 세웠다. 그러나 소련은 1933년 제2차 5개년 계획을 수립하면서 더 강력해졌고, 만주와 국경을 맞댄 몽골을 위성국으로 만들면서 역내 영향력도 커졌다. 한편 중국 민족주의자들은 힘을 키워 중국 북부를 장악하려는 일본에 저항했고, 1937년 9월에는 이 지역의 지배권을 놓고 전쟁을 시작했다.

1938년 중반에서 1941년 중반까지 일본을 위협하는 환경은 더 악화되었다. 날로 강해지는 소련도 만주 국경에서 도발을 시작하며 점점 더 적대적으로 변했고, 결국 1938년과 1939년에 일본과 짧은 전쟁을 벌였다. 그때 일본이 중국에서 벌이던 전쟁은 수렁에 빠진 상태였다. 더구나 1930년대에는 대체로 동아시아에 큰 힘을 미치지 않았던 미국이 일본에 대한 경제 제재를 더 강화하기 시작한 데다가, 해군을 보강하고 샌디에이고에서 진주만으로 태평양 함대를 재배치했다.

일본의 정책결정자들은 양차 세계대전 사이의 기간 동안 동아시아에서 세력 균형을 유리하게 만드는 데 힘썼다. 1931년 이전 이들의 전략은 다른 강대국들 및 중국과의 협력과 포용을 강조했다. 일본은 1925년에 소련이 영국·미국과 좋은 관계를 맺기 위해 많은 노력을 기울였음을 인식하고 중국에 대한 내정

불간섭 정책을 채택했다. 당시 외무대신이었던 시데하라 기주로幣原喜重郎의 이름을 따서 '시데하라 외교 정책'으로 알려진 이 전략은 일본이 개방된 국제경제 질서를 발전시키고 이에 참여함으로써 군사력과 경제력을 최대화할 수 있다는 가정에서 나왔다.

그러나 1931년 가을 일본은 협력과 참여 기조를 버리고 아시아 대륙에 경제 자립을 이룬 대제국을 건설하겠다는 대전략으로 돌아섰다. 천연자원, 특히 석탄과 철이 풍부한 만주국이 그 제국의 중심이 될 것이었다. 그러나 일본 지도자들은 자국의 새 위성국인 만주국에 인접한 중국 북부 지역에 정치적 영향력을 크게 행사해야 한다는 점도 깨달았다. 이 대전략은 1936년에 재확인되었고, 일본이 미국과의 위기에 휘말리기 전인 1941년 6월까지 유효했다.

1931년에서 1941년까지 일본의 대전략은 신뢰성 있는 현실주의 이론들에 기댔고, 심의 과정을 거쳐 나왔다. 경제 자립을 이룬 제국을 건설하겠다는 초기 결정은 자조의 논리, 특히 일본이 경제력과 군사력을 증강하는 것이야말로 세력 균형을 위협하는 변화에 대처할 최선의 방안이라는 믿음에 바탕을 두었다. 1931년 1월 히로히토 천황의 비공식 고문이자 측근이었던 히라누마 기이치로平沼騏一郎는 "강대국들이 (…) 꾸준히 군비를 증강한다. 우리는 1936년 이후 두 번째 세계대전이 발발하리라는 예측을 그저 바보들의 헛소리로 치부해서는 안 된다"고 경고했다. 그는 그렇기 때문에 "우리나라는 유사시 용감

히 복무할 수 있도록 준비해야 한다"고 주장했다. 일본이 경제
력과 군사력을 증강하지 않는 것은 "천황의 뜻을 무시하는 것
이다. (…) 현실을 감추고 모든 것이 평화로운 척하는 것은 최
고의 불충이다."²⁴ 같은 달에 일본 의회 연설에서 훗날의 외무
대신 마쓰오카 요스케松岡洋右는 이렇게 주장했다. 대공황 한가
운데서 일어나는 "경제 전쟁"은 "거대한 경제 블록"을 만들게
되고, 일본이 여기서 살아남으려면 자체 장악 지역을 만들어야
하며, 필요하다면 일본은 "생존의 권리를 주장하기 위해 무력
을 사용해야 한다."²⁵

제국 군대의 유력자 이시와라 간지石原莞爾 장군은 당시
널리 퍼진 견해를 정확히 포착했다. 즉 만주를 중심으로 경제
자립을 이룬 제국을 건설하는 것은 일본을 강하게 만들고, 일
본의 생존을 보장해주리라는 것이다. 그는 만주 및 몽골과 관
련해 "우리는 국방에 필요한 거의 모든 자원을 갖게 될 것이
다. 그 자원들은 자급자족하는 제국에 절대적으로 필요하다"
고 주장했다. "만주와 몽골의 천연자원이라면 (…) 당면한 위
기를 모면하고 대약진을 위한 토대를 세우는 데 충분할 것이
다."²⁶ 추밀원 고문 이시이 기쿠지로石井菊次郎는 1933년《포린
어페어스Foreign Affairs》에 이렇게 기고했다. "만주가 우리에게
경제적으로 얼마나 중요한지 증명하기 위해 굳이 통계나 도표
를 들먹이지는 않겠다. (…) 우리나라의 인구 증가, 높아진 혼
잡도, 원자재 부족이 심각해 미개간지와 천연자원이 풍부한 만
주가 우리의 생명을 보호할 지역으로 여겨지게 되었다. (…) 만

주에서 우리의 문제는 위신이 아니라 사느냐 죽느냐의 문제다. (…) 30년 전과 마찬가지로 지금도 만주는 우리의 안전에 중요한 열쇠다."[27]

일본 시민사회와 군대 지도자들은 관동군의 만주 장악을 승인하지는 않았지만 폭넓은 지지를 보냈다. 시데하라를 포함한 와카쓰키 레이지로若槻禮次郞 내각은 재빨리 작전을 지원했다. 참모부와 육군성의 상급 장교들도 마찬가지였다. 이러한 지지는 일본의 대전략에 관한 활발하고 자유로운 토론에서 나온 합의를 반영했다. 1920년대 중반부터 "강경파"와 "온건파"는 "만주 문제"를 해결할 최선의 방법을 두고 토론했으며, 결국 일본이 "필요하다면 무력을 동원해서라도 만주를 더 크게 장악"해야 한다고 합의했다. 러스틴 게이츠Rustin Gates는 이를 다음과 같이 표현했다. "1931년에 온건파와 강경파 사이에 존재하던 큰 차이가 사라졌다. 두 그룹을 결속시킨 것은 오래 지속돼온, 겉보기에는 악화되는 듯 보이는 만주 문제였다. 결국 온건파는 아시아 대륙에서 일본의 입지를 빠르게 확보할 무력 충돌을 수용했다." 그리고 "관동군의 계획을 시민사회 지도자들이 지지한 것은 (…) 만주 내에서 제국의 이익을 보호하려는 지속적인 바람의 신호였다."[28]

1936년에 위협 상황이 악화되자 일본의 정책결정자들은 대전략을 재점검하고, 자립 제국을 위한 헌신을 만장일치로 재확인했다. 이들은 이미 1931년에 자조의 논리를 내세우며, 세력 균형을 일본에 유리하게 만들어 안보를 강화하는 최선의 방법은 경제력과 군사력을 키우는 것이라는 결론을 내렸다.

일본의 생존이 다른 강대국들을 견제하는 것에 달려 있다는 믿음은 〈제국 국방 방침帝國國防方針〉이라는 중요한 육군 보고서에 반영되어 있다. 작성자들은 일본의 "국가 정책은 동아시아의 보호자이자 지도자로서의 지위를 수립하는 것이어야 한다. 그러려면 동아시아 내 백인들의 압력을 제거할 힘을 가져야 한다"고 주장했다. 결국 실질적인 세력 균형은 자급자족하는 제국의 건설에 여전히 달려 있었다.

배경에 깔린 이 논리는 일본이 세운 대전략의 개요를 서술한 핵심적인 정부 문서인 〈국책의 기준國策の基準〉에 상세히 나와 있다. "일본의 국내 및 국외 상황을 볼 때 일본이 수립해야 할 기본 정책은 외교와 국방에서 동아시아 내 입지를 확보하는 것이다." 만주는 여전히 최우선이었다. "우리는 만주국의 발전으로 국력을 키우리라 기대한다." 그러면서 그들은 "남부 지역, 특히 남부 외곽 지역에 관하여 국가적으로나 경제적으로 발전시킬 것"을 계획했다. 이곳은 네덜란드령 동인도를 가리킨다.

자국의 행동이 경쟁국에게 군사적 조치로 대응하게 만들 수 있다는 점을 명백히 이해한 일본은 조심스럽게 움직이기로 했다. 일본 해군은 〈국책 요강國策要綱〉에 자신들의 견해를 밝혔는데, 정책결정자들은 이들의 조언을 바탕으로 "최대한 다른 국가들을 자극하지 않는 것"과 "단계적인 평화적 수단으로 [일본의] 세력을" 확장한다는 목표를 세웠다.[29]

　자립이라는 대전략을 재확인한 일본의 결정은 심의 과정의 결과물이었다. 해군의 〈국책 요강〉과 육군의 〈제국 국방 방침〉은 각각 1936년 4월과 6월에 작성되었으며, 이 두 문건은 히로타 고키廣田弘毅 내각총리대신, 아리타 하치로有田八郎 외무대신, 바바 에이이치馬場鍈一 재무대신, 데라우치 히사이치寺內壽一 육군대신, 나가노 오사미永野修身 해군대신이 참석한 5인 각료 회의에서 논의되었다. 이 논의를 바탕으로 이들은 8월 7일 〈국책의 기준〉을 만든 것이다. 이 합의된 문서는 나흘 뒤 내각 전체의 승인을 받았고, 8월 15일에 천황에게 보고되었다.[30]

　일본이 1936년까지 합리적 행위자였다는 점을 수긍하는 학자도 많지만, 일부는 그 후 일본의 행동이 비합리적으로 바뀌었다고 주장한다. 스나이더는 일본이 "1937년 이후 무모하고 자멸적인 세력 확장"[31]에 돌입했다고 말한다. 하지만 이런 주장은 옳지 않다. 일본의 대전략은 변하지 않았다는 것이 1938년 2월 영국과 미국에 보낸 각서에 나타난다. 각서 작성자들은 대륙의 제국을 "일본의 생존을 위해 남아 있는 유일한 기회"로 표현하면서, 영국과 미국 정부에 역내 영향권을 포기하라고 요구했다. 그들은 "영국은 위대한 자립 제국을 구축했고, 미국은 두 아메리카 대륙에서 마찬가지로 자급자족할 수 있는 입지를 가지고 있다"고 주장했다. "두 국가는 일본의 절박한 필요를 충족시켜줄 동양의 땅을 양보할 만큼 관대해야 한다."[32]

게다가 일본은 1937년에서 1941년까지 행동을 자제했다. 일본의 무분별한 침략을 보여준다고 하는 그 당시 주요 사건들을 살펴보자. 1937년에 시작된 중일전쟁은 일본이 아닌 장제스가 시작했다. 일본은 무력 충돌을 피하려고 했다. 1938년과 1939년 전쟁도 마찬가지로 일본이 아니라 소련이 시작했다. 일본은 붉은 군대를 물리칠 위치가 아니라는 것을 알고 있었다. 일본이 1940년 인도차이나 북부에, 1941년 인도차이나 남부에 진격한 것은 인도차이나가 장제스 군대의 주요 무기 이동로였기 때문이다. 일본은 두 작전을 개시하기 전에 프랑스 비시 정권의 동의를 받았다.[33]

제2차 세계대전 이전 프랑스의 나치 위협 대응 방안 결정

로버트 영Robert Young은 "[1930년대] 프랑스에 대한 지배적인 견해는 이제 씻을 수 없게 되었다. 즉 프랑스가 우왕좌왕하며 패배주의에 물들고 우유부단함으로 마비되었다는 인식이다"라고 썼다. 흔히들 프랑스의 의사결정은 "'선의를 가진 사람들의 무능함'과 '너무 많이 축적된 실수' (…) '평범한 비전 (…) 평범한 지도자들'"[34] 때문에 어려움을 겪었다고 평가받는다.

랜들 슈웰러Randall Schweller는 이러한 공통된 견해를 반영하여 프랑스의 대독일 정책을 "위협을 받는 국가가 명백히 존재하는 위험을 인정하지 않았거나, 더 일반적으로는 대응하지 않았거나, 그보다 더 일반적으로는 형편없고 경솔한 방법으로 대응한 어리석음"의 사례로 묘사한다. "독일의 도전에 대한 [프랑스의] 대응은 미봉책과 우유부단한 혼란의 어지러운 연속이었다. 프랑스의 대전략—그렇게 부를 수 있다면—은 모순적인 정책들의 합이었다. 세력 균형, 책임 전가, 편승, 유화라는 요소를 모두 포함하고 있었기 때문이다. '마지노선의 반이라도 없는 것보다 낫다'는 어리석은 격언으로 가장 잘 표현되는 대전략이 아닐 수 없다."[35]

어니스트 메이Ernest May도 당시 프랑스의 정책이 비합리적이었다고 본다. 프랑스의 정책결정자들이 "현실에 대한 각자의 편의에 맞는 가정들을 수용하거나 고수하며" 한 번도 "이 경우의 이론은 무엇인가?"라는 질문을 던지지 않았다는 것이다. 대신 이들은 "자신의 선입견에 가장 잘 부합하는 정보 조각들을 바탕으로" 결정을 내렸고, "비판적인 추정을 실험하거나 식별조차 하지 않았다. 바람직하거나 편하다고 생각하는 것을 하기 위해, 믿고 싶은 것을 믿었을 뿐이다." 게다가 "그들은 결정을 내렸고, '무엇을 해야 하는가?'라는 질문에 원하는 대답을 밀어붙이기 위해, 질문들에 눈을 감거나 '무슨 일이 벌어지는가?'에 대한 대답을 지어냈을 뿐이다." 그러면서 메이는 국가 차원에서도 그들은 심의는 전혀 하지 않고 "내내 침묵을 지켰다. 이들은 정보와 의견을 쌓아두기만 했다. (…) 지도자들은 자신의 추정을 얘기하거나 토론을 통해 밝히거나 하지 않았다"

고 덧붙였다.[36]

그러나 사실 이러한 일반적 통념도 증거와 들어맞지 않는다. 당시 프랑스의 정책결정자들도 위협적인 환경을 이해했고, 이를 어떻게 다룰지 결정하기 위해 신뢰성 있는 이론에 기댔다. 또 활발하고 자유로운 토론을 통해 나치 독일에 대응할 정책에 합의했다. 간단히 말해서 1930년대 말 프랑스는 합리적 행위자였다.[37]

프랑스의 지도자들은 1919년 6월 체결된 베르사유 조약의 잉크가 채 마르기도 전부터 독일을 두려워했다. 그 두려움은 1930년대 중반 나치 독일의 제3제국이 재무장을 시작하며 국제연맹에서 탈퇴하고 라인란트를 재점령하면서 더욱 커졌다. 프랑스에 제대로 경종을 울린 사건은 1938년 3월에 일어난 나치 독일의 오스트리아 병합—안슐루스Anschluss—이었다. 제1차 세계대전 이후로 처음 국경을 넘은 독일이 언제라도 체코슬로바키아로 진격하리라고 믿은 사람이 많았다.

1938년 4월 10일 집권한 에두아르 달라디에Édouard Daladier 총리와 정부의 주요 업무는 새로운 위협에 대응할 대전략을 짜는 것이었다. 그러나 프랑스가 해야 할 일에 대해 주요 정책결정자들 사이에서는 논쟁의 여지가 거의 없었다. 이들은 독일 국방군에 맞설 강력한 군사력을 갖추기 위해 국가 차원에서 대대적인 노력을 기울이기로 결정했다. 동유럽, 이탈리아, 그리고 특히 영국과의 관계에 관해서도 논쟁의 여지가 거의 없었다. 사실상 프랑스의 정책결정자들은 모두 영국을, 독일에 대응할 때 없어서는 안 될 동맹국으로 보았다. 그러다 보니 유럽에 전쟁이 발발하기 전까지는 영국이 프랑스에 많은 영향력을 행사하는 입장이었다.

그러나 프랑스 지도자들은 오스트리아 병합 이후의 독일 및 소련과 어떻게 관계를 정립할 것인가에 대해서는 합의를 보지 못했다. 1938년 내내 두 가지 문제를 두고 토론이 벌어졌다. 독일을 회유할 것인가, 억제할 것인가? 소련을 동맹으로 만들 것인가? 그러나 1938년 9월 30일에 체코슬로바키아의 주데텐란트를 독일에 할양하는 뮌헨 협정이 체결되고, 특히 1939년 3월 15일에 독일이 체코슬로바키아의 남은 지역을 정복하기 위해 진격하자, 대립하던 진영들은 결국 독일은 억제하고 소련은 동맹으로 삼자는 데 합의했다.

독일 및 소련을 대할 방식에 대한 프랑스의 사고는 주로 현실주의 이론들에 근거했다. 독일이 영토 확장을 통해 세력을 키우기로 했다고 생각하지 않는 사람은 없었다. 그러나 히틀러가 어느 정도의 세력을 원하는지—독일을 유럽 내 선도 국가로 만들려는 것인지, 아니면 유일한 강대국으로 만들려는 것인지—에 대해서는 정책결정자들의 의견이 엇갈렸다.

히틀러가 패권 차지에 열중한다는 관점은 달라디에가 1938년 4월 영국에 했던 말에 드러난다. 그는 히틀러가 "다름 아닌 유럽 대륙의 완전 지배"를 원한다고 경고했다. 외무부 정치국장 에밀 샤르베리아Émile Charvériat도 이에 동의했다. "히틀러는 프랑스와의 관계 개선보다 (…) 유럽 내 패권에 더 관심

있어 보인다." 프랑스 외무부 관료 대부분은 "독일이 동유럽에서 자유롭게 행동하는 데 영원히 만족할 것이라는 생각은 허상이다. (…) 동유럽은 독일이 프랑스에 대적하기 위한 자원을 확보할 수단에 불과하다"고 판단했다. 히틀러는 "패권에 대한 야망"[38]이 있다는 것이다.

반면 또 다른 관점—독일이 동유럽을 지배하는 것에 만족하고 프랑스를 직접적으로 위협하지는 않을 것이다—도 널리 퍼져 있었다. 소련 주재 프랑스 대사 로베르 쿨롱드르Robert Coulondre는 1938년 12월 이러한 사고방식을 한마디로 요약했다. 파리에 보낸 전보에서 "적어도 지금으로서는 독일이 동쪽으로 확장하려는 결심이 서유럽 정복을 포기한 것만큼이나 명백해 보인다"고 쓴 것이다. 쿨롱드르는 "그들은 대체로 프랑스와 좋은 관계 수립을 바라고 있다"[39]고 보고했다.

나치 독일을 억제할 것인가, 회유할 것인가에 대해서도 의견이 크게 엇갈렸다. 식민지부 장관 조르주 망델Georges Mandel은 프랑스가 억제 정책을 선택해야 한다고 믿었다. 그는 "약해빠진 타협"은 독일을 결코 만족시킬 수 없을 것이며 "새로운 위기가 생길 때마다 전쟁을 피하기는 점점 더 어려워져서 결국 프랑스는 최악의 상황에서 전쟁을 경험할 것"[40]이라고 주장했다. 반면 외무부 장관 조르주 보네Georges Bonnet는 프랑스가 "안보를 직접적으로 위협받는 상황에서" 동유럽 동맹국들에 대한 의무를 "재편"하고 "재협상"해야 한다고 생각했다.[41]

이렇게 모순된 정책 방향들은 이르면 달라디에가 외무부

장관을 교체한 1938년 4월부터 작동했다. 당시 외무부 장관이던 조제프 폴-봉쿠르Joseph Paul-Boncour가 동유럽의 작은 국가들을 지지하고 히틀러를 억제해야 한다고 하자 달라디에는 그에게 "당신이 말한 정책은 매우 훌륭합니다. 매우 프랑스답습니다. 하지만 우리가 그럴 만한 상황이라고는 생각하지 않습니다"라고 말했다. 그러고는 유화 정책을 옹호하는 선두주자인 "보네를 [외무장관직에] 앉히기로" 결정했다고 말했다.[42]

소련과의 관계에 대해서는 프랑스가 소련과 동맹을 맺어야 하는지, 아니면 소련에 공을 떠넘겨 독일을 혼자 상대하도록 해야 할지를 두고 합의를 보지 못했다. 달라디에는 첫 번째 선택지를 원했다. 그는 프랑스와 소련이 동맹을 맺으면 "유럽 내 전쟁의 그림자를 두려워할 필요가 없다"[43]는 입장을 고수했다. 그러나 보네는 프랑스가 소련과 거리 두기를 원했다. "프랑스-소련 상호원조 조약*을 전체적으로 살펴보니 양국이 이것으로 묶여 있지 않다는 것을 발견했다. 우리가 조약을 거부할 필요는 없다. 조약 때문에 자동적으로 러시아 편에 서는 것은 아니기 때문이다."[44]

또 다른 주요 정책결정자들은 세력 균형 전략이나 소련에 책임을 전가하는 전략도 지속 가능한 전략이라고 생각하지 않았다. 소련의 붉은 군대는 너무나 약해서 독일 국방군에 맞서

---

* 1935년 프랑스와 소련이 나치 독일의 중유럽 정책, 특히 체코슬로바키아 장악 시도를 견제하기 위해 체결한 조약.

지 못할 것이기 때문이다. 1938년 가을 정보 장교들은 소련이 "군사적으로" "완벽한 무능력자"라고 결론 내렸다.[45] 모리스 가믈랭Maurice Gamelin 참모총장은 소련이 "군사적 가치가 그다지 없는 (…) 작은 국가들처럼" "유럽에 효과적으로 개입할 수 없다"[46]고 평가했다.

프랑스 지도자들은 주로 현실주의적 관점을 통해 위협 환경을 바라보았지만, 다른 한편으로는 이데올로기적 관점에서 보기도 했다. 많은 지도자가 동맹은 고사하고 소련과의 가까운 관계조차 거부했다. 소련이 세상에 혁명을 일으키려 하고 기회만 있으면 유럽에 공산주의를 퍼뜨리려 하기 때문이었다. 뮌헨 협정 당시 달라디에도 "소련은 세계 혁명을 우리 땅까지 가져올 기회를 놓치지 않을 것"[47]이라며 우려했다. 독일이 제2차 세계대전을 시작한 뒤에도 보네는 비슷한 걱정을 했다. 프랑스 주재 영국 대사였던 에릭 핍스Eric Phipps는 "[보네 장관은] 스탈린의 목적이 여전히 세상에 혁명을 일으키는 것이며 (…) 러시아의 가장 가까운 이웃이었던 독일이 첫 희생자가 될 것이라고 절대적으로 확신한다. 그는 이 병폐의 확산을 막을 수 있을지 의문을 제기한다"[48]고 썼다. 간단히 말하면 프랑스의 전략적 사고는 현실주의 이론과 이데올로기적 이론 모두에 영향을 받았다.

주요 정책결정자들은 이 두 가지의 서로 다른 이론을 기준으로 생각한 것이 명백하다. 그리고 나치 독일의 제3제국, 더 나아가 소련을 어떻게 다룰지에 관한 다음의 세 가지 선택지

중 하나를 골랐다.

한쪽에서는 독일을 달래서 유럽 내 대규모 전쟁을 피할 수 있다고 믿었다. 외무부 장관 보네를 비롯해 내각 내 그의 지지자들, 즉 각료회의 부의장이었던 카미유 쇼탕Camille Chautemps, 토목부 장관 아나톨 드 몽지Anatole de Monzie, 노동부 장관 샤를 포마레Charles Pomaret, 재무부 장관 폴 마르샹도Paul Marchandeau 등이 이 관점을 옹호했다. 독일에 대한 유화 정책은 동시에 프랑스와 동맹을 맺으려는 소련의 노력을 거부하는 것으로 나타났다. 특히 보네는 막심 리트비노프Maxim Litvinov 소련 외무부 장관이 합동 참모본부 회담을 열어 구체적인 군사협정을 만들려 할 때마다 퇴짜를 놓았다.

다른 한쪽에서는 유럽 내 패권을 원하는 독일을 억제해야 한다는 결론을 내렸다. 이런 신조를 가진 내각 구성원으로는 식민지부 장관 망델, 법무부 장관 폴 레노Paul Reynaud, 보훈부 장관 오귀스트 샹페티에 드 리브Auguste Champetier de Ribes가 있었다. 소련 주재 프랑스 대사 쿨롱드르, 전 외무부 장관 폴-봉쿠르, 하원의장 에두아르 에리오Édouard Herriot도 이들을 지지하면서 소련과의 동맹에 찬성했다.

양쪽 입장을 오간 마지막 그룹에는 달라디에(총리 겸 국방부 장관), 해군부 장관 세자르 캉팽시César Campinchi, 공군부 장관 기 라 샹브르Guy La Chambre, 내무부 장관 알베르-피에르 사로Albert-Pierre Sarraut가 있었다. 참모총장 가믈랭 장군도 마찬가지였지만 그는 프랑스의 대전략 수립에는 큰 역할을 하지 않았다.

프랑스 정책결정자들은 심의 과정을 거쳐 결국 독일을 억제하고 소련과 형식적인 동맹을 추구하자는 결론에 도달했다. 그러나 로버트 영이 말했듯이 1940년 프랑스의 패배가, 프랑스 지도자들이 "주어진 위험을 향한 진지함, 독일의 패권 장악 시도에 저항하려는 결단력, 국방을 위한 대대적인 주의와 노력을 기울이겠다는 의지"를 보여주었다는 사실을 가려서는 안 된다. 그는 프랑스가 "뛰어난 민간 및 군대 지도자들은 아니었지만 유능한 지휘 체계 아래 있었다. 지도자들은 전쟁을 피하기 위해 당연하다고 생각했던 것보다 더 나아간 사람들이었고, 그 이후 전쟁을 준비하기 위해서도 허용된 것보다 더 많은 일을 한 사람들이었다"[49]고 평가했다.

독일-오스트리아 병합 이후 뮌헨 협정이 체결될 때까지, 프랑스 정책결정자들은 독일 및 소련에 관한 정책을 놓고 합의점을 찾지 못했다. 이들은 모두 히틀러가 오스트리아를 병합한 뒤 체코슬로바키아로 진격할 가능성이 높다고 믿었다. 그래서 달라디에와 가믈랭이 프랑스 정보부 수장인 루이 리베Louis Rivet 대령을 자주 만났던 것이다. 그러나 영토에 대한 독일의 야망이 체코슬로바키아를 넘어설지, 프랑스가 제3제국을 회유해야 할지 억제해야 할지에 관해서는 큰 견해차가 있었다. 앞에서 말했듯이 달라디에가 내각을 구성했을 때 세력 분열이 일어났고, 이는 뮌헨 위기 시에도 달라지지 않았다.

프랑스가 1938년 10월 이전까지 독일에 관한 최종 결정을 내리지 못했던 것을 고려하면, 소련 문제에 대한 합의가 없었다는 사실이 놀랍지 않다. 쿨롱드르 일파는 소련과의 참모 회담을 강하게 밀어붙였지만, 보네와 군사 지도자들은 현실주의적이고 이데올로기적인 이유로 이 회담을 반대했다. 그들은 붉은 군대와 가까워지면 프랑스군에도 공산주의가 퍼지고, 스탈린의 숙청으로 붉은 군대의 전투력이 크게 약화된다면 이를 회복하는 데 프랑스의 재산이 묶일 것이라고 믿었다.

뮌헨 위기 이후 프랑스의 모든 정책결정자는 독일이 유럽 전역을 지배하려는 데 열중한다고 믿었다. 그러면서 독일을 억제하고 소련과 동맹을 맺는 양 갈래 정책으로 서서히 의견 통합을 이루기 시작했다. 그 가장 유력한 증거는 달라디에가 태도를 바꾸어 제3제국에 대한 강경 정책을 수용했다는 점이다. 독일이 체코슬로바키아의 나머지 지역을 조준하고 있고 저지대 국가나 프랑스 공격을 고려할지도 모른다는 증거가 쌓이자, 달라디에는 영국에 참모 회담에 참여하고 독일이 서유럽을 공격할 시 프랑스 옆에서 싸울 것을 약속하도록 종용했다. 가믈랭 장군을 비롯한 군사 지도자들 역시 입장을 바꿨다. 이렇듯 프랑스가 독일에 대한 억제 전략으로 돌아선 것은 달라디에와 그의 장군들이 소련과의 관계에 대해 갖고 있던 시각에도 중요한 결과를 낳았다. 이들은 한편으로는 스탈린이 나치 독일과 동맹을 맺을지도 모른다고 우려하면서도, 프랑스-소련 군사 동맹을 심각하게 고려하기 시작했다.

1939년 독일이 체코슬로바키아 전체를 장악하자, 프랑스 국가안보위원회 내에서 서로 반목하던 세력―억제주의자, 유화주의자, 두 진영을 오가는 사람들―은 독일과 소련에 관한 공동의 입장을 받아들였다. 달라디에와 가믈랭은 그 어느 때보다 제3제국을 억제하고 소련과 동맹을 맺는 데 열성이 되었다. 유화주의자들에게는 더 큰 변화가 일어났다. 이들은 입장을 완전히 바꾸어 억제를 강하게 주장했다. 보네는 이미 외무부에서 받아들인 새로운 전략으로 가장 크고 놀랍게 변한 사람이었다. 그가 표현했듯이 "'뮌헨 남자들'의 평화 및 유화 정책은 통탄할 재앙이었다. (…) 모든 나라에서 유럽을 재앙으로 이끄는 전쟁광들이 우위를 점할 수밖에 없었다."[50]

위협 환경에 관한 프랑스의 생각이 하나의 현실주의적 입장으로 확고해지자, 뮌헨 위기 이전에 어느 정도 역할을 했던 이데올로기적 사고는 뒤로 밀려났다. 많은 군사 지도자와 마찬가지로 독일의 체코슬로바키아 함락 이전까지만 해도 공산주의 전복을 우려했던 막심 베강Maxime Weygand 장군도 그런 걱정을 버렸다. "공산주의는 내부에서 물리쳐야 한다. (…) 외부에서는 이데올로기가 전략적 요구를 방해해서는 안 된다."[51]

1939년 이른 봄 합의에 이른 프랑스의 정책결정자들은 이후 다섯 달 동안 나치 독일에 대응할 단호한 억제 정책을 만드는 데 사력을 다했다. 여기에는 폴란드·루마니아·그리스에 대한 안전 보장과 영국·소련이 동참하는 반反나치 삼국 동맹이 포함되어 있었다. 그러나 프랑스의 노력에도 불구하고 두 계획은 실패했다. 영국이 거부한 게 큰 원인이었다. 영국은 독일과 전쟁이 일어날 경우 붉은 군대가 폴란드와 루마니아의 국경을 넘어올 수 있다는 가능성을 심각하게 고려하려 하지 않았다. 한편으로는 소련도 서유럽 강대국들의 신뢰성을 의심했다. 결국 소련은 8월 23일 독일과 동맹을 맺었다. 이는 제1차 세계대전 당시와는 달리 나치 독일을 견제할 강대국 연합이 존재하지 못할 것임을 의미했다. 9월 1일 히틀러는 폴란드를 침공했고, 영국과 프랑스는 제3제국에 선전포고를 할 수밖에 없었다.

냉전 이후 미국의
나토 확장 결정

소련 붕괴 이후 나토의 확장은 오랫동안 비합리적인 정책으로 비난받았다. 1997년 6월에 50명의 전직 상원의원, 각료, 대사, 외교 정책 전문가들은 빌 클린턴 대통령에게 공개서한을 보내 "현재 미국이 주도하는 나토 확장 노력은 (…) 역사적으로 중요한 정책적 실수"[52]라고 주장했다. 이런 생각은 학계에 더 널리 퍼져 있었다. 같은 해 말에 마이클 맨들바움Michael Mandelbaum은 이렇게 썼다. "따라서 클린턴의 계획은 터무니없다. 나토 확장은 무의미할 뿐이다. 게다가 위험하다." 나토 확장을 "행정부의 어리석음"으로 표현한 그는 상원에서 "좋게 말하면 무의미하고 나쁘게 말하면 지극히 위험한 계획"[53]을 거부하라고 촉구했다.

마찬가지로 마이클 맥과이어Michael MccGwire는 클린턴 행정부의 나토 동진 계획을 "커다란 논리적·정치적 모순"이며 "비논리적" 결정이라고 묘사했다. 그는 이 결정이 "거의 놀랍지 않다"고 했는데, "유럽 내 안보를 위한 장기적 요건을 객관적으로 분석한 결과가 아니었기" 때문이다. 그러면서 그는 "거만함과 요행을 바라는 사고의 조합은 미국 정책의 오래된 특징"[54]이라고 덧붙였다. 케네스 월츠는 더 간단히 요점을 말했다. 나토 확장은 "압도적으로 강한 국가만 할 수 있고, 어리석은 국가만 하고 싶어 하는"[55] 정책이라는 것이다.

그러나 나토 확장의 장점이 무엇이라고 생각하든 간에 동맹을 확대하겠다는 결정은 합리적이었다. 이 정책의 옹호자와 반대자들은 신뢰성 있는 이론에 근거했고, 클린턴 대통령이 최종적으로 확장을 선택할 때까지 활발하고 자유로운 토론을 벌였다.

냉전이 종식된 뒤 미국의 안보 전문가 대부분은 나토가 변하지 말아야 하며 세계 무대에서 그 비중을 유지해야 한다고 믿었다. 미국의 정책결정자들이 걱정했던 유일한 문제는 동맹이 어떤 형태를 갖추어야 하는지, 그리고 특히 기존 회원국—통일 독일을 포함하여—들을 그대로 유지해야 하는지 혹은 동유럽으로 확장해야 하는지에 관한 것이었다. 이에 관한 토론은 조지 H. W. 부시 대통령 재임 시절인 1991년에 시작되었지만, 클린턴 행정부가 들어선 첫해에 속도가 붙었다. 그러다가 1994년 12월에 최종 결정이 났다. 이때 나토는 폴란드, 헝가리,

체코 공화국 가입 협상이 개시될 예정이라고 발표했다.

부시 행정부는 1991년 이전에는 통일 독일이 나토에 가입하는 문제를 제외하고 나토 확장에 그다지 관심을 기울이지 않았다. 그러나 소련이 흔들리기 시작하자 부시와 그 참모들은 현실적인 이유로 나토의 동진을 고심하기 시작했다. 정확히 말하면 원래는 소련이 재기할지도 모른다는 우려가 있었음에도 이들은 나토를 소련 억제 수단으로 보지 않았다. 그보다는 유럽 내 미국의 지배적 입지를 유지·강화하는 수단으로 인식했다. 소련군이 동유럽에서 철수하자 미국 국가안보보좌관 브렌트 스코크로프트Brent Scowcroft는 동맹을 역내 "권력 공백" 지역으로 확대하는 것이 "유럽 중심부에서 미국의 훨씬 더 활발하고 건설적인 역할"[56]을 용이하게 할 것이라고 주장했다. 그러나 나토 확장을 향한 열의에도 불구하고 1992년 11월 대선에서 부시가 클린턴에게 패배할 때까지 아무런 결정도 내려지지 않았다.[57]

클린턴 행정부의 고위 정책결정자들은 나토 확장을 놓고 두 부류로 갈라졌다. 두 세력 모두 자유주의 패권을 추구했지만, 러시아가 나토 동진에 어떻게 반응할지, 따라서 동유럽에 적합한 전략이 무엇인지에 관해서는 관점이 서로 달랐다. 국가 행동에 관한 현실주의 이론과 자유주의 이론이 서로 대립했다.[58]

한쪽에서는 현실주의적 예측에 따라 러시아가 나토 확장을 심각한 위협으로 보고 공격적으로 대응할 것이라고 주장했다. 그로 인한 결과는 심각할 것이다. 러시아의 민주주의 실험이 실패할 뿐만 아니라 유럽이 나토 확장과 적대적 러시아 사이에서 또 한 번 분열할 가능성도 있었다. 1993년 7월 자 한 국무부 문서는 이렇게 경고하고 있다. "나토의 즉각적 의제에 가입국 확대"를 넣는 것은 "동유럽에 분열과 불안정이라는 결과를 가져올 것이다."[59] 이런 생각은 특히 러시아 자극을 크게 우려하던 국방부에 퍼져 있었다. 존 샬리카슈빌리John Shalikashvili 합참의장은 나토 확장이 "불안정한" 요소가 될 것을 우려했다. 유럽에 "새로운 분단선"이 그려지기 때문이다. 그는 "새로운 분단선을 어떻게든 피하고" 싶었다. "그 분단선은 새로운 긴장을 유발하고 새로운 분쟁에 불을 붙일 것"[60]이기 때문이다.

다른 한쪽에서는 이러한 위험을 인식하면서도 서방이 좋은 의도를 러시아에 알리면 러시아도 세상을 현실주의적 시각이 아니라 자유주의적 시각으로 보고 민주주의를 포용하며, 최종적으로는 자유주의적 국제 질서의 책임감 있는 일원이 될 것이라고 믿었다. 국무부 차관 스트로브 탤벗은 다음과 같은 의견을 피력했다. "우리는 옛 소련의 핵심 국가들이 우리의 제안을 자국의 안보와 유럽에 대한 소속감을 강화하는 것으로 인식하도록 해야 한다. (…) 여기서 핵심은 우리의 확장 계획을, 단기적으로 러시아를 배제하는 것이 아니라 최종적으로 포함한다고 강조하는 방식으로 소개하는 것이다―이는 지역 안정과 역내 모든 국가의 안보를 강화할 것으로 보인다." 클린턴 대통령은 미국이 신중하게 움직여야 하지만 본인이 러시아를 안심시킬 수 있다고 믿었다. 그는 나토가 "신중한 방식으로" 확대되어야 한다고 말했다. "그래서 과거의 확실성을 재창조하기보다 미래는 다를 것이라는 가능성을 열어야 한다"는 것이다. 윌리엄 페리William Perry 국방장관 ― 확고한 확장 반대자 ― 이 지적한 것처럼, 클린턴 대통령과 앨 고어 부통령은 "러시아가 나토 확장에 대해 자국을 겨냥한 것이 아니라고 확신할 수 있으리라"[61] 믿었다.

두 가지 이론적 관점은 서로 다른 정치적 선택지를 낳았다.

확장 반대자들은 '평화를 위한 동반자Partnership for Peace(PfP)' 관계를 선호했다. 이는 나토와 동유럽, 러시아까지 포함한 유럽 전체 국가들의 협력적 동반자 관계를 조성하는 프로그램이었다. 확장을 막지는 못하더라도 지연시키는 것을 목적으로 한 이 프로그램은 가입국이 "협력을 위한 우선순위를 선택해서 나토와 개별적인 동반자 관계를 맺게 해줄 것이었다."[62]

한편 확장 찬성자들은 동맹 확장이 러시아를 겨냥한 것이 아니라며 러시아 측을 거듭 안심시키면서 옛 바르샤바 조약회원국들을 나토에 빠르게 받아들이기를 원했다. 투 트랙 전략을 지지하는 사람들 중 일부는 러시아가 결국 나토에 가입하리라 믿기도 했다. 탤벗도 "우리의 전략적 목표는 (…) 중유럽과 구소련을 모두 유럽-대서양 공동체의 주요 기구에 가입시키는 것이었다"[63]고 말했다.

워런 크리스토퍼Warren Christopher 국무장관이 1993년 6월

아테네에서 북대서양협력협의회(NACC)의 권한 강화에 대한 연설을 한 이후, 클린턴 행정부는 나토 확장에 대한 토론을 진지하게 시작했다. 이후 8개월 동안 미국 정책결정자들은 PfP와 나토 확장의 상대적 장점에 대해 두루 토론했지만 합의에 이르지는 못했다. 따라서 처리 방식에 관한 최종 결정은 대통령에게 돌아갔고, 결국 1994년 12월, 가입국 확대가 곧 시작되리라는 나토의 발표가 나왔다.

아테네 연설 직후 확장을 지지하는 쪽과 반대하는 쪽이 나토의 미래에 대한 토론을 시작했지만—크리스토퍼 국무장관, 레스 애스핀Les Aspin 국방장관, 앤서니 레이크Anthony Lake 국가안보좌관이 늦여름에서 초가을까지 이 문제를 전체적으로 논했다—클린턴의 주요 보좌관들이 참석한 가운데 이 문제를 다룬 최초의 공식 회의는 10월 19일에 열렸다. 브뤼셀에서 열릴 나토 정상회담 준비의 일환이었다. 사려 깊은 논의가 있었지만 결국 양측은 이견을 좁히지 못했고, 최선의 해결책에 합의하지 못했다. 레이크 국가안보좌관은 확장에 강력히 찬성했고, 애스핀 국방장관과 샬리카슈빌리 합참의장은 반대를 강하게 주장하며 PfP를 선호했다. 크리스토퍼 국무장관은 국방부 입장으로 기울었다. 결과는 "애매한 타협, 문제를 뒤로 미룬, 결정을 하지 않기로 한 결정"[64]이었다. 이 회의를 요약한 국가안전보장회의의 기록에 따르면, 브뤼셀 정상회담에서 대통령은 PfP를 강조하면서도 나토 확장의 가능성을 열어두어야 했다.

나토의 미래에 대한 토론이 관료들 사이에서 이루어질 때 클린턴 대통령은 확장 찬성 쪽으로 약간 기울었지만 최종 결정을 내리지는 않았다. 1월 9일과 10일 브뤼셀에서 이루어진 연설에서 그는 PfP를 강하게 지지했는데, 들었던 조언보다 조금 더 나아갔다. PfP가 "나토의 확장으로 이어질 과정에 시동을 건다"고 말한 것이다. 그는 이틀 뒤 프라하에서 연설을 하며 이렇게 말했다. "PfP는 나토 멤버십이 아니지만 그렇다고 영원한 대기실도 아니다. 그것은 나토의 대화 전체를 변화시켰다. 이제 문제는 나토가 새로운 가입국을 받아들이는가가 아니라, 언제 어떤 방식으로 받아들이는가가 되었다." 이어 대통령은 모스크바로 향했고, 그곳에서는 다른 메시지를 전했다. 그는 보리스 옐친 러시아 대통령에게 자신의 주안점은 PfP에 가 있고 나토 확장은 먼 미래에나 일어날 일이라고 했다.[65]

나토의 방향에 대해 클린턴이 결정을 내리는 데 실패하자 토론에서 양측은 각자의 뜻만 밀어붙였다. 레이크 국가안보보좌관은 나토 확장을 옹호하는 데 앞장섰고, 자신의 팀에게 대통령과 국방부 및 국무부 고위급 관료들에게 배포할 자세한 정책 보고서를 작성하라고 지시했다. 동시에 그는 주요 정책결정자들과 진지한 토론을 이어갔다. 그중 가장 중요한 인물은 탤벗 국무차관이었다. 확장에 회의적이었던 탤벗은 토론을 하면서 확장을 굳건히 지지하게 되었다. 그는 레이크를 도와 크리스토퍼 국무장관을 설득해 나토 확장에 찬성하도록 했으며, 리처드 홀브룩Richard Holbrooke을 국무부로 영입해 관료주의를

깨고 계획을 추진하도록 도왔다.[66]

한편 국방부 내 확장 반대 세력은 PfP를 계속 옹호했다. 샬리카슈빌리 합참의장과 그 보좌관 웨슬리 클라크Wesley Clark 장군은 베를린에서 예정된 고어 부통령의 중요한 연설에 자신들의 생각을 넣으려 고군분투했다. 고어 부통령은 전반적으로 확장을 지지했지만, 그의 연설에서는 클린턴 행정부가 이 문제에 관한 확고한 결정을 내렸는지를 내비치지 않았다.[67]

클린턴은 레이크 국가안보보좌관의 보고서를 읽고 1994년 6월 말 결국 나토 확장을 찬성하기로 결정했다.[68] 그러나 그의 노력은 즉각적으로 드러나지 않았다. 7월에 열린 레흐 바웬사 폴란드 대통령과의 기자회견에서 클린턴 대통령은, PfP를 나토 확장을 위한 첫 단계로 항상 생각해왔다고 밝혔다. 그는 "이제 우리가 해야 할 일은 나토의 파트너들을 한자리에 모으고 다음 단계가 어떻게 되어야 하는지 논의하는 것"이라고 말했다. 안제이 올레호프스키Andrzej Olechowski 폴란드 외무부 장관은 "나는 나토에 관한 우리의 대화가 과거보다 더 많이 나아가기를 바랐다. 오늘은 우리가 문 앞으로 한 발짝 혹은 반 발짝 나아간 것 같다고 느긴다"고 말했다.[69]

더 중요한 것은 클린턴 대통령이 자신의 결정을 행정부의 모든 부서, 특히 국방부에 알리지 않았다는 것이다. 국방부는 그의 정책에 반대해온 핵심이었다. 이 일은 1994년 가을에 열린 두 차례의 회의에 영향을 미쳤다. 주요 정책결정자 중 일부가 계속해서 확장에 강하게 반발한 것이다. 9월 22일에 국무부에서 열린 첫 번째 회의에서 홀브룩은 클라크 장군, 조지프 크루젤Joseph Kruzel 국방부 차관보와 의견 충돌을 빚었다. 그는 확장에 대한 저항에 맞서며 단호하게 말했다. "그것이 정책입니다." 12월 21일 나토의 확장 발표를 3주 앞두고 페리 국방장관은 백악관에서 다른 주요 정책결정자들을 만나 자신의 반대 입장을 분명히 밝혔다. 페리는 샬리카슈빌리 합참의장의 지지를 받았지만, 클린턴 대통령은 러시아가 마음에 들도록 정책을 만들면서 나토를 확장하자는 레이크의 계획을 선호한다고 말했다.[70]

냉전 이후 미국의 자유주의 패권 추구 결정

정책결정자들과 학자들은 미국이 탈냉전 시대에 세웠던 자유주의 패권 대전략을 비합리적이라고 말한다. 도널드 트럼프는 2016년 대선 후보일 때 이 논리를 자주 사용했다. 그는 주요 외교 정책 연설에서 "애석하게도 냉전 이후 우리의 외교 정책은 경로를 심하게 이탈했다"고 말했다. "우리는 새로운 시대를 위한 새로운 비전을 만드는 데 실패했다. 사실 시간이 흐르면서 우리의 외교 정책은 점점 더 엉터리가 되었다. 논리는 어리석음과 교만으로 바뀌었고, 그로 인해 계속해서 외교 정책 재앙만 낳았다." 그리고 "우리의 외교 정책은 완전하고 총체적인

재앙이다. 비전도 없고 목적도 없다. 방향도 없고 전략도 없다"고 강조했다.[71]

몇몇 저명한 학자도 좀 더 완화된 언어로 같은 점을 지적했다. 스티븐 월트Stephen Walt는 "[미국의 대전략은] 실패했다. 미국의 지도자들이 현명하지 못하고 현실적이지 않은 목표를 추구했고, 실수에서 배우려 하지 않았기 때문이다. 특히 미국의 반복되는 외교 정책 실패의 더 심오한 원인은 미국의 압도적인 지위, 잘못 판단한 대전략, 그리고 제대로 기능하지 않는 외교 정책 공동체의 조합이다"[72]라고 평가했다. 한편 앤드루 베이스비치Andrew Bacevich는 심의 과정의 부재보다는 자유주의 패권을 뒷받침하는 사상을 더 강조한다. "미국은 냉전 승리로 얻은 이점을 재빨리 낭비해버렸다. 국내외에서 벌어지는 사건들은 냉전 이후의 합의를 시험대에 올려 모순을 드러내고 그 전제가 망상이었다는 것을 폭로했다."[73] 데이비드 헨드릭슨David Hendrickson도 "안보 확립에 관한 사상들은 (…) 계속해서 큰 영향력을 행사하는 일종의 '집약된 광기'를 반영한다"[74]고 주장했다. 또 패트릭 포터Patrick Porter는 미국이 주도하는 국제 질서가 "불가능하고 반역사적이며 오만한 것"이라며, "기교만 가득한 교훈극이라는 틀에 외교 정책을 넣은 만민 구제설"[75]에 기대고 있다고 주장했다.

이렇듯 자유주의 패권 전략이 실패작이었다고 결론 내릴 이유는 많지만, 이것은 합리적인 대전략이었다. 일련의 신뢰성 있는 자유주의 이론에 근거한 정책이었고, 심의 과정을 거친

결과물이었기 때문이다.[76]

냉전 종식과 뒤이은 소련의 붕괴로 단극성 세계가 도래했다—이는 국제 시스템 구조의 커다란 변화였고 엄청난 결과를 초래했다. 이제 미국이 지구상 유일한 강대국이 되었기 때문에 강대국 정책들은 논의에서 제외되었다. 게다가 냉전 시대에 미국이 구사했던 억제 전략은 억제할 강대국이 사라졌으니 더는 유효하지 않았다. 이제 문제는 어떤 정책으로 억제 전략을 대체할 것인가였다. 냉전 종식에 핵심적 역할을 한 부시 행정부는 1992년 소련이 해체된 뒤부터 이 문제를 본격적으로 다루기 시작했지만, 1993년 1월 물러날 때까지 최종 결정을 내리지 못했다. 결국 클린턴 대통령과 그 참모들에게 단극성 세계를 위한 대전략을 세울 일이 돌아갔다. 이들은 서둘러 억제 전략 대체재로 자유주의 패권을 받아들였다.

1991년 말 부시 대통령과 고위 관료들은 국제정치를 주로 현실주의적 시각으로 바라봤다. 이런 사고는 이들이 어떻게 냉전의 종식과 소련의 해체를 다루어야 할지에 영향을 주었다. 그들은 특히 미국의 위상을 세계 유일의 초강대국으로 굳히는 한편, 러시아에 냉전을 재점화할 빌미를 주지 않기 위해 애썼다.[77]

그러나 1992년에는 미국에 새로운 대전략이 필요하다는 사실이 분명해졌다. 부시 행정부 내에서 이 문제에 관한 시각은 둘로 나뉘었다.

딕 체니Dick Cheney 국방장관과 국방부 관료들이 주도한 그룹은 경쟁국의 출현을 막아 미국의 단극 체제를 유지하는 것이 중요하다고 주장했다. 언론에 유출되어 널리 알려진 미국의 〈1992년 국방 계획 지침(DPG)〉에 따르면 "우리의 첫 번째 목표는 새로운 경쟁자의 재출현을 막는 것이다. (…) 우리는 잠재적 경쟁국이 지역이나 세계에서 더 큰 역할을 원하는 것도 억제할 수 있는 메커니즘을 유지해야만 한다."[78] 그러나 이러한 현실주의적 관점에는 자유주의적 사고도 배어 있었다. 〈DPG〉작성자들은 국제법의 중요성과 "민주적 형태의 정부 및 개방적 경제 시스템의 확산"[79]을 강조했다.

한편 로런스 이글버거Lawrence Eagleburger 국무장관이 이끈 두 번째 그룹은 미국이 우월한 지위를 이용해 자유주의 세계 질서를 확립해야 한다고 주장했다. 그는 미국이 "세계를 안심시키고 새로운 안보 체제를 구상해야 하며 경제 개방을 적극적으로 지지해야 한다. 민주적 가치의 모범이자 옹호자, 혼란스러운 탈냉전 세계에서 문제를 해결하기 위한 연합의 구축자이자 지도자여야 한다"[80]고 주장했다. 그러나 이런 두 접근 방식이 경합하는 동안에도 선거 정치가 개입했다. 미국의 대전략이 나아가야 할 방향의 결정은 클린턴 행정부로 넘어갔다.

원래 클린턴 행정부에는 대전략에 관한 세 가지 선택지가 있었다. 세계 무대에서 물러나기, 현상 유지하기, 국제 시스템 바꾸기였다.[81] 주요 정책결정자들은 미국이 국제 시스템을 자국의 구상대로 재편하는 데 선도적인 역할을 해야 한다는 것에 빠르게 만장일치로 동의했다. 이 새로운 대전략—일반적으로 자유주의 패권으로 알려져 있다―은 미국의 리더십과 국제 정치의 핵심적인 자유주의 이론―민주평화 이론, 경제적 상호 의존성 이론, 자유주의적 제도주의 이론―의 결합에 분명하게 근간을 두었다.

이 세 가지 자유주의 이론의 핵심은 클린턴 행정부의 정책결정자들이 작성한 공식 외교 정책 연설 대부분에 반영되어 있다. 1993년 가을, 이들이 처음으로 국내 문제에서 국제 문제로 관심을 돌렸을 때 클린턴 대통령의 두 수석 참모가 했던 주요 연설을 살펴보자.[82]

행정부의 대전략을 소개하는 첫 번째 주요 연설에서 레이크 국가안보보좌관은 "억지 이론의 계승자는 확장―자유로운 시장경제 민주주의 공동체의 확장―전략이어야 한다"고 말했다. 그러면서 미국이 "민주주의와 무역 확대를 위한 해외 참여"에 헌신해야 하고, "국가 운영에서 법치가 언젠가 훨씬 더 문명화하는 역할을 할 수 있도록" "다자주의 관습"[83]을 장려해야 한다고 했다.

그다음 주에 있었던 유엔 연설에서 클린턴은 "새로운 위험과 기회의 시대에 우리의 최우선 목표는 시장 기반 민주주의 국가들의 공동체를 확장하고 강화하는 것이다. (…) 이제 우리는 그러한 자유 제도하에 살아가는 국가들의 범위를 확장하려고 한다. 우리는 세상 모든 사람의 의견과 에너지가 온전히 표현되는 세상, 번영하는 민주주의 국가들이 서로 협력하고 평화롭게 사는 세상을 꿈꾼다"[84]고 말했다. 유엔 주재 미국 대사 매들린 올브라이트Madeleine Albright도 국립전쟁대학(NWC) 연설에서 같은 메시지를 전했다. 그는 "우리의 전략은 민주주의와 시장의 해외 확장"이라고 강조하면서, "미국보다 다자주의의 잠재적 이득을 잘 이해하는 국가는 없다"[85]고 밝혔다.

미국이 자유주의 패권을 추구해야 한다고 일찍이 주장한 클린턴 행정부는 대통령 임기 내내 같은 입장을 확고히 견지했다. 그래도 정책결정자들은 특정 정책 사안에 대해, 그리고 자유주의 국제 질서를 수립하는 최선의 방법에 대해 때때로 반대 뜻을 내비쳤다. 예를 들어 러시아와 나토 확장을 어떻게 다룰 것인가를 두고 다양한 관점이 존재했고, 토론도 반복했다. 그러나 미국이 "필수 불가결한 국가"이고, 민주주의를 확산하고 경제적 상호의존성을 발전시켜야 하며 세계적으로 다자주의 기구들을 강화해야 한다는 대통령과 참모들의 신념은 변하지 않았다.[86]

클린턴 행정부 지도자들 사이에 자유주의 패권에 대한 강력한 합의가 있었기 때문에, 새로운 대전략의 근본적인 요소들을 두고 모여서 토론할 필요가 없었다.[87] 클린턴, 레이크, 올브라이트는 1993년 9월 연설을 두고 의견을 조정하기 위해 큰 회의를 한 적이 없다. 이는 당시 행정부의 정책을 잘 보여준다. 이들은 자신들이 동일한 각본에 따라 움직인다는 것을 알고 있었다. 그러나 자유주의 패권을 미국 국민에게 가장 잘 납득시킬 방법에 관해서는 토론을 벌였다. 이것이 어렵지만 필요한 일이라고 보았기 때문이다. 1994년 10월 유엔 연설을 앞두고 마련된 주요 회의에서 클린턴 대통령과 외교 정책팀은 (냉전 시대에 '억제'라는 말로 미국의 대전략을 요약했듯이) 자신들 정책의 본질을 잘 드러낼 수 있는 간단한 개념을 찾기 위해 광범위한 토론을 벌였다.[88] 이들은 최선의 노력을 기울였지만 호소력 있는 단어를 찾는 데 실패했다.

*

이 장에서 살펴본 모든 국가는 정책결정자들이 신뢰성 있는 이론을 따랐고 최종 정책이 심의 과정을 통해 나왔다는 의미에서 합리적이다. 제1차 세계대전 이전 독일의 정책결정자들, 제2차 세계대전 이전 일본과 프랑스의 정책결정자들은 현실주의 논리를 기준으로 사고한 반면, 냉전 이후 미국의 정책결정자들은 자유주의 논리로 사고했다. 이렇게 다른 사고 패턴은 구조적으로 간단히 설명할 수 있다. 독일, 일본, 프랑스는 경쟁적인 다극적 세계에 있었고, 이런 세계는 현실주의 이론으로 가장 잘 설명된다. 그러나 미국은 경쟁할 만한 강대국이 없어서—1990년대에 단극적 세계에서 운영되었다—안보를 위태롭게 하지 않으면서도 자유주의적 논리로 사고할 수 있었던 것이다.

　　최종 결정에 도달하는 방식은 국가마다 다르지만 늘 심의 과정을 거쳤다는 것도 볼 수 있다. 처음부터 적절한 전략에 관한 합의가 있을 때도 동의는 아무 생각 없이 이루어지는 것이 아니라, 폭넓은 영향력을 행사하는 신뢰성 있는 이론의 정통한 적용에 근거했다. 제1차 세계대전 이전 독일의 결정, 제2차 세

계대전 이전 일본의 결정, 자유주의 패권에 관한 미국의 결정
이 이런 사례들이다.

한편 제2차 세계대전 이전 프랑스 관료들이 그랬던 것처
럼 정책결정자들이 처음에는 합의를 못 하다가 나중에 최선
의 전략에 동의한 경우, 활발하고 자유로운 토론을 통해 공통
의 이해에 도달했다. 합의가 교착 상태에 빠져서 최종 결정자
가 전략을 선택해야 했을 때는—나토 확장을 결정한 클린턴
대통령—자신의 관점을 마구잡이로 강요하지 않고, 참모들의
토론을 격려하고 이들의 다양한 관점을 고려한 뒤에야 결정을
내렸다.

그러나 대전략에 관한 결정은 상대적으로 느긋하게 이루
어질 수 있다. 반면에 위기 상황에서는 시간이 모자라고 압박
감이 커서 정책결정자들이 상황을 주의 깊고 냉철하게 평가하
거나 활발하고 자유로운 토론을 벌이기가 어렵다. 일각에서는
국가가 대전략을 만들 때는 합리적이지만 위기 상황에서는 합
리성을 포기할 수 있다고 주장하기도 했는데, 이 또한 사실이
아닌 것으로 드러났다.

합리성과
위기관리

국제정치에서
위기 대응 결정의
5가지 사례
+ 전쟁 악화 결정의
2가지 사례

이 장에서는 흔히 국가의 비합리적 행동의 사례로 규명된 대표적인 위기 대응 결정 5건을 살펴본다. 1914년 제1차 세계대전을 개시하기로 한 독일의 결정, 1941년 미국 진주만을 공격하기로 한 일본의 결정, 1941년 소련을 침공하기로 한 히틀러의 결정, 1962년 쿠바 미사일 위기를 해결하기로 한 미국의 결정, 1968년 체코슬로바키아를 침공하기로 한 소련의 결정이다. 각 사례에서 우리는 해당 국가가 합리적 행위자였다고 생각한다. 각국의 정책이 신뢰성 있는 이론에 근거했고, 심의 과정을 거친 결과물이었기 때문이다.

그리고 마지막에는 역시 비합리성의 대표적 사례로 언급되어온 전쟁 악화 결정 2건을 추가로 살펴보고자 한다. 미국이 한국전쟁 당시 38선을 넘어가기로 한 결정과, 베트남 전쟁에서 개입을 크게 늘리기로 한 결정이다.

1914년 독일의
제1차 세계대전 개시 결정

많은 학자가 제1차 세계대전 이전 독일의 결정을 전형적인 비합리성의 사례로 꼽는다. 리처드 네드 르보에 따르면, 전쟁을 촉발한 7월 위기 당시 독일의 행동은 "인지 장애, 오판, 전쟁 간의 인과관계를 특히 잘 보여주는 사례"였다. 독일 지도자들은 잘못된 유추를 근거로 1914년 7월 위기가 1909년 보스니아 위기(당시 독일과 오스트리아-헝가리는 러시아와 세르비아에게, 오스트리아-헝가리의 보스니아헤르체고비나 병합을 묵인할 것을 강요했다)의 반복이 되리라 믿었다.[1] 그런데 르보와 재니스 그로스 스타인은 당시 독일의 정책결정자들이 감정에 지배되었기 때문이라는 주장을 펼친다. 베트만 총리와 그 참모들이 슐리펜 계획과 같은 위험한 군사 정책에 몰두하면서 "그로 인한 스트레스"가 "불안과 공포"를 낳아 "재앙이 임박했다는 지속적인 경고"를 보지 못했다는 것이다.[2]

한편 방어적 현실주의자인 잭 스나이더와 스티븐 밴 에버라는 군사 전략에서 독일의 비합리성에 관해 다른 주장을 펼친다. 방어가 공격보다 월등히 유리하다는 것이 명백했는데도, 독일 지도자들은 공격이 방어보다 나으며 슐리펜 계획을 통해 빠르고 결정적인 승리를 거두리라 믿었다는 것이다. 이 "지나치게 야심 찬 공격 전략"은 "잘못된 생각"과 "방어자의 이점을 가리는 정치적 및 군사적 신화"에 바탕을 두었다.[3] 당시 유럽 국가 대부분이 이런 "공격 숭배"에 "홀렸지만", "[가장 크게] 신화에 지배당한 유럽 강대국" 독일에서 가장 심했다.[4]

독일의 정책결정자들이 위기 당시 심의에 실패했다는 평가도 있다. 심의의 가장 큰 방해물은 독일 군부였다. 군부는 슐리펜 계획의 세부 사항을 민간 지도자들에게 알리지 않았고, 결국 이들을 전쟁에 끌어들였다. 스나이더에 따르면 전쟁이 일어난 주요 원인은 "민간 당국이 군사 전략에 대해 기껏해야 부분적인 통제권과 지식만 가지고 있었기 때문이다."[5] 르보는 더 나아간다. 민간 정책결정자들이 "전쟁에 내몰렸다"[6]는 것이다. 7월 위기 당시 독일 황제 빌헬름 2세의 역할을 분석한 역사학자 존 롤John Röhl은, 심의 과정의 부재에는 정책 결정 과정에서 군부의 지배 이상의 것이 작용했다고 주장한다. 1914년 무렵 빌헬름 2세는 "'다두제의 무질서'에 버금간다고 해도 과언이 아닌 비정상적 정부를 이끌었다"는 것이다.[7]

그러나 이런 주장들은 면밀히 검토해보면 성립하지 않는다는 것을 알 수 있다. 독일의 1914년 전쟁 결정과 그 수행 전략은 처음부터 신뢰성 있는 이론에 근거했다. 또한 민간과 군사 정책결정자들은 심의 과정을 거쳐 주요 사안에 대부분 합의했다. 말하자면 7월 위기 당시 독일은 합리적 행위자였다.[8]

앞에서도 보았듯이 7월 위기가 터졌을 때 독일은 위협 환경이 악화되는 상황에 놓였다. 1913년 세력 균형을 독일 제국에 유리하게 만들기 위해 독일이 전쟁법을 고안하자, 삼국협상 당사국—영국·프랑스·러시아—은 서로 관계를 더욱 밀착하고 전력을 강화하여 독일의 입지를 더 약하게 만들었다. 러시아는 많은 인구와 산업화하는 경제를 볼 때 특히 독일의 걱정 거리였다. 동시에 오스트리아-헝가리는 계속 세력을 잃어갔기 때문에, 독일의 정책결정자들은 자국의 주요 우방국이 강대국 지위를 잃을 것을 우려했다. 이러한 전략적 궁지에서 빠져나오기 위해 독일은 삼국협상을 상대로 전쟁을 개시했다. 자국이 승리해서 유럽 내 패권국이 되고 러시아의 위협을 일거에 제거할 수 있으리라 믿었기 때문이다.

독일이 1914년 7월 강대국 전쟁을 일으키겠다고 한 결정은 신뢰성 있는 현실주의 이론에 근거했다. 주요 독일 지도자들은 아직 가능성이 있을 때 유럽의 패권을 차지할 목적으로 예방 전쟁의 논리를 받아들였다. 내부 반발이 약간 있었지만, 롤이 지적한 것처럼 "정책결정자들의 의견 차이는 매우 작았다고 (…) 강조하는 것이 중요하다. 이들은 하나같이 (…) 놓치기에는 아까운 황금 같은 기회를 얻을 수 있으리라 믿었다."[9]

위기가 시작되기 직전 빌헬름 2세는 이렇게 선포했다. "러시아와 프랑스가 우리를 상대로 임박한 전쟁 준비에 서두르고 있고, 우리는 그에 상응하는 조처를 취해야 한다는 것을 아직도 믿지 않는 사람이 있다면 곧바로 정신병원에 보내야 한다."[10] 베트만 총리도 러시아의 위협이 "점점 무서워지는 악몽처럼 우리에게 다가오고 있다"고 우려했고, 독일이 늦지 않게 전쟁을 시작하는 것이 온당하다는 결론을 내렸다. 전쟁이 끝나고 그는 이렇게 말했다. "폐하, 그렇습니다. 어떻게 보면 이것은 (…) 공격 위협은 지속되고, 전쟁을 피할 가능성은 지속적으로 감소하고 있으며, 지금은 지지 않는 전쟁이 가능하지만 2년 뒤에는 불가능하다는 군부의 주장[으로 발생한] (…) 예방 전쟁이었습니다."[11]

고틀리프 폰 야고Gottlieb von Jagow 독일 외무장관도 관점이 비슷했다. 그는 7월 위기 직전에 이렇게 말했다. "러시아는 몇 년 후면 싸울 준비를 마칠 것이다. 그렇게 되면 병력으로 우리를 뭉개고 발트 함대와 전략 철도를 구축할 것이다. 반면 우리는 계속해서 약해질 것이다. (…) 나는 예방 전쟁을 원하지 않지만, 전쟁이 저절로 발발한다면 우리는 전쟁을 회피해서는 안 된다."[12] 그러면서 그는 헬무트 폰 몰트케 참모총장의 말을 인용해 "우리가 제대로 싸울 수 있을 때 적을 물리치려면 예방 전쟁 외에는 대안이 없다"고 보고했다. 그러므로 "우리의 정책은 조기에 전쟁을 일으키는 데 맞춰져야 한다."[13] 위기의 결말이 다가오자 몰트케는 더 단호하게 말했다. "프랑스와 러시아의 군대 확장이 아직 완성되지 않은 지금이 아니면, 이들을 제대로 칠 기회는 다시 오지 않을 것이다."[14]

독일의 정책결정자들은 예방 전쟁을 시작할 경우 승리할 수 있다는 신뢰성 있는 이론을 만들어냈다. 그 이론의 핵심은 독일이 두 개의 전면전을 치러야 하리라는 인식이었다. 서쪽으로는 프랑스와, 어쩌면 영국까지 포함해서 전쟁을 벌여야 하고, 동쪽으로는 러시아를 상대해야 한다. 독일 전략가들은 이런 전쟁에서 승리할 최고의 기회는, 한 전쟁에서 빠르고 결정적인 승리를 거두고 그동안 다른 전쟁은 방어하다가 나중에 공격에 나서는 것이라고 오랫동안 믿어왔다. 이미 1905년에 이들은 러시아의 광활한 영토 때문에 동쪽에서는 빠르고 결정적인 승리를 얻기 어려우리라는 결론을 내려두었다. 게다가 프랑스는 독일이 동부 전선에 전력을 쏟아붓는 사이에 재빨리 공격군을 동원해 독일의 후방을 칠 수 있었다. 따라서 논리에 따르면 프랑스가 첫 타깃이 되고, 러시아와는 방어적인 전쟁을 해야 했다.[15]

결국 슐리펜 계획의 개요는 다음과 같다. 독일군은 프랑스에 결정타를 날리고 동쪽으로 방향을 돌려, 천천히 동원 중인 러시아군을 무찔러야 한다. 몰트케와 그 참모들은 1905년에서 1914년까지 이 계획의 세부 사항을 논했고, 그동안 서부 전선의 승리 가능성을 높이기 위해 계획의 중요 사항들을 변경했다.[16]

독일 정책결정자들은 슐리펜 계획이 성공하리라 확신했다. 빌헬름 2세의 1914년 8월 군대 출정식 연설에 이런 관점이 드러난다. "여러분은 낙엽이 떨어지기 전에 집으로 돌아올 것입니다." 군부도 비슷하게 생각했다. 아르투어 폰 뢰벨Arthur von Loebell 장군은 "우리는 2주 안에 프랑스를 무찌르고 뒤로 돌아 러시아를 무찌를 것이다. 그다음 발칸반도로 행군하여 그곳에서 질서를 수립할 것이다"라고 말했다. 독일 주재 영국 군사 담당관은 이러한 "지대한 확신"이 독일 군대에 팽배하다고 적었다. 당시 한 독일 관측통은 "[참모진은] 매우 자신에 차서 프랑스와의 전쟁을 내다보고 있다. 그들은 4주 안에 프랑스를 격파하리라고 기대한다"[17]고 알렸다.

그러나 베를린에 있던 지도자들은 성공이 전혀 보장되지 않는다는 것을 잘 알고 있었다. 이들은 현대 무기의 치명률 증가는 곧 공격보다 방어가 더 쉽다(공격 부대는 엄청난 저항을 받을 것이기에)는 의미임을 이해했다. 전투를 벌이면 공격군에든 방어군에든 많은 사상자가 발생할 것이다. "환상을 가진 사람은 아무도 없었다"고, 군사 역사학자 마이클 하워드Michael Howard는 말한다. "정면 공격은 아주 어려웠고, 성공은 매우 많은 사상자를 각오해야 가능했다."[18] 그러나 독일 전략가들은 지금은 성공 확률이 그래도 높지만 세력 균형이 독일에 불리해지면 낮아질 수밖에 없다고 믿었다. 이들은 몇 년 뒤면 "러시아의 타격력이 슐리펜 계획의 계산을 무효화할 정도로 커질 것"[19]이라고 생각했다.

독일의 결정 과정은 신뢰성 있는 이론에 기댔을 뿐 아니라 심의 과정도 거쳤다. 7월 위기 당시 지속적으로 연락을 취하면서 긴밀한 관계를 유지한 "소수의" 개인들로 이루어진 집단이 정책을 만들었다. 이들은 전개 상황을 신중하게 논의했다.[20] 빌헬름 2세, 베트만, 야고, 몰트케가 중심인물이었지만, 아르투어 치머만Arthur Zimmermann 외무부 차관, 게오르크 폰 발더제Georg von Waldersee 장군, 에리히 폰 팔켄하인Erich von Falkenhayn 프로이센 전쟁장관, 알프레트 폰 티르피츠 제국해군청 장관의 의견도 들었다.

이들은 광범위한 토론을 거쳐 독일의 목표와 목표 달성을 위한 최선의 방법에 합의를 이루었다. 역사학자 아니카 몸바위Annika Mombauer는 이렇게 말한다. "베르히톨트의 유명한 질문 '베를린에서 통치하는 자는 누구인가? 몰트케인가, 베트만인가?'는 이러한 유사성을 놓고 보면 가장 좋은 대답이 된다. 나중에는 누가 책임자인지가 중요하지 않았기 때문이다. 그 중요한 몇 달 동안 군사와 정치 영역의 최고 결정자였던 두 사람은 1914년 7월뿐 아니라 전쟁 발발을 전후한 몇 달 동안 똑같은 목적을 공유했고, 똑같은 욕망에 불타올랐다. 전쟁이 끝난 뒤 군사 지도자들과 민간 지도자들이 서로를 비난하려 했던 것이 마치 의견 차가 있었던 것처럼 보이게 만들어 이 문제를 흐려버렸을 뿐이다. 사실은 모두가 매우 흡사했는데 말이다."[21]

독일의 결정 과정에 심의가 부재했다는 주장은 틀렸다. 마크 트랙턴버그Marc Trachtenberg는 이런 주장들을 하나하나 열거하면서 이렇게 묻는다. 독일 정책결정자들이 과연 군사적 계획에 관하여 "모르고 있었던" 것인지, "제어할 수 없는 힘에 압도되어 (…) 군사 계획의 (…) 준엄함과 선제공격이 가져다주는 이익 때문에 전쟁에 뛰어든" 것인지, "장군들과 군대가 만들어낸 시스템에 의해 전쟁으로 내몰린" 것인지 말이다. 그의 답은 "이 모든 경우에 본질적으로 그렇지 않다"이다. 민간과 군사 지도자들은 상황의 정치적·전략적 역학을 이해하고 있었고, 민간 지도자들은 7월 위기 내내 정책 과정을 굳건히 제어하고 있었다.[22]

1941년 일본의
미국 진주만 공격 결정

일본의 미국 진주만 공격 결정 역시 비합리적 사고와 심의 과정의 부재가 낳은 결과물로 언급될 때가 많다. 르보와 스타인은 일본의 정책결정자들이 "희망적 사고"에 빠졌다고 주장한다. "적이 (…) 주도권을 되찾으려고 싸우기보다는 패배를 (…) 받아들일 것이라고 착각했기 때문에"[23] 전쟁에 뛰어들었다는 것이다. 스나이더도 일본의 정책결정자들이 비합리적이었고, 이들이 "벼랑에서 퇴각하는 데 실패한 것은 몇 년 동안 전략적 신화 만들기로 일본인들의 인식이 너무 왜곡되어서, 대안에 관한 명석한 판단이 불가능해졌기 때문"[24]이라고 결론 내렸다. 찰스 컵챈은 "일본의 안보를 대동아공영권 수립과 동일시했던 이미지가 엘리트 계층의 사고방식과 가치를 물들여서, 이런 안보 개념을 실현하려는 노력이 본토를 파멸시킬 수도 있음을 보여주는 논리를 압도했다"고 주장한다. 미국을 공격할 무렵 일본은 "자원을 구하기만 한 것이 아니고 영적 사명을 실현 중이었다." 일본의 정책결정자들은 "제국의 열망을 실현하는 데 인지적, 감정적으로 헌신했다."[25] 한편 제프리 레코드Jeffrey Record는 전쟁을 하겠다는 일본의 선택은 "일본인들의 인종주의와 운명론, 제국의 오만함, 문화적 무지에 기인한 바 크다"고 주장한다. 일본의 정책결정자들은 "제국의 야망이 군대의 능력을 훨씬 능가했고 (…) 건전한 전략적 사고에 놀랍도록 무능하다는 것을 보여주었다. [그리고] 단기적인 작전 기회에 사로잡히면서 동시에 장기적으로 나타날 끔찍한 전략적 결과에는 눈을 감았다."[26]

데일 코플랜드Dale Copeland는 일본이 왜 미국을 공격하기로 했는지에 관한 이런 통념들을 종합했다. "이 문제를 파헤쳤던 국제관계학자들 대부분에게 답은 간단하다. 1941년 일본의 지도자들과 관료들은 더는 합리적인 방식으로 일하지 않았다. 이들은 비합리적인 믿음으로 가득 차 있었다. 여기에는 제국에 관한 구상을 유지하려면 미국과 싸우는 수밖에 없다는 논리도 포함되었다."[27]

심의 부재와 관련해서는, 로버트 저비스는 일본의 정책 결정 과정이 조잡했다고 강조했다. 그는 로버트 스칼라피노Robert Scalapino를 인용해 자신의 주장을 뒷받침한다. "일본의 유사시 계획은, 전쟁이 짧고 결정적이며 일본에 최적화된 조건으로 벌어질 가능성에 대해 신중하게 검토하지 않고, 점점 더 이상하게 비합리적이고 절박해졌다. 그 계획의 핵심 사안인 '우리가 이길 수 있을까?'는 옆으로 밀려났다."[28] 스나이더는 일본의 정책 결정 과정에 심의가 빠졌다고 결론 내리며 "지도자들이 정보를 체계적으로 위조하거나 숨김으로써, 다양한 대안의 비용 및 위험에 대해 서로 혼동을 주었기 때문에 이런 근시안이 발생했을 수 있다"[29]고 말한다. 밴 에버라는 일본 정부가 "미국을 상대로 하는 전쟁에서 이길 확률을 한 번도 진지하게 연구하지 않았다"고 평가한다. "자국의 힘에 관한 전반적인 평가를 하지 않았고, 전쟁 수행을 위한 기본 설계도 하지 않았다. 진주만을 공격하면 미국이 일본을 무찌르려는 의지가 얼마나 커질지 분석하는 데도 실패했다. 일본 해군도 동남아시아로 진군하자고 제안했으면서도 그 영향에 대해서는 진지하게 논의한 적이 없다. (⋯) 일본 군대는 미국의 군사력을 가늠하기 위해 이렇다 할 노력을 기울인 적이 없고, 평가가 이루어져도 숨기기에 바빴다."[30]

그러나 이런 주장들은 틀렸다. 일본이 1941년 미국을 공격하기로 한 결정과 그에 따른 전쟁 수행 전략은 모두 신뢰성 있는 이론에 바탕을 두었다. 또한 민간과 군대의 지도자들은 처음부터 심의 과정에 참여하면서 상당한 합의에 이르렀다. 말하자면 일본은 진주만 공격 준비 기간에 합리적이었다.[31]

1941년 7월 초 일본은 악화 일로의 암울한 전략적 상황에 놓여 있었다. 중국에서는 수렁에 빠져 있었을 뿐 아니라, 미국에도 목을 졸리는 상황이었다. 미국이 1940년 7월 2일 제정한 수출관리법으로 인해, 일본의 민간 및 군사 경제에 필수적인 철과 고철 같은 원자재를 비롯해 수많은 상품의 대일본 수출이 막혔다. 1941년 7월 25일에는 미국 내 일본인들의 자산을 모두 동결하고, 일본에 실질적인 석유 금수 조치를 단행했다. 이는 일본 경제를 파괴할 결정이었다. 일본은 외교적 해결책—8월 17일~9월 4일, 그리고 11월 17~26일에 진행된 미국과의 회담—을 찾아 나섰고, 미국이 금수 조치를 해제하면 많은 것을 양보하겠다고 제안했다. 그러나 미국은 두 협상 모두 일축했다. 이런 암울한 상황을 맞이하자 일본 지도자들은 어쩔 수 없이 미국을 공격하기로 결정했다. 승리할 확률이 미미하다는 것을 알았지만, 경제 마비나 강대국 지위를 상실하는 것보다는 위험한 전쟁이 낫다고 판단한 것이다.

이 결정은 신뢰성 있는 현실주의 이론에 바탕을 두었다. 일본 지도자들은 생존 확률을 최대한 높이기 위해, 세력 균형 속에서 일본의 입지를 유지하는 데 열중했다. 9월 3일 열린 고위급 회담에서 해군대신 나가노 오사미는 이렇게 설명했다. "제국은 여러 면에서 물자를 잃고 있다. 즉 우리가 힘을 잃고 있다는 것이다. 반면 적은 점점 더 강해지고 있다. 시간이 지나면서 우리는 크게 약해질 것이고 생존할 수 없을 것이다. 게다가 우리는 외교를 수행하면서 견딜 수 있는 것은 견딜 것이다. 그러나 적절한 기회가 오면 반드시 몇 가지 추정을 해야 한다. 최종적으로 외교에 희망이 없고 전쟁을 피할 수 없을 때 우리가 빠르게 마음을 정하는 것이 중요하다."

사흘 뒤 고노에 후미마로近衞文麿 총리도 거의 동일한 주장을 했다. "이런 상황이 지속되게 내버려둔다면 우리 제국은 국력을 유지할 능력을 점점 상실할 것이고, 우리의 국력이 미국보다 뒤처질 것이 자명하다." 이 문제를 해결하기 위해 일본은 "가능한 모든 외교적 수단을 동원해서 전쟁의 재앙을 막으려 노력"해야 했다. "외교적 조치가 일정 기간 안에 좋은 결과를 낳지 못하면 우리가 어쩔 수 없이 자기방어를 위해 최후의 단계를 밟아야 한다고 나는 생각한다."[32]

이런 주장들은 상황이 나빠질수록 힘을 얻었다. 11월 5일 히로히토 천황과 만난 중요한 자리에서, 막 총리가 된 도조 히데키東條英機는 "어려움이 따르더라도 미국이 하고 싶은 대로 하도록 내버려둘" 수 없다고 말했다. "2년 뒤면 우리에게는 군용 석유가 한 방울도 남지 않을 것이다. 선박들도 운항을 멈출 것이다. 남서태평양 지역에서 이루어지는 미국의 방어력 강화, 미국 함대 확대, 아직 끝나지 않은 중국 사변을 생각하면 어려움에 끝이 보이지 않는다. 우리가 내핍과 고생을 논의해볼 수도 있을 것이다. 하지만 우리 국민이 오랫동안 그런 삶을 견딜 수 있을까? (…) 나는 우리가 아무것도 안 하고 있다가 2~3년 안에 삼류 국가가 될까 봐 걱정이다." 이 회동에서 천황을 대변한 하라 요시미치原嘉道도 "국내 정치 상황과 자위의 시각에서 볼 때 미국의 요구를 모두 들어주는 것은 불가능하다. 우리 입장을 고수해야 한다. (…) 이 상황이 계속되도록 놔둘 수는 없다. 전쟁을 치를 이 기회를 놓치면 미국의 지시에 복종해야 할 것이다"[33]라고 말했다.

전쟁에 관한 결정을 내린 일본 지도자들은 자신들이 이해한 바를, 매우 위험하지만 신뢰성 있는 승리 이론으로 발전시켰다. 일본이 강대국 미국을 상대로 장기전을 치를 경우 이길 것이라고 믿는 사람은 아무도 없었다. 전쟁 계획을 맡은 나가노 오사미는 일본의 미래에 비관적이었다. "아마 긴 전쟁이 될 것 같다." 그는 9월에 이렇게 말하면서 십중팔구 "긴 전쟁을 치르는 것은 불가능할 것"이라고 덧붙였다. 그에 따르면

"일본이 해전에서 결정적인 승리를 거두어도 전쟁을 끝낼 수는 없을 것이다. 미국이 난공불락의 위상, 월등한 산업력, 풍부한 자원을 이용해 전쟁을 끌려고 할 것이라는 사실은 예상할 수 있다." 그의 생각에 많은 이가 공감했다. 11월 1일의 중요한 회의에서 논의된 사항을 정리한 공식 문서에는 이렇게 적혀 있다. "우리가 전쟁을 벌인다면 미래는 밝지 않다. 평화적으로 해결할 방법은 혹시 없는지 우리 모두 궁금하다. '걱정하지 마라. 전쟁이 길어져도 내가 책임질 것이다'라고 말하는 사람은 아무도 없다. 그러나 현상 유지도 불가능하다." 따라서 외교가 실패할 것이라면 "우리가 전쟁을 벌여야 한다는 결론은 불가피하다."[34]

그러나 일본의 정책결정자들은 전쟁 초기에 미군을 연속적으로 대패시키고 태평양에 견고한 방어선을 구축한다면 미국이 싸울 의지를 잃고—특히 유럽 내 전쟁에 동시에 휘말린다면—평화 협정에 동의할 수 있다고 생각했다. 그렇게 되면 일본은 동아시아 최대 강대국의 지위를 유지할 수 있다. 9월 초 나가노는 그런 생각을 설명했다. 일본은 "적의 중요한 군사 지역들과 물자 공급원들을 전쟁 초기에 빠르게 점령"해야 한다. 그래야 "우리의 작전 위치를 유지하는 동시에 현재 적의 영향권에 있는 지역에서 필수 물자를 확보할 수 있다." 나가노는 "전쟁 첫 단계가 성공적으로 수행되면 우리 제국은 남서태평양의 전략 지역들을 확보할 것이다. [그리고] 난공불락의 입지를 구축할 수 있을 것이다"라고 생각했다. 그 시점에 이르면 결과는 "전체 국력―유무형의 다양한 요소들을 포함한다―과 국제 상황의 전개에 크게 좌우될"³⁵ 것이었다.

일본 정책결정자들은 신뢰성 있는 이론에 근거한 전략을 선택했을 뿐만 아니라 위기 초기부터 전쟁 초기까지 심의 과정을 거쳤다. 이들은 자주 만나 자신들이 빠진 곤경과 관련된 모든 문제와 이를 어떻게 다룰지 논의했고, 빠른 시간에 전반적인 합의에 도달했다. 7월 1일에서 12월 1일까지 서른여덟 차례 연락 회의를 열었는데, 여기에는 총리대신, 외무대신, 전쟁대신, 해군대신, 육군과 해군의 참모총장과 참모차장이 참석했다. 재무대신과 기획원 총재도 가끔 참석했다. 더욱이 주요 정책결정자들은 7월 2일, 9월 6일, 11월 5일, 12월 1일 천황이 참석한 네 차례의 어전 회의를 통해 전쟁에 관한 최종 결정을 내렸다.

이들 회의에서는 일본이 마주한 상황과 대처 방법에 관한 놀라운 합의가 이루어졌다. 일본 지도자들은 미국이 일본을 옥죄고 있으며, 일본이 머지않아 강대국 반열에서 떨어져 나갈 위험에 처해 있다는 데 공감했다. 정치학자 노부타카 이케 Nobutaka Ike는 당시의 연락 회의 및 어전 회의 내용을 검토한 뒤 "정책결정자들이 똑같은 기본 가치를 공유했다"는 결론을 내렸다. "그들은 모두 미국의 위상을 일본의 핵심적 이해관계에 대한 위협으로 보았다. 이들이 뜻을 모으지 못한 것은 방법과 시간뿐이었다." 또 미국이 선의의 협상을 거부하자, 일본에는 위험한 전쟁을 시작하는 것 외에 다른 선택지가 없다는 데 모두 동의했다. "1941년 가을 일본 지도자들은 옳든 그르든 미국과 그 동맹국들 때문에 코너로 몰렸다고 믿었다. 게다가 이들에게는 시간도 부족했다. 이런 회의 기록들이 보여주듯이 현상 유지는 이들에게 있을 수 없는 일이었다. 위기의식의 결과는 아마 피할 수 없었을 것이다―일본인들에게 전쟁 외에 다른 길은 보이지 않았다."[36]

　이런 합의가 있기는 했어도 일본 정책결정자들은 협상 지속과 전쟁의 장단점, 그리고 미국을 상대로 어떻게 전쟁을 벌일지 등을 비롯한 중요 사안을 모두 펼쳐놓고 활발하고 자유로운 토론을 벌였다. 코플랜드에 따르면 "[회의 당시] 토론은 개방적이고 광범위했다. 특정 개인이나 그룹이 아니라 일본이라는 국가에 무엇이 최선일지가 핵심이었다."[37] 스콧 세이건Scott Sagan은 "1941년 도쿄에서 내려진 결정을 더 자세히 검토한다면, 국가의 자멸로 무모하게 뛰어든 것이 아니라 두 가지 나쁜 대안을 두고 오랜 시간 고통스러운 토론을 벌였다는 사실을 알게 될 것"[38]이라고 말했다. 브루스 러싯Bruce Russett도 "전쟁 개시 결정은 그 성격이 무엇이든 간에 오랜 기간에 걸쳐 이루어지고 보강되었다. 이것은 누군가의 '비합리적' 충동의 결과물이 아니었다"[39]고 결론 내렸다.

1941년 독일의
소련 침공 결정

나치 독일이 1941년 6월 22일 바르바로사 작전을 감행하기로 한 결정 역시 비합리성의 대표적 사례로 꼽힌다. 나치 독일의 정책 결정 과정은 히틀러가 자신과 뜻이 다른—소련을 공격할지, 전쟁을 어떻게 수행할지에 관하여—장군들을 윽박지르고 혼자 모든 결정을 내리는 무질서한 과정으로 묘사된다. 군사 역사학자 롤프-디터 뮐러Rolf-Dieter Müller가 말한 것처럼 "히틀러가 소련 침공의 유일한 책임자였다는 이론은 (…) 역사라는 건축물의 중요한 기둥이 되었다."**40**

심의의 부재는 대개 신뢰성 없는 사고와 짝을 이룬다고들 한다. 히틀러는 비합리적 행위자로 묘사되는 것이 보통이다. 이는 전후 초기로 거슬러 올라가는 주장인데, 당시 독일 장군들은 전쟁과 패전에 대한 책임을 벗으려고 애썼다. 이들은 "전략적으로 무능하고 현실과 담을 쌓은 총통의 서사"를 제공했다. 히틀러가 "군사적으로 닥칠 법한 한계를 반복적으로 무시한 끝에 독일의 재앙을 초래했다"는 것이다.**41**

히틀러가 합리적 행위자가 아니었고 독일을 끔찍한 전쟁으로 끌어들였다는 주장은 정치학자들 사이에 널리 퍼져 있다. 노린 립스먼, 제프리 탈리아페로, 스티븐 로벨에 따르면, 히틀러는 "과대망상적 성향을 가졌고", 그래서 "외교 정책 결정 과정을 좌지우지하고, 정치 및 군사 전문가들을 제압하고, [자신의 관점과] 상반되는 의견과 정보를 부정했다.”고로 히틀러는 “비합리적 결정을 내리게” 되었다.[42] 알렉스 슐먼Alex Schulman은 바르바로사 작전 계획을 분석하면서, 히틀러가 “누가 봐도 비합리적인 세계관을 실현하려고 국가와 자신을 완전한 파괴로 몰아갔다”[43]고 주장했다. 또 대니얼 바이먼Daniel Byman과 케네스 폴락Kenneth Pollack은 “히틀러의 독특한 병적 측면들은 유럽의 제2차 세계대전과 독일의 패전을 촉발한 단일 요소로는 가장 중요하다”[44]고 결론지었다.

역사학자들도 비슷한 주장을 한다. 클라우스 힐데브란트 Klaus Hildebrand는 “늦어도 1941년”, 그러니까 바르바로사 작전 훨씬 전에 “비합리적 조치들이 (…) 시스템 내에서 합리적이고 계산된 권력 정치의 방법들을 압도하게 되었다. 최종 분석에서 비합리적 요소들은 (…) 그 자체만이 아니라 시스템의 몰락을 가져왔다”[45]고 주장한다. 미하엘 가이어Michael Geyer는 “제3제국 내내 독일의 전략은 합리적으로 수립된 대목표들로 결정되지 않았다. 일련의 도박으로 만들어졌다”고 평가한다. 따라서 “전략은 특정 목표에 도달하기 위한 합리적 수단이 더는 아니었고, 이 과정에서 무력 사용에 관한 합리적 개념이 전략을 이끈 것도 아니었다.” 소련 침공은 “군사적 환상으로의 탑승”[46]이었다. 앨런 불럭Alan Bullock은 히틀러의 “대단한 권력이 추하고 공격적인 자기중심주의, 도덕적이고 지적인 백치증과 결합했다”고 평가한다. “히틀러의 정신을 지배한 열정은 증오, 원한, 지배욕, 지배할 수 없는 것에 대한 파괴 욕구 등 비천한 것이었다."[47]

그러나 이런 관점 역시 오류다. 나치의 소련 정복 결정과 그 계획은 널리 용인되는 신뢰성 있는 이론들에 바탕을 두었다. 게다가 독일의 정책 결정에는 처음부터 끝까지 심의 과정이 있었고, 목표든 전략이든 히틀러와 장군들 간에 의견 충돌은 없었다. 말하자면 독일이 바르바로사 작전을 개시한 것은 합리적인 결정이었다.[48]

1940년 7월 중순 나치 독일의 전략적 입지는 불안정했다. 독일군이 프랑스에 대승을 거둔 직후였지만, 영국을 전쟁에서 무너뜨릴 확실한 방법이 없었다. 그와 동시에 독일의 정책결정자들은 더욱 강력하고 위협적으로 성장한 소련이 독일을 공격할까 봐 두려워했다. 게다가 미국과의 전쟁 위험도 도사리고 있었다. 이 위기를 돌파하기 위해 독일은 1941년 여름 소련을 침공했다. 소련을 상대로 신속하고 결정적인 승리를 거둘 수 있을 뿐만 아니라 그로 인해 영국이 항복하면 미국과 전쟁을 벌여도 독일이 훨씬 유리해진다고 믿었기 때문이다.

독일의 소련 침공 결정은 현실주의 이론에 근거했다. 나치 지도자들은 1933년 집권한 순간부터 유럽의 패권을 차지하고 독일의 생존을 보장하는 데 열중했다. 그러려면 제3제국이 대륙에서 가장 위험한 경쟁국인 소련을 정복해야 했다. 이 과제가 시급했던 것은 소련의 붉은 군대가 독일군보다 아직 약한 동안에는 그 성공 가능성이 대단히 높았기 때문이다. 그래서 독일은 적어도 세력 균형을 유지하고, 이왕이면 그 균형을 역전시키고 싶은 욕망에 사로잡혔다. 본질적으로 예방 전쟁과 패권 전쟁의 논리가 1940년 여름 독일의 위협 환경에 대처할 방법을 둘러싸고 위기가 닥쳤을 때 한동안 작동했었다.

독일의 지도자들이 현실주의 이론에 기댔다는 것은 명백하다. 1940년 12월 위기가 최고조에 이르렀을 때 히틀러는 장군들에게 "러시아와의 전쟁이 유럽의 패권을 결정할 것"[49]이라고 말했다. 이듬해 1월 그는 전쟁을 일으키는 이유를 설명했다. 독일이 소련을 무찌르면 "그 어떤 국가도 독일을 무찌를 수 없게 된다"[50]는 것이었다. 히틀러의 장군들도 독일을 유럽 최강국으로 만드는 데 헌신하고 있었다. 히틀러가 동부 진격 결정을 발표하기도 전인 1940년 7월 2일, 발터 폰 브라우히치 Walther von Brauchitsch 육군 최고사령관은 육군 참모총장 프란츠 할더Franz Halder 중장에게 "소련이 유럽 내 독일의 지배적 역할을 인정하게 하려면 소련을 어떻게 공격해야 할지"[51] 결정하라고 지시했다. 할더는 참모총장들에게 제3제국이 추구하는 패권은 "러시아와의 전쟁"[52]을 통해서만 얻을 수 있다고 말했다. 이들 장군들이 핵심 역할을 한 바르바로사 작전 계획 과정에서, 소련을 세력 균형에서 밀어내고 독일을 유럽의 패권 국가로 만들겠다는 목표는 분명했다.

독일의 사고방식 가운데 예방 전쟁 논리의 요점도 뚜렷하다. 소련의 "급속히 증강하는" 군사력을 언급한 1936년 문건에서 히틀러는 독일이 소련 공격을 더 지체할 수 없다고 주장했다. "그러지 않으면 시간을 낭비할 것이고 위험한 시기가 갑자기 찾아올 것"[53]이기 때문이다. 1940년 8월 상황이 더 위급해지자 히틀러는 베른하르트 폰 로스베르크Bernhard von Lossberg 중령에게 "소련은 매일 강해지고 있다"고 말했다. 그러나 그는 "아주 빠르고 강하게 소련을 친다면 군사적으로나 정치적으로 6주 안에 소련이 무너지리라 생각했다."[54] 할더의 전임자 루트비히 베크Ludwig Beck 장군도 소련이 "심각한, 또는 어떤 상황에서는 치명적인 위험"이 될 수 있다고 경고했다. 독일 군대의 역사를 연구하는 한 학자가 지적한 것처럼, 소련이 "유럽 내 제3제국의 패권을 위협했다"는 베크의 견해는 독일 군사 지도부에 널리 퍼져 있던 생각이었다.[55] 1940년 7월 독일 국방군 작전부 지휘관 알프레트 요들Alfred Jodl 장군은 "우리의 군사력이 최고조인 지금 군사 행동을 하는 것이 (…) 더 낫다"[56]고 말했다. 전쟁이 끝난 뒤 할더는 독일의 소련 침공을 "오랜 시간에 걸쳐 끈질기게 증가하는 정치적 위험"[57]을 제거하려는 방법이었다고 설명했다.

침공 계획이 서자 독일 지도자들은 신중하게 심의하여 어려움 없이 신뢰성 있는 승리 이론에 동의했다. 1940년 7월 31일 히틀러는 장군들과 만난 자리에서 소련 침공의 뜻을 밝혔고, 이 회의는 이후 11개월 동안 수차례 열린 고위급 작전 회의의 출발점이었다.[58] 회의에서는 동진 작전에 관련된 모든 주요 사안을 다루었다. 참석자들은 소련의 군사력을 주의 깊게 살폈다.[59] 그리고 낡은 무기를 보유한 데다가 스탈린의 숙청으로 심각한 피해를 입은 붉은 군대가 가공할 적수가 되기는 힘들다고 결론지었다. 1939~1940년 핀란드와의 전쟁에서 초라한 전적을 보여주었듯이 말이다.

그러나 독일 측은 소련의 능력을 과소평가했을 수도 있다는 점을 인식했다. 히틀러는 1941년 1월 9일 요아힘 폰 리벤트로프Joachim von Ribbentrop 외무장관 및 군 지휘관들과 가진 회의에서 붉은 군대를 "머리 없는 거대한 점토 인형"이라고 표현했지만, 그러면서도 독일이 안심하거나 소련을 과소평가해서는 안 된다고 말했다. 2월에 할더는 붉은 군대가 양적으로는 우위에 있지만 그런 이점은 국방군의 질적 우위로 상쇄될 것이라고 역설했다. 그는 그렇더라도 "놀랄 일이 생겨서는 안 된다"고 경각심을 일깨웠다. 수적 열세 때문에 히틀러는 육군 규모를 축소하겠다는 결정을 번복하고 그 규모를 120개 사단에서 180개 사단으로 늘리라고 지시했다.[60]

동시에 독일 정책결정자들은 붉은 군대를 무너뜨리기 위한 군사 계획을 짜느라 분주했다. 소련 침공이 결정된 직후 이른바 마르크스 계획*—히틀러의 발표 전에 밑그림이 그려졌다—과 로스베르크 계획**에 관한 진지한 작업이 시작되었다.

---

* 1940년 8월 5일에 발표된 마르크스 계획은 제2차 세계대전 중 소련을 침공한 바르바로사 작전의 원안이다. 독일군 포병장교였던 에리히 마르크스가 작성했다.

** 1940년 9월 15일에 베른하르트 폰 로스베르크가 입안한 군사 계획으로, 독일의 북쪽 방향에서 소련을 공격하는 방안을 논했다. 실제 진행된 바르바로사 작전의 기본적인 관점을 제공했다.

두 계획은 프리드리히 파울루스Friedrich Paulus 장군의 감독하에 통합되었다. 1940년 말에 그는 개발 중인 작전 계획의 다양한 측면을 테스트하는 일련의 모의 훈련을 지휘했다. 최종 버전은 1941년 1월 31일 할더에게 제출되었고, 할더는 며칠 뒤히틀러와 이를 논의했다. 회의를 마치고 히틀러는 이 계획에 아직 드러나지 않은 문제점은 없는지 더 연구하라고 지시했다. 그러나 기본적인 내용은 이때 제대로 갖추어져 있었다. 독일군은 다우가바-드네프르 전선 서부에서 붉은 군대—전방에 배치되어 독일군의 초기 맹공에 취약했다—를 신속하게 무찌르기 위해, (1940년 프랑스를 상대로 잘 먹혀들었던) 전격전 전략을 사용할 것이었다. 군대가 무너지면 소련은 상대적으로 정복하기 쉬울 것이었다.[61]

히틀러와 장군들의 생각은 자신들이 만든 전략이 옳으며 의도대로 굴러갈 것이라는 데로 모였다. 이런 믿음은 이들이 처음으로 작전 세부 사항을 논의한 1940년 7월 31일에 이미 나타났다. 역사학자 데이비드 스타헬David Stahel은 히틀러가 소련을 정복할 생각임을 알렸을 때 "대부분의 상급 지휘자들은 (…) 반대나 논쟁 없이" 그의 발표를 반겼고, "서부 전선 군사 작전의 시기와 수행 계획에 관한 열띤 논쟁과는 뚜렷한 대조를 보였다"고 말한다. 그리고 이처럼 좋지 않은 낙관론이 계획 과정 전반에 단단히 뿌리를 내리고 있었다고 지적한다. 1941년 1월 초에 침공의 세부 사항이 마무리되면서 "작전 목표와 제2전선의 근거, 승리의 전제가 단 한 마디의 반대도 없이 수용되었다"[62]는 것이다. 소련군과 독일군이 충돌할 경우 일어날 일에 대한 이런 평가는 미국과 영국, 심지어 소련의 정책결정자들에게도 널리 알려졌다.[63]

단단한 합의에도 불구하고 독일 지도자 일부는, 붉은 군대가 다우가바-드네프르강 서쪽에서 패배하지 않는다면 어떻게 할지에 대해서는 의견이 달랐다. 특히 히틀러와 장군들은 독일군이 소련 깊숙한 지역으로 멀리 동진할 때 공격의 주축을 어디에 두어야 하는지에 대해서도 합의에 이르지 못했다. 무엇보다 독일군이 소련군을 작전 초기에 분쇄할 것이라 확신했기 때문이다. 그러지 못했을 경우에는 그때 가서 문제를 해결한다는 것으로 만족했다.[64]

한편 소련을 정복하려는 독일의 욕망과 그 작전 계획이 (현실주의 논리와 전쟁에 관한 계산보다는) 주로 이데올로기와 인종에 관한 고려에서 나온 것으로 설명될 때가 있다. 나치의 정책결정자들이 이데올로기에 따라 움직였고, 다가올 전쟁을 파시즘과 볼셰비즘의 종말론적 투쟁으로 보았던 것에는 의문의 여지가 없다. 또 이들은 공산주의를 인종주의적 관점에서 보면서 슬라브 민족과 특히 유대 민족을 열등한 인종이라고 표현했다. 이들이 대량 학살되어야 독일인들이 동부에서 '생존 공간 Lebensraum'을 얻을 수 있다는 것이다.

그러나 신뢰성 있는 이론에 근거한 이데올로기적 요소, 그리고 신뢰성 없고 혐오스러운 인종주의적 요소는 전쟁 결정에서 부차적이었고 군사 계획에 거의 영향을 주지 않았다.[65]

독일 지도자들은 무엇보다 지정학적 이유로 소련 정복을 원했다. 독소 관계의 이데올로기적 측면은 단지 세력 균형에 대한 계산을 강화시켰을 뿐이다. 바르바로사 작전 계획에서 이데올로기와 인종에 관한 고려는 군사 계획이 잘 마련되기 전까지는 작동하지 않았다. 또 계획이 마련되었을 때도 이들 요인 때문에 작전에서 중요한 내용이 빠진다거나, 붉은 군대를 무찌르기 위한 전략이 크게 방해받거나 하지도 않았다.

독일의 소련 침공과 관련된 이후의 두 가지 결정—하나는 히틀러와 관련이 있고, 또 하나는 스탈린과 관련이 있다—도 흔히 비합리적이라는 평가를 받는다.

첫 번째 결정은 독일군의 공세가 모스크바 외곽에서 멈춘 직후인 1941년 12월 11일, 히틀러가 미국에 선전포고를 한 것이다. 역사학자 브렌던 심스Brendan Simms와 찰리 래더먼Charlie Laderman에 따르면 이것은 "설명이 안 되는 전략적 실수"로 보통 표현된다. 립스먼, 탈리아페로, 로벨 역시 이 결정을 "비합리적"이라고 평가한다.[66]

그러나 자세히 들여다보면, 미국에 대한 히틀러의 선전포고 결정은 독일의 경쟁국을 무찌른다고 하는 신뢰성 있는 이론에서 나왔다는 것을 알 수 있다. 프랑스는 패배했고 영국은 패배 직전이었으며 소련은 큰 타격을 입은 상황에서, 히틀러는 미국이 제1차 세계대전에서 그랬듯이 막강한 힘을 동원해 독일과 싸울까 봐 두려워했다. 그래서 일본이 진주만을 공격한 틈을 타, 미국이 전쟁 자원을 모두 동원하기 전에, 그리고 일본과의 지난한 싸움에 매달리는 사이에 선제공격을 가할 기회를 잡은 것이다. 미국에 대한 공식 선전포고는 급진적 조치가 아니었다. 이미 1941년 12월 이전부터 루스벨트 행정부가 독일을 상대로 한 유럽의 전쟁에 뛰어들기로 한 것이 명백했기 때문이다.[67]

이른바 비합리성의 두 번째 사례는 스탈린이 1941년 6월 독일의 침공을 예견하지 못했다는 것이다. 재니스 그로스 스타인은 스탈린이 인지 편향에 빠진 탓에 "히틀러가 서부 전선에서 방향을 틀어 소련을 공격하지는 않으리라는 자신의 믿음에 부합하지 않는 증거"[68]를 무시했다고 주장한다. 립스먼, 탈리아페로, 로벨은 스탈린을 "합리성의 실패에 특히 잘 걸려드는" 사람으로 그린다. 그의 "특이한 성격 (⋯) 인지 결함, 엉뚱함 혹은 역사적 경험" 때문이라는 것이다. 이런 단점 때문에 스탈린이 "공격에 관한 군사 정보가 압도적이었는데도 1941년 6월 독일의 임박한 공격을 대비"[69]하지 않았다고 설명한다.

그러나 바르바로사 작전 직전 스탈린의 행동을 이렇게 해석하는 것 역시 오류다. 스탈린은 히틀러가 언젠가 소련을 공격할 생각이라는 데 대해 전혀 오판하지 않았고, 그런 사태에 대처하도록 군대를 부지런히 준비시켰다. 1941년 6월의 상황을 따져보자면, 소련에는 독일의 공격이 임박했다는 명확한 정보가 없었다. 이는 상당 부분 독일의 치밀한 역정보 작전 때문이었다. 또 억지 이론의 영향으로 스탈린은 독일이 서부 전선에서 영국을 격파하기 전에는 동부 전선을 공격할 가능성이 낮다고 믿었다. 독일이 제1차 세계대전에서 패전한 주요 원인 중 하나가 두 전선에서 동시에 전쟁을 수행한 것이었고, 스탈린은 히틀러도 이 사실을 알고 있음을 알았다. 그뿐 아니라 독일이 소련의 보급품에 의존하고 있고 두 국가가 전쟁을 시작하면 보급품은 당연히 끊기리라는 것도 알았다. 억지 이론도 스탈린으로 하여금 군대를 최전방 전투 위치로 이동시키라는 요청을 거부하게 했다. 이런 조치가 자신이 저지하고자 했던 바로 그 공격을 초래할 것을 우려했기 때문이다.[70]

1962년 미국의 쿠바 미사일 위기 해결 결정

1962년 10월 쿠바 미사일 위기 당시 존 F. 케네디 행정부의 대응이 합리성의 모범적 사례라고 주장하는 학자들도 있는 반면, 그 비합리성을 보여주는 중요한 증거를 찾았다는 학자들도 있다.[71] 이들은 특히 케네디 대통령이 비합리적으로 행동했다고 주장한다.

　　마크 하스Mark Haas는 "기대가치 극대화에 근거한 이론들은, 봉쇄가 시작된 시점부터 흐루쇼프가 쿠바에서 미사일을 철수시켜 소련으로 가져오겠다고 발표할 때까지 나타난 케네디의 행동을 설명하지 못한다. 이 사례는 대부분의 억지 이론의 핵심 가설—사람들은 결정을 내릴 때 기대가치 계산 결과에 따라 '합리적으로' 행동할 것이다—에 이의를 제기한다"고 말한다. 하스는 "개인은 위험을 감수하며 '비합리적으로' 행동하는 경향이 있을 수 있다"[72]고 했다. 제임스 네이선James Nathan은 더 직설적이다. 그는 케네디의 "개인적 불안이 잘 기록되어 있고, 그래서 당시의 심리 때문에 냉철한 분석이나 문제 해결이 불가능해진 사례가 될 수 있다"[73]고 지적했다. 놈 촘스키Noam Chomsky도 케네디가 "엄청난 위험을 감수"했고, "합리적인 사람이라면 정당하다고 봤을 러시아의 제의"를 "생각할 수도 없는 것"[74]이라며 거절했다고 주장한다.

쿠바 위기 당시 미국 정부의 합리성을 비판하는 사람들은 정책 결정 과정에 심의가 빠진 것처럼 묘사하기도 했다. 르보는 "당시 분석가들은 케네디가 갈등을 다루는 방식의 특징인 '집단 사고'와 '폐쇄적인 결정 과정'을 애써 무시했다"고 주장하면서, 자세히 돌이켜보면 "강한 비합리성 경향"이 곳곳에서 드러난다고 했다.[75] 데이비드 웰치David Welch 역시 "이상적인 합리적 관찰자"라면 케네디 행정부가 쿠바 미사일 위기를 다루는 방식에서 여러 "실패"를 알아차렸을 것이라고 주장한다. "실제 논의는 (…) 체계가 없고, 연결고리가 없으며, 때로는 산만하고, 걸핏하면 정보가 부족하며, 대체로 내용이 불분명하고 우왕좌왕하는 것처럼 보였다"[76]는 것이다. 이런 사고방식은 그레이엄 앨리슨Graham Allison의 《결정의 본질》에도 내재되어 있다. 이 저서에서 앨리슨은 쿠바 미사일 위기 당시 미국의 정책 결정 과정을 분석하는 데 세 가지 모델—합리적 행위자 모

델과 다른 두 가지 대안적 모델—을 사용해 비합리적 대안들의 증거가 많다고 주장한다.[77]

로널드 스틸Ronald Steel은 케네디 행정부의 쿠바 미사일 위기 처리가 개인적 사고의 결함과 집단 심의의 부재라는 특징을 안고 있다는 주장을 간단히 요약했다. "우리는 합리적 정신이 다음과 같은 것들로 인해 흔들리는 광경을 본다. 즉 권력에 대한 열망과 도취, 정부 시스템이 개인 의지의 투쟁으로 파편화되는 것, 소수의 사람들—그중 가장 훌륭한 사람도 자신들이 옳은지 늘 확신하지는 못하는—이 인류 미래에 영향을 미치는 결정을 내리는 것 등이다."[78]

그러나 이런 관점 역시 잘못되었다. 케네디와 그 참모들은 다양한 전략적 선택지를 만들어내기 위해 신뢰성 있는 이론에 기댔고, 대통령이 최선의 해결책을 결정하기 전까지 활발하고 자유로운 토론을 벌였다.

1962년 5월 소련의 수반 흐루쇼프는 핵미사일을 쿠바에 배치하기로 결정했다. 그 뒤 5개월 동안 소련군은 경제 원조를 빌미로 은밀하게 계획을 실행에 옮겼다. 그러나 배치가 끝나기 전 미국의 정찰 비행기가 미사일 일부와 발사 기지를 발견했다. 케네디 대통령은 쿠바 미사일 위기로 알려진 사건이 발생한 첫날인 10월 16일 오전에 뉴스를 접했다.[79]

미국 정책결정자들은 소련이 모든 미사일과 핵탄두를 쿠바에서 철수하도록 해야 한다는 데는 처음부터 합의를 이루었다. 그러나 어떻게 그 목표를 달성할 것인가에 대해서는 의견이 갈렸다. 그 차이가 끝까지 좁혀지지 않았기 때문에 결국 대통령이 위기 타개 방법을 최종 결정해야 했고, 10월 27일 토요일 케네디는 결정을 내렸다. 그는 소련이 쿠바에서 미사일을 철수하면 미국도 튀르키예에서 주피터 미사일을 철수하고, 쿠바를 침공하지 않겠다고 약속했다. 주피터 미사일 철수는 자국 및 유럽에서 정치적으로 인기가 없을 터이기에, 미국과 소련의 소수 정책결정자들만이 이 거래를 알고 있었다.

쿠바 미사일 위기에 대한 미국의 사고는 두 가지 매우 다른 이론에 근거를 두었다. 첫 번째 이론은 핵무기와 운반 시스템 제거를 위한 군사력 사용을 요구했고, 두 번째 이론은 이전 상태로 돌아가기 위한 최고의 전략으로 교묘한 강압을 꼽았다.

첫 번째 이론, 즉 전쟁 지지자들은 미국이 전략핵과 역내 재래식 무기의 우위를 점하고 있으니, 소련의 무기를 제거하고 카리브해나 유럽에서 소련이 전쟁을 확대하지 못하도록 제지할 수 있으리라고 확신했다. 반면 두 번째 이론, 즉 강압을 지지하는 이들은 미국의 무력 사용 때문에 소련이 쿠바와 (지역적 이점을 크게 누리고 있는) 베를린에서, 어쩌면 미국 본토에 대해서도 군사적으로 대응할 것을 우려했다. 어느 경우든 핵전쟁의 망령이 도사리고 있었다. 그래서 이들은 신중한 외교와 결합된 암묵적이고도 항시적인 힘의 위협이 양측 모두 수용할 수 있는 거래를 만들어낼 수 있다고 믿었다.

흔히 미국의 정책 결정이 또 다른 세 번째 이론, 즉 노골적인 군사 위협과 외교적 압박을 수반한 벼랑 끝 핵 전술의 영향을 받았다고 알려져 있지만, 이러한 공격적인 강압이 고려되었다는 증거는 없다. 미국 지도자들 간의 토론은 오로지 '무력 사용' 대 '교묘한 강압'을 중심으로 이루어졌다.[80]

먼저 군사적 승리 이론은 두 가지 전략 선택지를 주었다. 첫 번째는 소련 미사일 기지에 대한 정밀 타격부터 군사적 목표들에 대한 대규모 폭격에 이르는 '공습'이다. 두 번째는 쿠바를 '침공'해서 문제를 해결하는 것이다. 두 전략은 별개로 구분되지만, 케네디 행정부의 강경파는 때마다 다른 선택지를 갖고 있기를 원했다. CIA 국장 존 매콘John McCone과 합참의장 맥스웰 테일러Maxwell Taylor는 위기 당시 여러 지점에서의 공습과 침공 모두를 원했다. 합참은 공습을 지지했지만 침공에 대해서는 의견이 분분했다. 한편 더글러스 딜런Douglas Dillon 재무부 장관과 맥조지 번디McGeorge Bundy 국가안보보좌관은 위기 내내 공습을 강력하게 지지했다.

반면에 억지 이론은 소련이 쿠바에서 핵미사일을 철수해야 한다는 요구와 함께 쿠바 해상 봉쇄를 주장했다. 우리가 사는 세상이 이상적인 곳이었다면 소련은 항복했을 것이다. 그러나 이런 접근법에 찬성하는 사람들은 그럴 가능성이 없다는 것을 알고 있었다. 미국이 뭔가 다른 사안에서 양보하는 대가로 소련이 미국의 요구를 들어주는 거래를 성사시킬 필요가 있었다. 딘 러스크Dean Rusk 국무부 장관과 로버트 맥나마라 Robert McNamara 국방부 장관은 이 같은 온건파 입장을 더 지지했다. 조지 볼George Ball 국무부 차관과 루엘린 톰프슨Llewellyn

Thompson 이동대사, 시어도어 소런슨Theodore Sorensen 대통령 특별고문도 같은 입장이었다.

케네디 대통령과 그의 동생이자 법무부 장관이었던 로버트 케네디는 위기 초기에는 군사적 승리 이론을 받아들였지만, 결국 소련이 수용할 만한 거래를 성사시키는 것을 목적으로 하는 억지 이론을 지지했다. 소련 미사일을 정밀 타격하는 것을 선호했던 두 사람은 곧 대규모 공습만이 소련의 위협을 무력화할 수 있다는 결론에 도달했다. 그리고 나중에 위기가 전개되자 이들은 군사적 해결책에 대한 믿음을 버리고 억제를 옹호하기 시작했다. 억지 이론은 결국 소련이 두 가지 거래를 테이블에 올려놓게 했다. 첫 번째 제안은 미국이 쿠바를 침공하지 않겠다고 약속하면 소련이 미사일을 철수하는 것이었고, 두 번째 제안은 여기에 주피터 미사일을 튀르키예에서 철수시키는 안이 추가되었다. 케네디 대통령은 두 제안 모두 받아들일 준비가 되어 있었다. 동생도 마찬가지였다. 그는 최종 합의안 협상에 힘을 보탰다.

미국 지도자들은 위기 내내 밤낮없이 회의를 갖고 다양한 정책 선택지들에 대해 진지한 토론을 벌이며 논의했다. 핵심 정책 결정 그룹─'집행위원회'─은 10월 16일에서 28일까지 적어도 하루에 한 차례 몇 시간씩 모였다. 회의는 자유로운 토론의 귀감이었다. 참석자들이 각 전략에 대한 찬반 의견을 치열하게 토론했기 때문이다. 10월 20일, 대통령이 이번 위기에 관한 첫 대중 연설에서 무슨 말을 할지 정하기 위해 모인 집행위원회는 두 가지 원고—하나는 쿠바 봉쇄를, 또 하나는 쿠바 공습을 발표하는 내용이었다—를 두고 토론을 벌였고, 투표를 거쳐 봉쇄 결정을 내렸다(만장일치에는 이르지 못했다). 마찬가지로 소련이 10월 27일 오전 주피터 미사일 철수 거래를 제안했을 때에도 미국의 주요 정책결정자들은 모여서 소련의 새 제안이 정말 흐루쇼프의 생각을 반영한 것인지, 그리고 그 제안을 받아들일지에 대해 숙고했다.

대통령과 가까운 고문들도 관련 정보를 수집하려 애썼다. 위기 당시 집행위원회는 그룹 외부 사람들의 조언을 여러 차례 구했다. 여기에는 전 국무장관 딘 애치슨Dean Acheson이나 국방부 차관보 폴 니치Paul Nitze 같은 강경파뿐 아니라, 대통령 직속 군비축소위원회의 주요 협상가인 존 매클로이John McCloy나 유엔 주재 미국 대사 아들라이 스티븐슨Adlai Stevenson 같은 온건파도 포함되었다. 케네디 대통령도 미국 주재 영국 대사 데이비드 옴즈비-고어David Ormsby-Gore에게 자문을 구했다. 대통령과 그의 핵심 세력은 저명한 기자들—찰스 바틀릿Charles Bartlett, 프랭크 홀먼Frank Holeman, 존 스칼리John Scali—에게도 연락을 취해 소련 취재원들로부터 얻은 정보를 구하려 했다.

그러나 결국 합의를 도출하지 못했다. 10월 27일까지도 집행위원회는 여전히 강경파와 온건파로 나뉘어 있었고, 온건파 안에서도 소련과의 거래 두 가지 중 무엇이 더 나은지에 대해 의견이 엇갈렸다. 그러자 토론 내내 적극적으로 참여했던 대통령은 교착 상태를 깨고 최종 결정을 내릴 때가 왔다고 생각했다. 로버트 케네디, 맥나마라, 러스크, 번디와 만난 늦은 저녁 회의에서 대통령은 동생에게, 소련과 주피터 미사일 거래 없이 협상할 것을 지시했다. 다만 필요하면 주피터 미사일도 포함하라고 말했다. 이튿날 오전 소련의 국제 공영 방송 '라디오 모스크바'에서는 흐루쇼프와 케네디가 협상에 합의했고, 위기는 종식되었다고 발표했다.

1968년 소련의
체코슬로바키아 침공 결정

1968년 8월 소련이 체코슬로바키아를 침공하기로 한 결정이 비합리적이었다는 관점은 침공 직후부터 나타났다. 그해 11월 나토 방위계획위원회의 한 핵심 멤버는 이렇게 말했다. "침공에 관한 최종 결정이 갑작스럽고 무모하기까지 한 방식으로 이루어진 것은 미래에 대한 깊은 우려를 낳는다. 나는 이제 우리가 충동적이고 비합리적인 소련의 공격 위험을 더 크게 인식하게 되었다고 생각한다. 그런 공격은 우리 모두에게 심각한 결과를 낳을 것이다."[81]

이듬해 버넌 아스파투리안Vernon Aspaturian은 체코 위기 당시 소련의 정책이 "양극단을 오간 것으로 보였다"고 평가했다. 그는 소련이 "지도부의 불안정, 예측 불가능한 행동, 위험한 상황에 대한 합리적인 관리 및 제어 능력 감소"라는 문제를 안고 있다고 주장했다. 레오니트 브레즈네프 공산당 서기장과 알렉세이 코시긴Aleksey Kosygin 총리가 이끄는 소련의 지도부 는 "새롭고 통합된 집단 합리성을 대표하지 못하고 잠재적으로 폭발력을 가진 분파적 편익의 결합"으로 비쳤다. 아스파투리안은 "브레즈네프-코시긴 체제와 흐루쇼프 통치 10년의 비합리적 행동 패턴 간에" 상당한 "정책 연속성"이 있었다는 결론을 내렸다.[82]

다른 학자들도 비슷한 주장을 했다. 소련의 침공을 상세히 분석한 프레드 에이들린Fred Eidlin은 잘못된 가정을 하지 말 것을 경고했다. 즉 "소련의 정책결정자들이 생각보다 더 식견이 뛰어나고, 선견지명이 있고, 합리적이고, 목표가 명확하고, 서로 잘 협력했고, 장기 전략을 기준으로 삼았다"고 가정하지 말라는 것이다. 그는 "소련의 정책 결정 시스템이 선택한 불안정한 목표는 체코슬로바키아의 상황 변화에 맞춰 그때그때 대응해간 과정의 결과로 볼 수 있다. 그 시스템은 이미 직면한 문제에 대처하는 능력이 거의 마비된 상태였다"[83]고 주장했다. 이리 발렌타Jiri Valenta는 더 간략하게 설명한다. "소련의 외교정책은 다른 국가들과 마찬가지로 안보나 다른 가치를 합리적으로 극대화하는 단일 행위자(정부)에게서 나오지 않는다."[84] 데이비드 폴David Paul은 소련의 침공 결정이 "정확히 가늠하긴 어렵지만 어느 정도 합리적이고 계산적인 동기와 어느 정도 비합리적이고 때론 즉흥적인 동기에 동시에 근거했다"[85]고 주장했다.

그러나 사실은 소련의 주요 정책결정자들이 신뢰성 있는 이론에 근거하여 활발하고 자유로운 토론을 벌인 끝에 결국 침공이 가장 좋은 선택지라는 결론에 합의했다는 것이다. 다시 말해 소련의 침공 결정은 합리적 행위였다.

체코슬로바키아의 알렉산데르 둡체크Alexander Dubček는 1968년 1월 5일 공산당 제1서기가 되어, 훗날 '프라하의 봄'으로 알려지게 된 자유화 과정을 추진했다. 처음에 소련 정책결정자들은 이 변화에 대해 크게 걱정하지 않았다. 체코슬로바키아가 공산주의를 위태롭게 하거나 소련과의 친밀한 관계를 약화시키지 못한다고 믿었기 때문이다. 그러나 이들의 관점은 강성 공산주의자인 안토닌 노보트니Antonín Novotný 대통령이 3월 21일 축출되면서 바뀌었다. 이 사건은 체코슬로바키아 국민이 공산주의와 바르샤바 조약을 버리고, 더 나아가 서독과 관계를 맺기 시작해서 결국 서방에 합류할지도 모른다는 두려움을 키웠다.[86]

체코슬로바키아 위기와 이것이 내포하는 지정학적 의미에 관한 소련의 생각은 현실주의 이론과 이데올로기적 이론의 조합에 근거했다. 체코슬로바키아가 냉전의 최전방에 있는 국가임을 고려했을 때, 이 국가가 바르샤바 조약을 탈퇴하고 세력 균형을 중부 전선으로 옮겨 간다는 것은 생각할 수도 없는 시나리오였다. 그뿐 아니라 소련의 정책결정자들은 자국을 포함해 다른 동유럽 국가들까지 이데올로기적 변화에 전염될 것을 우려했다. 이는 결국 바르샤바 조약 해체로 이어져 소련의 안보에 치명적인 결과를 초래할 것이었다. 이 모든 것을 살펴 보면 소련의 정책결정자들이 바르샤바 조약이 해체되기 전에 프라하의 봄을 종식시키는 것 외에는 별다른 선택의 여지가 없었다는 것을 알 수 있다.

체코슬로바키아 문제의 본질에 관한 이러한 합의가 소련 지도자들이 이 문제를 해결하기 위해 구체적인 계획을 짜는 데 까지 확장되지는 않았다. 이들은 '강압'과 '타도'라는 두 가지 광범위한 이론 중 하나를 옹호했다. 강압을 찬성하는 사람들은 소련이 외교와 군사적 위협을 조합해서 둡체크가 방향을 바꾸게 할 수 있다고 확신했다. 그러나 그것이 이상적인 균형을 이룰 수 있을 것인가에 대해서는 견해가 분분했다. 반면 타도를 주장하는 사람들은 강압이 실패할 것이라고 믿었다. 이들은 체코 강경파의 쿠데타를 지원해서 둡체크 정부를 끌어내리는 방안과, 아예 침공해서 믿을 만한 친소련 정권을 수립하는 방안 중 하나를 선택해야 한다고 믿었다.

소련의 주요 정책결정자들은 여러 선택지를 두고 심사숙고하면서 세 가지 입장을 취했다.

첫째, 강경파는 위기 내내 무력 개입을 주장했다. KGB의 수장 유리 안드로포프Yuri Andropov, 안드레이 그레치코Andrey Grechko 국방장관, 안드레이 그로미코Andrey Gromyko 외무장관, 니콜라이 포드고르니Nikolay Podgorny 소련 최고회의 간부회 의장, 페트로 셸레스트Petro Shelest 우크라이나 공산당 제1서기장이 강경파에 속했다.

둘째, 온건파는 위기 시작 때부터 침공이 결정된 최종 단계에 이르기까지 내내 강압을 선호했다. 온건파의 핵심 인물은 브레즈네프였다. 그는 2인자이자 공산당의 이념가였던 미하일 수슬로프Mikhail Suslov, 공산당 기관지 《프라우다》의 편집국장이자 전 체코슬로바키아 주재 대사 미하일 지먀닌Mikhail Zimyanin의 지지를 받았다.

마지막으로, 타도와 강압 사이를 오간 정책결정자들도 있었다. 코시긴 총리를 비롯해 정치국 실세였던 알렉산드르 셸레핀Alexandr Shelepin, 프라하 주재 대사 스테판 체르보넨코Stepan Chervonenko가 여기에 속했다.

체코슬로바키아 침공 결정이 소련 내부에서 결정되기는 했지만, 바르샤바 조약의 나머지 네 개 가입국 지도자들도 이 결정에 영향을 미쳤다. 이들도 체코 문제에 관한 소련의 견해를 끌어낸 이론들의 영향을 받았다. 가장 강경한 입장을 취한 사람은 동독의 지도자 발터 울브리히트Walter Ulbricht였다. 폴란드의 브와디스와프 고무우카Władysław Gomułka와 불가리아의 토도르 지프코프Todor Zhivkov도 체코슬로바키아 개혁파를 타도하는 안을 강력하게 지지했다. 반면 헝가리 지도자 카다르 야노시Kádár János는 외교와 위협의 조합을 촉구했다. 그는 '5인 회동' 당시 강압을 주장하던 브레즈네프의 핵심 지지자였다.

결국 강압 지지자들이 마음을 바꾸어 타도 쪽으로 기울도록 만든 것은 체코슬로바키아의 행동이었다. 소련의 관점에서 주요 고려 사항은 둡체크가 자유화를 멈추거나 되돌리겠다는 약속을 지키지 못하는 일이 계속되었다는 점이다. 위기 초기에 둡체크는 바르샤바 조약 5개 회원국 지도자들과 드레스덴에서 만나 개혁파를 제지하겠다고 약속했다. 그런데 얼마 후 체코슬로바키아 공산당은 자유화 가속화 및 서방과의 접촉 증가를 골자로 한 '행동 계획'을 발표했다. 8월 초에도 브라티슬라바에서 5개국 지도자들과 만난 둡체크는 개혁 과정을 축소하겠다고 했지만, 아무런 조치를 취하지 않았다.

체코슬로바키아 지도부는 양측이 만나 주요 사안을 논의하자는 소련의 권유를 여러 번 거절하며 회피로 일관했다. 예를 들어 둡체크는 6월 브레즈네프와의 회담 제안을 거절했고, 7월에는 5개국과의 바르샤바 회담을 거절했다. 소련의 요구를 대놓고 거절한 적도 몇 번 있었다. 7월 말에는 체코슬로바키아에 군대를 영구 주둔시키겠다는 소련의 제안을 승인하지 않았다. 소련 입장에서는 이 조치가 자유화를 늦추는 한 가지 방편으로 선호하던 것이었다.

더 중요한 것은 둡체크 정부가 통제권을 이미 상실했고 프라하의 봄에 불을 지피고 있다는 확신을 소련이 굳혀가고 있었다는 점이다. 행동 계획을 발표한 체코슬로바키아 공산당은 〈2000어 선언〉으로 알려진 개혁파의 선언문을 지지했고, 제14차 당대회 날짜를 두 번이나 앞당겼다. 이는 소련 지도자들에게 두려움을 심어주었는데, 이를 통해 기존의 공산주의 질서를 일거에 쓸어버리리라는 것을 알았기 때문이다.

이런 위기 상황에 대응하여 소련의 정책결정자들은 처음부터 끝까지 심의를 포함한 정책 결정 과정에 참여했다. 이들은 수많은 내부 회의를 열었고, 체코슬로바키아와 양자 교류도 자주 했으며, 5개국의 나머지 회원국들과 다자 회의도 여러 차례 가졌다. 앞서 말했다시피 소련은 3월 말에 이미 체코슬로바키아의 상황 변화를 우려했기 때문에 5개국과 체코슬로바키아 지도부가 만나는 드레스덴 회담을 마련했다. 이 회담에 이어 4월 초 모스크바에서 소련 공산당 전체 회의가 열렸다. 이때 한자리에 모인 지도자들은 체코슬로바키아에서 벌어지는 일들이 매우 우려스럽고 국경 밖으로 파장을 미칠 것임을 인식했다.

4월 내내 체코슬로바키아의 자유화가 빠른 속도로 전개되는 것을 지켜보면서 둡체크가 상황 통제력을 상실해가는 것을 우려한 소련 지도자들은 둡체크를 모스크바로 불러 5월 4일부터 이틀간 회담을 가졌다. 이 논의에 이어 정치국에서는 5월 6일 회동을 열고, 위기 타개 방안으로 설득부터 침공에 이르기까지 여러 조치를 놓고 토론했다. 브레즈네프는 이틀 뒤 다시 5개국 회담을 열었는데, 여기서 최선의 해결책을 둘러싼 동유럽 동맹국들의 이견이 표면으로 드러났다. 5월 15일에 모인 정치국 내에서도 계속해서 뜻이 모이지 않았다. 결국 소련 지도자들은 체코슬로바키아와 협상을 계속하면서 군사 작전을 펼치기로 결정했다. 소련은 체코슬로바키아 상황에 관한 정보를 계속 수집했다. 그레치코 국방장관과 코시긴 총리가 진상 파악을 위해 5월 중순 프라하를 방문했다.

체코슬로바키아의 상황이 악화되자—5월 말에서 6월 초에 이르는 2주 동안 체코슬로바키아 공산당은 제14차 당대회 소집을 발표했고 둡체크는 브레즈네프와 만나기를 거부했다—소련의 정책결정자들은 선택지들을 두고 토론을 계속했다. 체코슬로바키아 문제는 6월 6일과 13일에 열린 정치국 회동의 주요 의제였다. 이때 정책결정자들은 양자 외교 지속, 군사적 압박 강화, 그리고 둡체크를 끌어내리고 그 자리에 공산주의를 여전히 신봉하는 대중적 정치인 요세프 스므르코프스키Josef Smrkovský를 앉히는 시나리오 등의 장단점에 대해 논의했다. 6월 말 브레즈네프는 헝가리의 카다르를 만났고, 두 사람은 모든 선택지를 계속 검토하기로 했다. 그러나 소련은 갑자기 프라하에 대한 강압을 결정하고, 6월 30일 슈마바 군사 훈련이 끝나면 체코슬로바키아에 주둔한 군대를 그대로 유지하기로 했다.

이런 압력에도 체코슬로바키아 상황은 통제를 벗어났다. 6월 말에 〈2000어 선언〉이 발표되고, 체코슬로바키아 지도자들은 제14차 당대회를 9월에서 8월로 앞당길 수 있다고 했다. 7월 초 둡체크는 5개국과의 바르샤바 회담을 거부했다. 이 같은 상황 전개로 인해 소련 정책결정자들 사이의 회의뿐만 아니라 동유럽 동맹국들과의 회담도 잦아졌다. 7월 10일 정치국 회의, 7월 17일 공산당 총회, 7월 15일 바르샤바 회담에서는 익숙한 주장이 되풀이되면서 논의되었을 뿐 단호한 결의는 없었다. 그런데 그달 말에 상황이 바뀌기 시작했다. 7월 19일에서

27일까지 열린 네 차례의 정치국 회의에서 소련의 정책결정자들은, 둡체크가 상황 통제에 실패할 경우에 대비한 침공 계획을 세우기 시작했다. 그러나 한동안은 여전히 외교와 군사력의 조합을 선호했으며, 쿠데타라는 선택지도 계속 검토했다.

소련은 체코슬로바키아와 협상을 통해 타결책을 찾으려는 시도를 두 차례 더 벌였다. 7월 29일에서 8월 1일까지 치에르나나트티소우에서 양자 회담을 열었고, 8월 3일에는 브라티슬라바에서 5개국과 체코슬로바키아 협상가들이 모였다. 두 회담에서 여러 당사국이 몇 가지 이해에 도달했지만, 소련은 강압이 기대처럼 작동하지 않으리라고 확신하게 되었다. 8월 6일 정치국 확대 회의에서는, 아직 침공할 때는 아니지만 침공 계획 수립은 계속하기로 결정했다. 회의가 끝난 뒤 많은 정책결정자가 크림반도로 휴가를 떠났다.

그러나 이들은 계속해서 위기에 깊이 관여했다. 체코슬로바키아가 제14차 당대회를 준비하기 시작한 것이 주원인이었다. 소련의 정책결정자들은 정치국 임시 회의를 여러 차례 열고, 카다르와 상황을 논의하기 위해 만났다. 그와 동시에 브레즈네프가 둡체크에게 서신도 보내고 전화도 걸어 치에르나나트티소우와 브라티슬라바에서 했던 약속을 지키라고 촉구했다.

특히 8월 13일의 전화 통화가 결정적이었다. 그날 브레즈네프는 강압 전략이 실패했다는 것을 비로소 납득했다. 전화 통화에서 둡체크는 체코슬로바키아 상황을 전혀 통제하지 못한다는 것을 인정하며 무너졌다. 그러면서 브레즈네프에게, 필요하다고 생각하는 조치는 무엇이라도 받아들이겠다고 말했다. 이후 상황은 빠르게 전개되었다. 소련 정치국은 8월 16일 침공을 논의했고, 이튿날 만장일치로 침공 결정이 가결되었다. 그다음 날 소련은 바르샤바 조약 회원국들에 이 결정을 알렸고, 회원국들은 소련의 결정에 동의했다.

미국의 한국전쟁과
베트남 전쟁 확대 결정

전쟁 수행과 관련한 비합리성의 유명한 사례는 심리학자 어빙 재니스Irving Janis가 규명한 두 가지 사례를 들 수 있다. 바로 한국전쟁과 베트남 전쟁에서 미국이 전쟁을 확대하기로 한 결정이다. 재니스는 이 두 결정이 심의 부재 또는 "집단 사고"가 낳은 결과라고 주장한다. 그가 명명한 집단 사고란, 의사결정 집단 전체의 의견이 이렇다 할 논의 없이 하나의 정책으로 수렴되는 과정이다.

집단의 이런 비합리적 행동은 두 가지 논리를 따르는 것으로 보인다. 첫 번째 논리는 인간이 "집단에 대한 충성심을 최고 수준의 도덕성으로 보는" 사회적 동물이라는 점을 강조한다. 본능적으로 "만장일치를 추구하는 것은 대안 행위를 현실주의적으로 평가할 수 있는 동기를 없앤다." 두 번째 논리는 개인이 응집력 있는 집단에 소속될 때 은연중에 순응하라는 압박을 받는다는 것이다. 재니스는 "집단 사고란 집단 내 압력으로 인해 정신적 효율성, 현실 평가, 도덕적 판단이 저하되는 것을 말한다"[87]고 썼다.

그는 미국이 1950년 가을 38선을 넘어가 한반도를 통일하겠다고 내린 결정을 심의 부재의 전형적인 사례로 들었다. 집단 사고가 한국전쟁 확대의 위험에 대해, 특히 중국이 (미국의 북한 점령을 막기 위해) 개입할 가능성에 대해 미국 정책결정자들의 눈을 가렸다는 것이다. 해리 트루먼 대통령과 측근들은 "단결심과 서로에 대한 존경"이 뚜렷한 *끈끈한* 집단을 이루었기 때문에, 집단 내 동의에 너무 많은 가치를 두었다. 그래서 전쟁 확대의 타당성에 대한 의구심을 억누르고, 미국이 북진할 경우 중국이 개입할 수도 있다는 가능성을 무시했다. 그로 인한 "큰 판단 착오는 (…) 끔찍한 결과를 낳았다." 10월 15일 인민군을 남한에서 몰아낸 미군은 38선을 건너 중국 국경 지역으로 진군하기 시작했다. 그러나 11월 말 중국이 대대적인 공세를 펼쳐 미군을 다시 38선 이남으로 후퇴시켰다.[88]

그러나 미국의 북진 결정은 집단 사고가 아닌 심의 과정의 결과였다. 관련 지도자들은 위기 당시 자주 만나 적절한 정책에 관해 토론했다. 이런 고위급 회의에서 광범위한 합의가 이루어졌는데, 이것은 집단 내 압력 때문이 아니었다. 재니스는 그에 대한 증거를 제시하지 않는다. 주요 정책결정자들은 처음부터 상황 판단이나 적절한 전략에 관하여 비슷하게 생각했다. 모두가 38선을 넘는 것이 낫다고 생각했고, 중국이 개입할 가능성은 낮다고 봤다. 또 중국이 개입하더라도 미국이 쉽게 이길 것으로 믿었다. 물론 이들의 생각은 틀렸다―그러나 정책 결정 과정에 결함이 있어서가 아니라, 중국의 의도와 능력을 잘못 판단했기 때문이다. 미군이 북한으로 진격하기 전후에는 이를 판단하기 어려웠다.[89]

재니스는 미국이 1964년 베트남 전쟁을 확대하기로 한 결정 역시 집단 사고에 의한 심의 부재 사례로 들었다. 그는 린든 존슨 대통령과 그의 (베트남 전쟁의 주요 결정을 내린) '화요 오찬 모임'이 전쟁을 미국화했다고 주장한다. 반대 증거가 많았음에도 불구하고 미국이 승리할 것이라 예측했기 때문이다. 재니스는 그 이유가, 전쟁 확대에 의구심을 표현하는 "집단 내 구성원"이 "미묘한 사회적 압력에 의해 (…) 실질적으로 '길들여진' 탓"이라고 주장한다. 토론에 실패한 결과 존슨 대통령과 측근들은 "자신들의 결정이 가져온 심각한 결과들을 계속 무시"[90]하게 되었고, 이것이 미국을 참혹한 전쟁으로 끌어들였다는 것이다.

그러나 집단 사고 때문에 이런 합의가 이루어졌다는 것을 보여주는 증거는 거의 없다. 재니스도 자신의 증거가 "완전하지는 않다"고 하면서, "결론은 매우 잠정적으로 도출되어야 할 것"[91]이라고 말했다.

역사적 기록을 살펴보면 존슨 행정부의 전쟁 확대 결정 역시 심의 과정의 결과라는 것이 분명해진다. 재니스도 말했듯이 "안정적인 정책 고문 집단이 존슨 대통령과 정기적으로 만나 베트남 전쟁에 관해서 해야 할 일을 심의했다."[92] 레슬리 겔브Leslie Gelb와 리처드 베츠Richard Betts는 "사실상 모든 관점과 권고가 고려되었고, 모든 중요 결정은 성공 확률에 대한 환상 없이 이루어졌다"고 주장했다. 전쟁 확대를 찬성한 사람들은 착각 때문에 그런 것이 아니었다. "이들은 전쟁 확대 수준을 한 단계 높일 때마다 이것이 적의 결정적 패배라는, 고전적 의미의 승리를 가져다줄 것이라 믿지 않았다. 기껏해야 행운이 따라주기를 **희망**했을 뿐 **기대**하지는 않았다." 전쟁 확대 반대자들은 길들여지지도, 무시당하지도 않았다. "[찬성론자들이] 반대편의 이야기를 들었지만 대개 비관적이었다. 정부 내 온건파가 강경파보다 더 고민하고 의심했지만 실제로 무시되지는 않았다. 극소수의 예외를 제외하고는 그중 가장 소극적인 사람들조차도 자신들이 무엇을 하는지 알고 있었고, 선택의 경계에서 실랑이를 벌이면서도 결국 원조, 파병, 폭격에 대한 중요한 결정을 **지지**했다."[93]

∗

이 장에서 살펴본 모든 국가는 합리적 행위자였다—관련 위기 당시 내린 결정이 신뢰성 있는 이론에 근거했고, 심의 과정을 거친 결과물이었다는 뜻이다.

7월 위기 당시 독일의 정책결정자들, 진주만 공격 준비 당시 일본의 정책결정자들, 바르바로사 작전 개시 전 몇 달 동안 독일의 정책결정자들은 신뢰성 있는 국제정치 이론과 군사적 승리 이론을 바탕으로 신중한 분석과 전략적 사고를 했다. 쿠바 미사일 위기 당시 미국 정책결정자 중 일부는 신뢰성 있는 군사적 승리 이론을 근거로 삼았고, 나머지는 신뢰성 있는 강압 이론에 기댔다. 체코슬로바키아 위기 당시 소련의 정책결정자들도 마찬가지였다. 이들도 신뢰성 있는 국제정치 이론을 끌어왔다.

정책결정자들이 심의 과정에 참여했다는 것도 명백하다. 처음부터 합의가 이루어졌을 때조차—7월 위기, 진주만 공격 결정, 바르바로사 작전 당시—합의된 전략에 대한 광범위한 토론이 이루어졌다. 쿠바 미사일 위기 당시 정책결정자들이 교착 상태에 빠졌을 때에도, 케네디 대통령은 이들의 서로 다른 관점에 귀를 기울이고 심의에 참여한 끝에 최종 결정자로서 결정을 내렸다. 소련의 정책결정자들도 처음에는 이견이 분분했지만 체코슬로바키아 위기를 다루기 위한 최선의 전략에 합의했고, 이를 위해 활발하고 자유로운 토론을 벌였다.

이 장에서 논의한 위기 시 결정 과정의 사례들과 앞 장에서 논의한 대전략 결정 과정의 사례들은 우리의 핵심 주장을 뒷받침할 뿐 아니라, 국제정치에서 합리성에 관한 보편적인 오해들에 관해서도 밝히고 있다. 이 사례들은 정책결정자들이 대전략과 위기관리를 생각할 때 기대효용 극대화나 유추 및 휴리스틱 같은 정신적 지름길을 사용하지 않고, 지침이 될 이론을 사용했다는 것도 보여준다. 사실 정책결정자들이 호모 에코노

미쿠스나 호모 헤우리스티쿠스라기보다 얼마나 호모 테오레티
쿠스인지는 놀라울 정도다. 또 이들은 정책 결정 과정이 생각
보다 정치 제도나 자국 내 이익 집단의 압력, 여론, 군사 지도자
들의 개입 등에 영향을 받지 않는다는 것도 보여준다(군사 지도
자들에게 의견을 물을 수는 있지만 최종 결정에 그 의견이 크게 반영되지
는 않는다).

　　물론 합리적 행위자가 늘 성공을 거두는 것은 아니다. 과
정과 결과에는 차이가 있다. 앞서 다룬 열 가지 사례 중 아홉
가지에서—쿠바 미사일 위기만 제외하고—관련 국가는 원하
던 목표 달성에 실패했다. 그렇다고 모든 국가가 언제나 합리
적이라는 뜻은 아니다. 국가가 신뢰성 없는 이론이나 감정에
근거하고 심의 과정을 거치지 않은 채 전략을 채택하는 경우도
많다. 이제 그런 사례들을 살펴보자.

비합리적
국가 행동

전략적 비합리성의
4가지 사례

지금쯤이면 대부분의 국가가 거의 항상 합리적이라는 것이 명백해졌을 것이다. 합리적이라는 것은 국가의 정책이 신뢰성 있는 이론에 근거했고 심의 과정을 거친 결과물이라는 뜻이다. 논리적으로 따지면 비합리성은 다음 세 가지 형태 중 하나를 띨 수 있다. 첫째, 정책결정자들이 신뢰성 없는 이론을 취하거나 아예 이론에 근거하지 않은 주장을 하고 심의에 실패한다. 둘째, 신뢰성 있는 이론에 근거하지만 정책 결정 과정에서 심의가 누락된다. 셋째, 신뢰성 없는 이론을 취하거나 이론에 근거하지 않은 주장을 하지만 심의 과정을 거친다.

그러나 실증적으로 봤을 때, 신뢰성 있는 이론을 취하지 않는 것과 심의 과정을 누락하는 것이 연관되어 있는 듯하다. 이 장에 나오는 네 가지 사례 중 두 가지는 비합리적인 대전략의 수립을 보여준다. 20세기 초 독일이 영국에 대항하기 위해 강력한 해군을 구축하기로 한 결정, 1930년대 말 영국이 유럽 대륙에서 전투를 수행할 군대를 구축하지 않기로 한 결정이다.

〈표 2〉 강대국의 비합리적인 정책 결정

대전략 결정	위기 대응 결정
제1차 세계대전 이전 독일의 위험 전략 결정	미국의 쿠바 침공 결정
제2차 세계대전 이전 영국의 무책임 전략 결정	미국의 이라크 침공 결정

그리고 나머지 두 가지 사례에서는 위기 시 결정된 비합리적 정책이 드러난다. 미국이 1961년에 내린 피그스만 침공 개시 결정, 2003년의 이라크 침공 결정이다. 두 사례 모두에서 정부의 정책은 신뢰성 없는 이론이나 감정에 치우친 주장에 근거했고 심의 부재의 결과물이었다. 〈표 2〉에는 이런 실패 사례들이 제시되어 있다.

제1차 세계대전 이전 독일의 위험 전략 결정

오토 폰 비스마르크 총리 집권 당시 독일은 육상에서는 최강국이었지만 해상에서는 그렇지 않았다. 1890년 3월 비스마르크를 해임한 빌헬름 2세는 독일이 강력한 해군력을 갖기를 원했다. 그는 이 임무를 수행할 적임자를 발견했는데, 바로 알프레트 폰 티르피츠 제독이었다. 그는 1897년 6월에서 1900년 6월까지 제국해군청 장관을 지냈는데, 이 시기에 독일 함대 구축

에 관한 모든 중요한 결정이 내려졌다.[1]

 티르피츠는 1891년 봄, 킬에서 처음으로 독일 해군의 발전에 관해 빌헬름 2세와 진지하게 대화를 나누었다. 이곳에서 두 사람은 독일을 막강한 해상 강국으로 만들자는 데 뜻을 모았다. 이듬해 티르피츠는 제국해군청과 함께 독일 해군의 핵심 기관인 해군 최고사령부의 참모총장으로 임명되었다. 그는 〈함대 물자의 갱신 및 확대를 위한 초안〉을 작성하는 데 주된 역할을 담당했다. 그러나 초안이 완성되어 황제에게 제출되기 두 달 전인 1895년 9월에 사임했다. 초안을 읽어본 빌헬름 2세는 티르피츠에게 논평을 요청했고, 그래서 티르피츠의 견해를 담은 문건이 작성되었다. 1896년 1월 말 두 사람이 만난 뒤에는 티르피츠가 동양함대 사령관 직무를 마치면 제국해군청의 수장이 될 것이 확실해졌다. 티르피츠의 주된 목표는 해군의 능력을 확대하는 것이었다.

 티르피츠가 가장 먼저 한 일은 두 가지 해군 법안을 추진하는 것이었다. 1895년 11월 초안의 업데이트 버전이라고 볼 수 있는 독일 최초의 해군법이 1897년 8월에 빌헬름 2세에게 제출되었고, 석 달 후 연방상원에서 승인되었으며, 1898년 3월 연방하원에서 통과되어 4월에 법으로 제정되었다. 이 법은 2개 전대에 전함 19척으로 구성된 함대 창설을 규정했다. 티르피츠는 1899년 9월 황제 관저에서 빌헬름 2세를 만나 추가 확대 가능성도 제시했고, 1900년 1월에는 제2차 해군법 초안을 황제에게 제출했다. 새 법안은 상원에서 빠르게 승인되었고, 6월 12일하원에서 통과되어 이틀 뒤에 제정되었다. 제2차 해군법은 함대 규모를 4개 전대에 전함 38척으로 두 배 늘릴 것을 명시했다. 이후에도 해군법—1906년, 1908년, 1912년—이 더 마련되었으나, 1898년과 1900년의 제1, 2차 해군법으로 확립된 기본 구성을 단순히 수정하기만 했다.

독일의 해군 증강—특히 제2차 해군법에 따라—은 티르피츠가 수년에 걸쳐 만들어낸 유명한 '위험 이론Risikogedanken'에 근거했다. 이 이론은 세 가지 새로운 요소에 바탕을 두었다.

첫째, 오랫동안 해군의 계획자들은 독일의 최우선 해상 위협으로 프랑스와 러시아를 주목했는데, 티르피츠는 영국에 주목했다.

둘째, 황제의 야망에 부응하기 위해 티르피츠는 해군 장교들이 선호하는 순양함이 아닌 전함을 중심으로 해군을 편성하기로 했다. 다른 말로 하면, 함대는 순양함이 적합한 대양이 아니라 전함이 결정적 무기가 될 북해에서 작전을 수행하도록 설계될 것이었다.

셋째, 독일 전략가들이 프랑스와 러시아보다 월등한 해군력 확보를 생각하는 동안 티르피츠는 그런 이점이 영국에는 통하지 않으리라고 생각했다. 그의 목적은 전체 전함 비중을 2 : 3으로 올리는 것이었다. 그러면 독일 해군이 북해에서 영국 해군과 규모가 비슷해지거나 혹은 능가할 수도 있을 것이다. 그의 믿음은 두 가지 가정에 기대고 있었다. 우선 영국이 전 세계 바다에 전함을 분산 배치하려는 계획이 있어야 한다.

그리고 독일은 영국과 동등할 필요는 없으므로, 영국이 해군 군비 경쟁에 참여하더라도 상황이 더 나빠지지는 않을 것이다.

티르피츠는 독일과 영국 전함의 북해 배치는 곧 (영국과 독일이 해전을 벌일 경우) 영국이 상처뿐인 승리 외에는 얻을 게 없는 전쟁을 한다는 의미라고 믿었다. 이렇게 된다면 무력해진 영국 함대는 프랑스와 러시아 함대보다 약해질 것이다. 이런 전망 때문에 영국은 독일을 공격하지 못할 것이고, 독일은 영국에 대한 강압적 영향력을 가질 것이다. 영국은 독일과의 분쟁이 엄청난 결과를 낳을 수 있음을 알기에 애초에 싸움을 시작하지 않을 것이며, 따라서 '세계 정책Weltpolitik'으로 알려진 독일의 역외 확장을 받아들일 수밖에 없을 것이다. 티르피츠는 이렇게 말했다. "우리에게 절망적일 리 없을 전쟁 상황을 제외하면, 영국은 (…) 우리를 공격할 의향을 완전히 잃었습니다. 따라서 폐하께 이와 같은 해상력을 바쳐, 폐하께서 위대한 대외 정책을 수행하실 수 있도록 할 것입니다."[2]

그러나 티르피츠의 '위험 이론'은 신뢰성 없는 이론이다. 이는 '세력 균형 이론'—국가는 힘을 키움으로써 경쟁국의 능력 증강에 대응하며, 때로는 다른 국가들과 동맹을 맺어 경쟁국을 무력화한다—과 정면으로 모순된다. 티르피츠는 영국이 독일의 함대 출현에 대응하지 않을 것이라고 가정했지만, 이는 잘못된 것이었다. 왜냐하면 영국이 비슷한 위협에 대내외적 수단으로 대응한 긴 역사가 있고, 만약 독일이 영국의 해상 패권을 약화시킬 해군을 창설한다면 영국은 기존 정책—1889년에 수립된 '2개국two-power 기준'* —으로도 얼마든지 독일을 견제할 수 있기 때문이다. 빌헬름 2세 역시 '2개국 기준'에 관한 영국의 내부 토론은 "그들이 우리의 단호한 의지를 존중"한다는 것을 증명한다고 말했다. 따라서 영국은 "[독일 해군 계획이 이룬] 성취 앞에 고개를 숙여야 한다. 조용히 기정사실을 받아들여야 한다"[3]는 것이다. 역사학자 폴 케네디Paul Kennedy는 이렇게 썼다. "독일이 영국의 해상 패권에 크고 강력한 위협이 될 때에도 영국이 (독일에 이렇다 할 해군이 없었을 때와 마찬가지로) 동일한 해군 배치, 동일한 전략, 동일한 외교 정책을 유지하리라 기대한 것"이 독일의 "실수"였다.[4]

우리의 관심사는 결과가 아니지만, 영국이 티르피츠의 위험 전략에 대해 세력 균형 이론에 부합하는 대응을 했다는 것은 지적할 만하다. 영국은 함대를 즉각 재배치했다. 전함 전력 대부분을 북해상과 그 주변에 배치한 것이다. 영국은 전함 건조 계획에도 박차를 가해 드레드노트라는 대형 전함을 만들기 시작했다. 이런 정책들 덕분에 영국 해군은 자국 해상에서 독일 해군에 비해 상당한 우위를 유지했다. 영국 해군 참모총장 존 피셔John Fisher는 그 바탕에 깔린 논리를 이렇게 설명했다. "우리의 유일한 잠재적 적은 독일이다. 독일은 자국 함대 전체를 영국에서 몇 시간 거리에 있는 지점에 늘 집중 배치한다. 따

---

* 1889년 영국이 채택한 기준으로, 영국 함대가 2위와 3위의 함대를 모두 합친 것보다 더 규모가 커야 한다는 원칙이다.

라서 우리는 독일보다 두 배 강력한 함대를 유지하고, 독일에서 몇 시간 이내에 있는 지점에 상시 집중 배치해야 한다."[5] 영국은 이런 내부 균형 조치를 프랑스 및 러시아와 가까이하는 외부 균형 계획으로 보완했다.

독일의 함대 구축 결정은 신뢰성 없는 이론에 근거했을 뿐 아니라 심의 과정이 배제된 결과였다. 티르피츠는 이론적 근거를 만들어내는 과정에서 정부 안팎의 다른 해군주의자들과 의미 있는 상의를 하지 않았다. 의견을 낼 만한 사람 대부분은 티르피츠와 다른 관점을 가지고 있었다. 물론 정책결정자는 중요한 전략적 사안에 관하여 처음 가졌던 자신만의 생각을 공식화할 때가 많다. 그러나 보통은 그 생각을 다듬고 동료들과 심의 과정을 거쳐 정책을 함께 만든다. 그런데 티르피츠는 그러지 않았다. 그는 자기 생각을 속으로만 간직했고, 자신에게 도전하지 않을 사람들만 옆에 두었으며, 자신과 뜻이 같지 않은 사람은 누구든지 짓밟았다.

현재 나와 있는 증거들은 티르피츠가 해군 전략에 관한 아이디어를 직접 냈다는 것을 보여준다. 위험 이론에 관한 그의 초기 생각은 퇴역 제독인 알브레히트 폰 슈토슈Albrecht von Stosch에게 보낸 두 통의 편지—1895년 12월과 1896년 2월—와 1896년 1월에 빌헬름 2세에게 보낸 기밀 각서, 그리고 결국 하지 못했던 1896년 3월 연설의 초안에 나타난다. 티르피츠는 1897년 6월 제국해군청의 수장이 된 후 처음 몇 달 동안은 해군 활용 방법을 위한 전략적 논리를 제공하기보다

제1차 해군법을 의회에서 통과시키는 데 집중했다. 그러나 해군의 추가 증강을 정당화할 필요가 생기자, 그제서야 본격적인 위험 이론 버전을 황제에게 공개했다. 1899년 9월 로민텐에서 만났을 때 처음으로 공개했고, 그다음에는 제2차 해군법 초안에 첨부된 근거Begründung에 담아 공개했다. 위험 이론이 최초로 대중에게 공개된 시기는 1900년 1월과 2월 법안이 연방상원에 이어 연방하원에 넘겨졌을 때였다.[6]

티르피츠가 얼마나 자신의 전략적 사고에 고립되어 있었는지 더 이해하려면, 독일이 어떤 해군을 구축해야 하는지, 그리고 어느 국가를 겨냥하여 구축해야 하는지에 관한 그의 관점이 널리 공유되지 못했다는 점을 살펴보아야 한다. 해군 계획자 대부분은 전함보다 순양함을 중요하게 여겼다. 티르피츠가 1897년 6월 제국해군청 장관이 되었을 때, 해군 최고사령부의 수장 에두아르트 폰 크노르Eduard von Knorr, 그리고 제국해군청의 티르피츠 부하 일부를 비롯한 상급 해군 장교들은 순양함 전략을 선호했으며, 전함에 초점을 둔 해군법 초안에 반대했다. 또한 독일 해군의 잠재적 적으로 영국보다는 프랑스와 러시아에 계속 초점을 맞추어야 한다는 강력한 공감대가 있었다. 그러나 티르피츠는 영국을 목표로 결정했다. 이 목표는 1896년 1월에 빌헬름 2세에게도 분명히 설명한 바 있다. 그리고 1897년 여름 제국해군청의 지휘봉을 잡았을 때도 같은 말을 반복하며 "자신이 부재한 상황에서 마련된 계획들과는 극명히 대조되는"[7] 관점을 설명했다.

티르피츠는 해군 내에서 자신의 전략 아이디어와 정책 제안을 드러내놓고 토론하는 대신, 자신에게 이의를 제기하지 않고 자신의 위험한 함대를 실현하는 데 헌신하는 충직한 사람들만 곁에 두었다. 이들 중에는 나중에 제독이 된 사람도 둘 있었다. 에두아르트 폰 카펠레Eduard von Capelle는 구축 계획의 세부 사항을 담당했고, 아우구스트 폰 헤링겐August von Heeringen은 티르피츠의 함대를 정치인들과 대중에게 홍보하는 일을 했다.

티르피츠는 제국해군청을 강력한 부처로 만들었다. 그리고 개인적 권력을 이용해 다른 의견을 가진(또는 가질 법한) 사람들을 짓밟고 자신의 계획에 대한 모든 반대를 없애는 데 힘썼다. 예를 들어 그는 1899년 초 빌헬름 2세를 설득해서, 퇴역한 해군 중장 빅토어 팔로이스Victor Valois의 순양함 지지를 비판하게 하고, '우월한 해상 강국을 상대로 전함을 사용하는 것이 맞는지'를 묻는 해군사관학교 원고의 출판을 금지하게 만들었다. 더 나아가 "현역 및 퇴역 장교들이 승인받지 않은 진술을 하는 것을 금하도록" 했다.[8]

제2차 세계대전 이전 영국의 무책임 전략 결정

히틀러는 1933년 1월 독일 총리가 된 후, 자국의 군사력을 회복해 유럽의 지도를 독일에 유리하도록 바꾸는 데 힘을 기울였다. 독일을 재무장시켜 위대한 강대국으로 만들겠다는 결심은 1935년 3월에 분명해졌다. 당시 그는 제3제국이 공군을 창설하고 50만 병력을 모집하기 위해 징병제를 도입할 생각이라고 발표했다. 1년 뒤 독일군은 베르사유 조약에 따라 비무장된 라인란트를 재점령했다. 1938년에는 오스트리아를 병합했고, 뮌헨 위기 동안에는 체코슬로바키아에 주데텐란트 할양을 강제했다. 주데텐란트는 독일과 국경을 맞댄 지역으로 주민은 독일계였다. 1939년 3월 독일군은 체코슬로바키아 나머지 지역까지 점령했다. 6개월 뒤 히틀러는 폴란드를 침공했고, 이로 인해 영국과 프랑스가 독일에 선전포고를 하면서 제2차 세계대전이 발발했다.[9]

영국은 히틀러가 1933년에 정권을 잡자마자 독일이 큰 위협이 될 수 있음을 인지했다. 그러나 영국은 심각한 경제적 궁핍에 빠져 있었고, 이탈리아와 일본도 잠재적 적이었던 상황에서 이를 어떻게 해결해야 할지 알기 어려웠다. 강력한 독일이 서유럽 전체를 정복하고 영국의 생존을 위협할 위험이 도사렸다. 결국 영국의 정책결정자들은 유럽에 대한 책무를 두고 결정을 내려야 했다. 프랑스에 군대를 보내 독일을 억제하도록 지원하고, 만약 프랑스가 실패한다면 독일에 맞서 싸울지를 선택해야 했다.

정책 결정 과정은 세 시기로 나눌 수 있는데, 이 세 시기에 영국 지상군의 유럽 대륙 투입과 관련한 세 가지 정책이 도출되었다.

첫 번째 시기인 1933년 11월에서 1937년 5월까지 영국은 '유한 책임' 전략을 선택했다. 여기에는 전쟁 발발 즉시 유럽으로 파견할 수 있는 5개 사단 야전부대와, 4개월 안에 야전부대를 뒤따를 수 있는 지역방위군 2개 사단 예비군이 필요했다. 이 군대는 독일과 전쟁을 벌일 프랑스를 지원하기 위해 구상되었지만, 전쟁이 제1차 세계대전처럼 규모가 커진다면 별 도움이 되지 않을 것이었다.

두 번째 시기는 네빌 체임벌린Neville Chamberlain이 영국 총리가 된 1937년 5월 28일에서 뮌헨 협정이 체결된 1938년 9월 30일까지다. 이때 영국은 역사학자 마이클 하워드Michael Howard가 말했듯이 "완전히 무책임한"[10] 정책을 도입했다. 영국 정부는 독일 침공에 프랑스가 단독으로 대처할 수 있으리라고 결정했다.

세 번째 시기인 1938년 10월에서 1939년 4월까지 영국은 결정을 번복해 '전면 책임' 전략을 받아들였다. 독일이 프랑스를 공격하면, 영국은 적대 행위가 시작되자마자 야전부대 5개 사단을 대륙으로 파견하고 이어 6개월 이내에 지역방위군 10개 사단, 1년 이내에 추가로 16개 사단을 파견하기로 했다.[11]

영국의 지도자들은 서유럽 전체를 장악할 수도 있는 국가에 대처하는 방법을 오랜 세월 동안 사고해온 역사를 가졌다. 그리고 이런 문제를 해결하기 위해 신뢰성 있는 세력 균형 이론을 발전시켰다. 이 이론의 핵심에는 서유럽을 장악하는 국가는 매우 강할 뿐 아니라 영국 본토를 직접 위협할 만한 좋은 입지를 차지할 것이라는 믿음이 있다. 따라서 유럽 지배를 노리는 국가를 억제하고, 만약 이것이 실패한다면 그 국가를 무찌르는 것이 필요했다.

잠재적 지배국을 견제할 최적의 전략은 책임 전가였다. 영국이 유럽 대륙에 위치한 국가들에 의지해서 적국의 서유럽 정복을 막는 전략이다. 영국의 전략가들은 그런 위협에 대적할 만한 마땅한 국가를 못 찾을 경우, 다른 국가들과 연합해야만 그 위협을 억제하거나 제거할 수 있다는 점을 이해하고 있었다. 두 정책 모두 영국이 대륙에 파견할 수 있는 군대 창설이 필요했다. 첫 번째 경우 군대는 대륙에 직접 배치되지 않고, 다른 강대국들이 위협을 견제하는 데 실패했을 때를 대비하는 수단이 될 것이다. 두 번째 경우에는 군대를 대륙으로 직접 파견해 전쟁 발발 직전이나 직후의 연합국을 지원할 것이다.

영국 정책의 이론적 근거와 정책 결정 과정의 성격을 검토해보면, 영국이 앞서 말한 첫 번째 시기와 세 번째 시기에는 합리적이었지만 두 번째 시기에는 비합리적이었음을 알 수 있다. 첫 번째 시기의 유한 책임 전략은 세력 균형 이론에 근거를 두었고, 심의가 포함된 정책 결정 과정에서 도출되었다. 세 번째 시기의 전면 책임 전략도 마찬가지였다. 그러나 두 번째 시기에 채택한 전략―완전한 무책임―은 분명한 이론적 근거도 없고, 신중한 논의에서 나온 것도 아니다. 주요 정책결정자들이 희망적 관측에 기대어 자신들이 선호하는 정책을 반대자들에게 강요했다.

히틀러가 집권한 뒤 3년 동안 영국 계획자들은 대유럽 정책을 재고하기 시작했다. 특히 대륙에서 전투를 수행할 군대의 창설 가능성에 관심을 기울였다. 이런 생각의 변화는 국방요건분과위원회(DRC)가 작성한 세 건의 보고서와 참모총장들이 작성한 보고서에 반영되었다. DRC의 두 보고서—1934년 2월과 1935년 7월에 발간되었다—는 5개 사단으로 구성된 야전부대의 창설을 요구했다. 세 번째 보고서는 영국이 재정은 고려하지 않고 구축해야 할 군사력을 기술했기 때문에 '이상적인 계획'으로 알려졌는데, 야전부대는 유지하되 전쟁 발발 뒤 8개월 안에 대륙으로 파견할 수 있는 지역방위군 12개 사단을 갖추도록 권고하고 있다. 마지막으로 참모총장들의 보고서는 1937년 1월에 내각에 제출되었는데, 정규군 5개 사단과 지역방위군 12개 사단으로 구성된 사실상 동일한 병력 구조를 권고했다.

처음부터 계획 과정을 검토하고 논의해왔던 내각은 1936년 영국군의 형태에 관해 진지하게 토론하기 시작했고, 두 진영으로 나뉘었다. 당시 재무장관이었던 체임벌린과 스탠리 볼드윈Stanley Baldwin 총리는 영국의 책임을 야전부대로 한정하기를 원했다. 반면 더프 쿠퍼Duff Cooper 육군장관과 참모총장들은 이것만으로는 충분하지 않고 영국에 지역방위군 12개 사단이 필요하다고 생각했다.

두 진영은 열띤 토론을 벌였고, 최종적으로 1937년 5월 5일 열린 내각 회의에서 합의에 도달했다. 1936년에서 1937년으로 넘어가는 겨울에 열린 일련의 고위급 회의에서 체임벌린과 쿠퍼는 각자의 입장을 강하게 주장했고, 서로 반대되는 관점에 대해 토론했다. 교착 상태를 깰 열쇠는 토머스 인스킵Thomas Inskip 국방조정장관을 끌어들이는 것이었다. 그는 1937년 2월에 작성한 보고서에서, 5월 5일 결정—야전부대와 지역방위군 2개 사단을 필요로 하는 유한 책임 전략—의 근거를 제공한 인물이다.

두 번째 시기 초기에 총리가 되어 그 어느 때보다 영향력이 커진 체임벌린은 유럽 대륙으로 군대를 파견하는 문제에 관한 토론을 재개했다. 재무장관일 때는 추구할 수 없었던 그의 목표는, 영국이 전통적으로 세력 균형 이론에 기댔던 것과는 정면으로 배치되는 무책임 전략이었다. 사실 그가 대륙에 대한 책무를 저버리는 것을 선호한 데는 분명한 이론적 근거가 없고, 주로 감정적 사고의 영향을 받았다. 그는 영국군이 또 한 번 세계대전에 참전한다는 것을 끔찍하게 생각했고, 이를 피하기를 간절히 바랐다. 달리 말하면 "제1차 세계대전 당시 자신이 목격했던 참상 때문에, 무슨 일이 있어도 또 한 번의 세계대전을 방지"[12]하려 했던 그는 이론적 추론보다 공포와 희망을 택한 것이다.

체임벌린은 자신의 목표를 달성하기 위해 사실상 심의 과정을 폐쇄하고, 자신이 가진 권력으로 유한 책임 전략의 지지자들을 정부에서 몰아낸 뒤 자신과 같은 관점을 가진 사람들로 교체했다.

숙청의 첫 번째 바람은 육군부에서 불었다. 더프 쿠퍼 육군장관은 1937년 5월 말 레슬리 호어-벨리샤Leslie Hore-Belisha로 교체되었다. 체임벌린은 호어-벨리샤가 육군 내에서 자신의 입지를 뒷받침해줄 것으로 기대했다. 12월 초에는 시릴 데버렐Cyril Deverell 제국참모총장, 해리 녹스Harry Knox 장군, 휴 엘레스Hugh Elles 장군 등 육군 최고회의의 주요 일원들을 해임했다. 모두 프랑스로 군대를 파병하는 것을 선호했던 인물들로, 1904년 이래 가장 큰 규모의 군 숙청이었다.[13]

두 번째 숙청 무대는 외무부였다. 1938년 1월 외무부 내에서 체임벌린 반대파의 주요 인물이었던 로버트 밴시타트Robert Vansittart 상임차관이 해임되었다. 그의 후임 알렉산더 커더건Alexander Cadogan은 유럽 대륙에 대한 책무와 관련해 총리의 관점을 지지하는 사람으로 알려져 있었다. 2월이 되자 밴시타트와 가까이 일했던 앤서니 이든Anthony Eden 외무장관이 영국의 외교 정책에 점점 더 환멸을 느낀 끝에 사퇴했다. 그의 후임인 핼리팩스Halifax 자작은 총리의 측근이었다. 커더건과 핼리팩스는 체임벌린의 의도에 "외무부가 하루빨리 보조를 맞추도록" 하기 위해 함께 일했다.[14]

이런 숙청은 심의 과정 없이 영국 정부가 무책임 전략을 지지하도록 하려는 총리의 큰 계획의 일환이었다. 1937년 여름 체임벌린은 인스킵에게, 유럽 전쟁에서 영국군이 수행할 역할에 대해 다시 한번 연구하라고 지시했다. 인스킵은 체임벌린의 충실한 동맹인 존 사이먼John Simon이 이끄는 재무부와 협력해 1937년 12월 15일 내부 보고서를 완성했다. 이 보고서는 유럽 대륙에 대한 책무를 삭제할 것을 제안했다. 일주일 뒤 내 각에서 이 보고서가 논의되었을 때 체임벌린과 사이먼, 호어-벨리샤는 열정적으로 이를 지지했다. 다만 인스킵은 영국에 군 대가 없고 독일 때문에 "프랑스가 다시 곤란을 겪는다면" 영국 정부가 "일어날 것이 뻔한 사태를 막지 못했다는 비난을 틀림 없이 받을 것"[15]이라고 경고했다. 의구심을 표명한 사람은 이 든 외무장관뿐이었다. 무책임 전략의 세부 사항은 1938년 2월 8일 발간된 인스킵의 최종 보고서에 담겨 있는데, 이 보고서는 8일 뒤 내각에서 승인되었다.[16] 4월에 체임벌린 정부는 무책임 전략을 재천명했고, 추가로 군 예산을 20퍼센트 삭감했다.[17]

이처럼 비합리적인 전략 결정은 1938년 영국의 대독일 정책에 지대한 영향을 미쳤다. 유럽에서 벌어지는 사건에 영향 을 미칠 수 있는 군대가 없어진 영국은 (결정적이었던) 2월 내각 회의가 열린 지 한 달 뒤 독일이 오스트리아를 병합했을 때 사 실상 손을 놓고 있었다. 병합 후 6주가 지나 히틀러가 주데텐 란트의 큰 정치적 변화를 요구하기 시작했을 때도 영국은 아 무런 행동을 취하지 않았다. 9월 말 결국 체임벌린은 뮌헨에서 주데텐란트 합병을 용인하며 독일을 달랠 수밖에 없었다.

뮌헨 위기 이후 영국의 정책결정자들은 서서히 무책임 전략에서 멀어지면서 전면 책임 전략으로 노선을 바꾸었다. 심 의 과정을 거쳐 세력 균형 이론을 받아들인 결과였다. 이런 변 화를 가져온 인물은 다름 아닌 외무장관 핼리팩스와 육군장관

호어-벨리샤였다. 두 사람은 프랑스가 독일에 맞서 자기방어 능력이 있을지, 이것이 영국의 대유럽 전략에 어떤 의미가 있는지를 놓고 의견을 나누었다. 핼리팩스는 프랑스 주재 영국 대사 에릭 핍스Eric Phipps가 보내온 일련의 보고서에 큰 영향을 받았다. 핍스 대사는 프랑스가 단독으로 독일에 맞서는 것은 불가능하며 심지어 독일에 편승해서 히틀러가 영국을 겨냥하도록 만들 수도 있다고 경고했다. 호어-벨리샤도 참모총장들이 작성한 여러 보고서에 깊은 인상을 받았다. 이 보고서들은 벨기에와 네덜란드의 암울한 미래, 프랑스와 독일의 전쟁 장기화, 그리고 이것들이 영국에 미칠 심각한 영향을 그리고 있었다.

체임벌린과 사이먼은 처음에는 자신들의 입장을 고수하며 그 어떤 종류의 유럽 대륙 책무론도 거부했지만, 반대파가 의견 표명을 하는 것은 허용했다. 그리고 결국 전면 책임 전략을 수용했다. 영국의 정책이 변한다는 첫 번째 분명한 증거는 1939년 2월에 나타났다. 체임벌린과 사이먼은 내각 회의를 이어가면서 핼리팩스와 호어-벨리샤의 입장으로 마지못해 옮겨갔고, 결국 2월 22일에 영국이 군대를 만들어 프랑스로 파견해야 한다는 데 동의했다. 그로부터 채 한 달이 지나지 않아 독일은 체코슬로바키아 나머지 지역도 모두 점령했다. 이 사건은 영국인들의 사고에 큰 충격을 주었다. 4월 중순 내각 회의는 5개 사단으로 구성된 야전부대 창설과 전쟁 발생 시 지역방위군 26개 사단의 추가 파견 계획을 승인했다. 헨리 파우널Henry

Pownall 장군은 영국이 "열렬하게 유럽 대륙에 대한 책무" 결정을 내렸다고 평했다.[18]

일부 학자는 체임벌린 정부가 1930년대 말 비합리적이었다는 우리의 의견에 동의하면서도, 뮌헨에서 보인 영국의 행동에 대해서는 우리와 다른 이야기를 한다. 이들은 체임벌린 총리가 인지적 한계 때문에 히틀러의 의도를 오해해서 결국 나치 독일을 (견제하는 것이 아니라) 달래기로 결정한 것이라고 주장한다. 케렌 야르히-밀로는 독일에 관한 체임벌린의 시각이 부하들보다 "상대적으로 온건했고", 히틀러의 간사한 의도를 보여주는 증거가 쌓여도 자신의 시각을 바꾸지 않았다고 평가한다. 그리고 체임벌린의 "자기중심적 왜곡, 현저성 편향, 방어 기제로서의 회피"가 "1938년 말에도 히틀러의 의도에 대한 자신의 기존 평가를 고집하게 했다"[19]고 주장한다.

그러나 우리는 이 해석에 동의하지 않는다. 뮌헨 위기 당시 체임벌린의 정책은 신뢰성 있는 세력 균형 이론에 근거했으므로 합리적이었다. 독일의 군사력 증가를 목도하고, 독일의 의도에 대해 확신하지 못한 체임벌린은 유럽에서 전쟁이 일어날 가능성을 예리하게 인식하고 있었다. 그러나 그는 무책임 전략 채택이라는 비합리적 결정을 내렸었기 때문에 이제는 독일을 달래는 길 외에 선택의 여지가 없다는 사실을 이해했다. 영국은 단독으로든 프랑스와 함께든 독일군에 맞설 능력이 없었다. 영국이 대륙에서 전투를 수행할 수 있는 군대를 보유했다면 더 강력한 정책을 펼쳤을 것이다. 체임벌린도 그런 맥락

으로 말했다. "우리가 독일보다 우월한 힘을 가졌다면 이런 제
안을 매우 다르게 바라봤을 것이라는 사실을 내가 숨기려 한
다고, 내 동료들이 생각하지 않기를 (…) 바란다. 하지만 우리는
사실을 직시해야 한다."[20]

미국의 쿠바 침공 결정

피그스만 침공의 기원은 1960년 1월로 거슬러 올라간다. 미국
국가안보위원회가 앨런 덜레스Allen Dulles CIA 국장에게 쿠바
의 지도자 피델 카스트로를 끌어내리기 위한 비상 계획을 수
행하도록 승인한 때다. 1960년 3월 17일 아이젠하워 대통령이
승인한 원래 계획─플루토 작전─은 300명의 쿠바 난민으로
구성된 게릴라 부대를 본국에 은밀히 침투시키는 것이었다. 이
들은 현지에서 카스트로 반대파를 만나 혁명을 일으킬 계획이
었다.[21]

그러나 미국의 정책결정자들은 플루토 작전에 대한 신뢰
를 금세 잃었고, 그해 여름부터 새로운 계획 구상에 착수했다.
이 계획에는 이틀에 걸친 공습으로 쿠바 공군을 파괴하고, 뒤
이어 미국에서 훈련받은 쿠바 망명자로 구성된 여단이 육해 공
동 작전으로 쿠바를 침공하는 내용이 담겼다. 쿠바 망명군은
트리니다드시 근교에 상륙해 거점을 확보하고 임시정부를 수
립할 예정이었다. 이후 섬에서 조직적인 저항 세력과 연계해

카스트로를 무너뜨리고 친미 정부를 세우기 위한 대규모 반란을 조장할 것이었다.

대통령 당선인 존 F. 케네디는 취임하기 전에 트리니다드 작전에 관한 브리핑을 세 차례 받았다. 덜레스 CIA 국장과 리처드 비셀Richard Bissell 기획 담당 부국장이 1960년 11월 18일에 작전에 관한 포괄적인 설명을 했다. 케네디는 회의 내내 별말이 없었지만 나중에 계획의 규모를 듣고 "깜짝 놀랐다"고 측근에게 털어놓았다. 쿠바는 케네디와 아이젠하워가 권력 이양을 위해 만난 1960년 12월 6일과 1961년 1월 19일에 논의한 주제 중 하나였다. 두 번째 회의에서 아이젠하워 대통령은 케네디에게 카스트로 축출 계획이 "잘 진행되고 있다. 이를 완수하는 데 '필요한 무엇이든' 할 '책임'은 케네디에게 있다"고 일렀다.[22]

케네디의 참모들은 1961년 1월 22일에 케네디 대통령이 재신임한 덜레스와 비셀에게서 트리니다드 작전에 관해 최초로 브리핑을 받았고, 엿새 뒤 대통령이 참석한 자리에서 다시 브리핑을 받았다. 두 번째 회의 끝에 케네디 대통령은 계획을 계속 진행시킬 것을 승인했다. 그런데 비셀이 백악관에서 다시 한번 브리핑을 했던 3월 11일에는 케네디 대통령이 유보적인 입장을 보였다. 그는 작전이 "지나치게 규모가 크다"면서, 그 때문에 미국의 개입을 부인하기 어려울 것이라고 지적했다.[23] 그는 CIA에 미국의 역할을 더 잘 위장할 수 있는 침공 계획을 만들라고 지시했다. 비셀은 3월 16일에 새로운 계획—사파타 작전—을 들고 왔다. 상륙 지점을 트리니다드에서 피그스만으로 변경하고 주간이 아닌 야간 공격을 해야 한다는 내용이었다. 케네디 대통령은 작전을 승인했다. 4월 17일 카스트로 반군이 쿠바에 상륙했지만, 구석에 몰려 이틀 뒤에 항복했다.

미국의 승리 이론은 간단했지만—공습에 이어 지상 및 해상으로 침공하고 섬에서 조직적인 카스트로 반군 세력과 함께 대규모 반란을 일으키는 시나리오—신뢰성이 없었다. 따라서 피그스만 침공 계획은 비합리적이었다.

공습으로 쿠바 공군을 파괴할 가능성이 어느 정도는 있었지만, 망명군에 조종사가 부족한 데다 그나마 있는 조종사들도 훈련을 제대로 받지 못했다. 게다가 상태가 좋지 않은 낡은 비행기를 몰았다. 육해 공동 작전이 성공할 가능성도 거의 없었다. 상륙 부대는 훈련과 장비가 부족했으며 인원의 20퍼센트만 군 경력이 있었다. 사기는 매우 저하되어서 1961년 1월에 과테말라 훈련 캠프에서 250명이 반란을 일으키기도 했다. 육군과 해군은 매우 위험한 상륙 지점에 야간 침투를 해야 했다. 가장 중요한 것은 1500명의 침공 부대가 해안에 도착하는 순간 수적으로나 화력으로 열세일 수밖에 없다는 사실이었다. 공격이 임박했음과 공격 장소까지 알았던 쿠바 지도자들은 30만 명의 민병대, 3만 2000명의 정규군, 9000명의 무장 경찰을 동원할 수 있었다.

사실 이 모든 것은 미국의 계획자들에게 매우 자명한 것이었다. 1961년 2월 합동참모본부의 한 보고서는 망명군 현황에 대해 "이들의 능력은 저항이 없다면 미미한 데 그치겠지만 저항이 있다면 작전이 아예 불가능할 정도"라는 결론을 내렸다. 국방부 분석가들은 분쟁 지역 내 군사력의 불균형이 너무 커서, (처음부터 배제되었던) 미국의 대규모 병력 투입이 없다면 작전은 성공하지 못할 수도 있다고 내다보았다.[24] 중요한 것은 이런 평가가 트리니다드 작전에 영향을 미쳤고, 비셀이 사파타 작전을 트리니다드 작전보다 "작전상 훨씬 더 어렵다"고 평했다는 것이다.[25]

민중 봉기 발생 가능성도 없었다. 케네디 행정부 관료들은 카스트로를 실각시키려면 조직적이고 효과적인 대규모 저항 운동이 쿠바 내에서 일어나야 한다는 데 동의했다. 정권을 전복하려는 현지의 강력한 반대 세력이 없다면 혁명을 조장하기란 불가능할 것이다. 침략군 단독으로는 카스트로의 군대에 맞서 살아남지 못할 것이므로, 사파타 작전의 성공은 대규모 반란은 차치하고 대규모 저항 운동에 거의 전적으로 달려 있었다. 그러나 CIA의 계획자들도 알았듯이 그런 저항 운동은 일어나지 않았다. 비셀은 1960년 가을 "[쿠바에] 효과적인 지하 세력을 만들 가능성은 없으며 침략군이 자력으로 성공해야 한다"는 사실을 알고 있었다. 이는 1961년 3월에도 마찬가지였다. 비셀은 "CIA 요원들이 트리니다드에서 조직적인 저항 세력을 만드는 데 실패했으며, 이는 곧 민중 반란은 불가능하다는 것을 의미한다"는 점을 완벽하게 이해하고 있었다.[26] 간단히 말해 사파타 작전이 성공할 확률은 사실상 제로였다.

신뢰성 없는 승리 이론에 근거했던 사파타 작전뿐 아니라 케네디 행정부가 피그스만 침공 작전을 개시하기로 한 결정 역시 심의가 빠진 결정 과정의 산물이었다. 사파타 작전의 주요 지지자는 CIA였는데, CIA는 작전의 모든 측면을 계획했을 뿐 아니라 모든 관련 정보를 통제했다. 비셀과 덜레스는 이 상황을 이용해서 계획의 가장 중요한 부분은 숨긴 채 케네디 대통령과 그 참모들에게 계획의 타당성을 설득했다.[27]

CIA 지도부는 침략군의 효율성과 사기에 관한 장밋빛 청사진을 반복적으로 그렸다.[28] 침공을 하루 앞두고 비셀의 수석 보좌관인 잭 호킨스Jack Hawkins 대령은 망명군이 "매우 훌륭한 부대"이며 "카스트로가 내놓을 수 있는 최강의 군대에 맞서 모든 전투에서 승리할 것"을 믿는다고 보고했다.[29] 로버트 케네디는 비셀이 대통령에게 올린 보고서가 이 정책 결정 과정에서 "가장 유용한 문서"라고 언급했다.[30]

당시 비셀과 덜레스는 카스트로의 군대가 "장비 부족과 훈련 부족, 내부 불화를 겪고 있으며, 소규모 침공에도 대처할 수 없다"고 대통령에게 확언했다. 그러나 미국 국무부와 영국 정보부의 전문가들은 그와 반대되는 의견을 내비쳤다.[31] 비셀은 케네디에게 CIA가 쿠바 국내에서 조직적인 저항 세력을 만들지 못했다는 말을 하지 못했다. 이는 민중 봉기 가능성이 없다는 의미였는데 말이다.[32] 호킨스도 망명군이 "자국 국민을 잘 알고 있으며, 자기들이 쿠바군에 심각한 패배를 한 번 안기면 국민도 카스트로에 대한 지지를 거둘 것이라 믿는다"고 보고했다. 그리고 이렇게 덧붙였다. "나도 이들처럼 확신한다."[33]

합동참모본부가 CIA의 계획을 변경하거나 케네디 대통령을 설득해 계획을 포기하도록 만들기를 바랐던 사람도 있을 것이다. 사실 피그스만 침공은 육해 합동 작전이었고, CIA보다는 군대의 관할이었다. 그러나 합참의장 라이먼 렘니처Lyman Lemnitzer 장군을 비롯한 군 최고위급 관료들은 정책 결정 과정에 거의 영향을 미치지 못했다. CIA가 "이 일에 끼어들지 마십시오. 미군은 이 사안에서 제외될 겁니다. 그리고 복무 중에는 이 일을 누구에게도 발설하지 마십시오"라고 말해도 합참의장은 사실상 저항하지 않았다.[34] 자문에 응할 때도 CIA 계획의 타당성을 의심했으나 결국 CIA에 동조했다. 트리니다드 작전에 결함이 많다고 생각했지만 2월에는 마지못해 동의했다.[35] 3월에 대통령이 작전을 지지하는 것이 분명해지자 합참도 (트리니다드 작전보다 문제가 많다고 생각한) 사파타 작전을 승인했다.[36] CIA에 맞설 의지가 없었던 장군들의 모습은 비셀이 트리니다드 작전에 관한 합참의 평가를 대통령에게 브리핑할 때도 드러났다. 보고서의 주요 작성자인 데이비드 그레이David Gray 장군은 브리핑에 참석했지만, 비셀이 군대의 관점을 잘못 설명해도 침묵을 고수했다.[37]

케네디와 수석 참모들도 CIA의 계획에 대해 제대로 된 질문을 하지 못했다. 침공이 그대로 진행되도록 CIA가 결정 과정을 주도하게 내버려두었다. CIA의 여러 계획에 별다른 흥미가 없었던 케네디 대통령은 비셀과 덜레스가 하는 말을 그대로 수용했다. 더 큰 문제는 그가 임박한 침공에 대해 별생각이 없었다는 점이다. 보좌관 아서 슐레진저Arthur Schlesinger에게 "그 문제는 가능한 한 생각 안 하려고 한다"고 말할 정도였다.[38] 국무장관 딘 러스크와 국방장관 로버트 맥나마라도, 쿠바 작전이 실패할 것이라고 생각한 핵심 부하들이 있었는데도 난처한 질문을 던지지 못했다.

CIA의 관점에 이의를 제기한 사람들도 있었지만 이들의 의견은 무시되었다. 전 국무장관 딘 애치슨이 대통령에게 침공이 성공하지 못할 것이라고 말했으나 대통령은 관심을 기울이지 않았다.[39] 윌리엄 풀브라이트William Fulbright 상원의원도 마찬가지였다. 그는 케네디 및 그 참모들과 4월 초에 만났을 때 사파타 작전을 반대하는 열정적인 연설을 했다.

행정부 내에서 의심하는 사람들의 목소리는 들리지 않았다. 국무부 차관 체스터 볼스Chester Bowles는 침공을 강력히 반대하는 러스크 장관을 위해 보고서를 준비했으나, 러스크는 이를 백악관에 전달하지 않았다. 그는 국무부 내 정보조사국 책임자인 로저 힐스먼에게, 자신에게는 CIA의 계획을 자세히 조사할 권한이 없다고 말했다.[40] 국무부 고위 관료였던 토머스 맨Thomas Mann 역시 반대 문서를 상관들에게 전했지만 아무도 후속 조치를 취하지 않았다.[41] 군대 내 회의론자들—얼 휠러 Earle Wheeler 참모총장과 데이비드 슈프David Shoup 해병대 사령관—도 마찬가지로 무시되었다.[42]

미국의 이라크 침공 결정

2001년 9월 11일 직후, 조지 W. 부시 행정부 내의 고위급 정책결정자 일부는 미국과 중동 내 미국의 이익을 크게 위협하는 사담 후세인을 축출해야 한다며 이라크 공격을 주장했다. 그러나 부시 대통령은 아프가니스탄을 침공했다. 탈레반 정권을 와해시키고, 9·11 테러를 일으킨 알카에다 조직의 뿌리를 뽑기 위해서였다. 2001년 12월 초 미군은 탈레반을 무너뜨렸고, 미국은 하미드 카르자이Hamid Karzai를 수반으로 하는 친미 정권을 세웠다. 이때부터 부시의 관료들은 이라크 문제를 진지하게 고민하기 시작했다. 이후 15개월 동안 이라크 전쟁 개시를 위한 계획들이 이행되었다. 이라크 전쟁은 2003년 3월 19일 시작되었다.[43]

　　부시 행정부가 이라크 공격에서 세운 목표는 대大중동 Greater Middle East*에서 테러리즘과 핵확산 문제를 해결하는 것이었다. 이 지역은 테러리스트들의 온상이자 안전한 천국이었다. 미국 정책결정자들은 이라크, 이란, 시리아를 비롯한 '적색 국가'가 알카에다 같은 테러리스트 집단에 제공할 대량살상무

---

*　흔히 중동이라고도 부르는 아랍 세계를 중심으로 아프가니스탄, 이란, 이스라엘, 튀르키예 등 문화적 유대 관계가 있는 여러 인접국을 아우르는 용어. 2004년 6월 G8 정상회담 당시 미국 정부가 작성한 문서에 처음 등장했다.

기(WMD) 개발에 열중한다고 믿었다. 2002년 7월 리처드 디어러브Richard Dearlove 영국 비밀정보국 국장은 워싱턴에서 진상 조사를 벌인 뒤 토니 블레어 영국 총리에게 이렇게 보고했다. "이제 군사적 행동은 불가피한 것으로 보인다. 부시 대통령은 테러리즘과 대량살상무기의 연계를 구실로 군사 행동을 벌여 사담 후세인을 제거하기를 원한다."[44]

세간에 '부시 독트린'으로 알려진 미국 행정부의 전략은 민주평화 이론에 근거해 대중동의 민주화를 촉구했다. 민주평화 이론의 핵심은, 민주주의 국가들은 공존공영이라는 규범과 전쟁으로 치닫는 것을 막는 제도를 공유하므로 서로 싸우지 않는다는 것이다. 그런데 부시와 핵심 참모들은 이 이론의 잘 알려지지 않은 의미 두 가지를 강조했다. 이는 그들의 관심사인 두 가지 문제를 직접적으로 다루고 있다. 첫 번째는 민주주의 국가는 다른 민주주의 국가에 대한 테러리즘을 지원하지 않는다는 것이고, 두 번째는 민주주의 국가는 서로 두려워할 필요가 없기 때문에 핵무기가 필요 없다는 것이다.

실제로 대중동 민주화에는 각기 다른 이론에 바탕을 둔 세 가지 정책이 개입할 것으로 전망되었다.

우선 미국의 정책결정자들은 이라크 점령 및 사담 후세인 제거 계획을 수립했다. 이들의 혁신적인 '승리 이론'은 광범위한 이라크 내 목표물에 대한 대규모 공습을 불시에 수행하고, 이어 미 육군이 훨씬 약해진 이라크 지상군을 무너뜨린다는 내용이었다. 침공을 지휘했던 토미 프랭크스Tommy Franks 장군은 전쟁이 시작되자마자 그 상황을 이렇게 표현했다. "이것은 역사에 없었던 군사 작전이 될 것이다. 충격과 기습, 유연성, 지금까지 볼 수 없었던 규모의 정밀한 무기 사용, 압도적인 무력 사용으로 점철된 작전인 것이다."[45]

이라크가 패배하고 나자, 부시 대통령과 참모들은 이라크를 제대로 기능하는 민주주의 국가로 탈바꿈시키기가 쉬울 것이라고 믿었다. 미국은 최소한의 역할만 하면 될 터였다. 대통령이 설명했듯이 "세계가 무엇보다 이라크가 정교한 사회임을 아는 것이 중요하다. (…) 재건 노력이나 독재 정권에서 벗어나는 것과 관련하여, 아프가니스탄과 비교했을 때 그 어려움의 정도는 미미하다."[46] 이런 믿음은 '강제적 민주주의 증진 이론'의 한 버전에 바탕을 두었다. 이 이론은 폭군이야말로 민주주의를 열망하는 대중에게 가장 큰 장애물이라고 주장한다. 폴 월포위츠Paul Wolfowitz 국방부 부장관은 《디트로이트 뉴스》와의 인터뷰에서 다음과 같은 논리를 펼쳤다. "우리의 주된 목표는 심리적인 것이다. 이라크 국민에게 이제 더는 사담 후세인을 두려워하지 않아도 된다고 설득한다는 뜻이다. (…) 그렇게 된다면 우리는 이라크 국민이 미군을 응원하는 장면을 보게 될 것이고, 이는 매우 중요한 일이다."[47]

미국의 정책결정자들은 이라크가 민주주의 국가가 되면 역내 다른 국가들이 그 뒤를 따르리라 기대했다. '도미노 이론'이 그런 사고의 핵심이었다. 이들은 미국이 무력으로 한두 명의 독재자를 제거해야 할 수도 있지만, 그 지역의 다른 독재자들이 자신에게 남은 날이 얼마 되지 않는다는 것을 빨리 깨닫고 자리에서 물러나면 그로 인해 해당 국가에서도 민주주의가 정착하리라 믿었다. 콜린 파월Colin Powell 국무부 장관의 측근인 윌리엄 번스William Burns는 파월에게 보낸 한 문건에서 이렇게 적었다. "우리는 모두 민주적인 대의제 정부의 수립과 지역 안정을 위해 이라크의 정권 교체를 바라고 있다. 이는 중동과 미국의 이익에 역사적인 전환점이 될 수 있다." 도미노 이론에 대한 부시 행정부의 믿음이 어느 정도였는지는 전쟁 발발 2개월 전 부시 대통령이 이라크 망명자들에게 했던 말에 드러나 있다. "나는 이것으로 이스라엘과 팔레스타인의 평화가 이루어질 것이라 진심으로 믿는다. 지금부터 1년 뒤에 우리는 승리를 축하하며 자유로의 전환에 관해 말하게 될 것이다."[48]

부시 독트린의 핵심이었던 세 요소―정복, 민주화, 도미노―는 서로 밀접하게 연관되어 있다. 파월 장관의 관료 중 누군가는 이 조합을 "아름다운 비전"이라고 표현했다. 이 비전은 "우리는 이 잔인한 독재자를 무너뜨릴 것이다. 우리는 망명자들로 이루어진 임시정부를 수립할 것이다. 망명자들은 환대를 받을 것이고, 우리는 그들에게 경제적 번영과 대의 정치를 남길 것이다. 역내 다른 무자비한 정권 모두가 도미노처럼 쓰러질 것이다. 지역 전체가 이스라엘에 더 좋은 곳이 될 것이다. 아름다운 그림이 아닌가!"[49]라는 아이디어의 집합이었다. 언론인 조지 패커George Packer가 부시 행정부의 전략을 표현한 글도 살펴보자. "한 번의 폭력적인 공격으로 역사를 깊은 구덩이 밖으로 꺼낼 것이다. 이라크 전쟁은 역도미노 효과로 연쇄 반응을 일으키며 중동의 독재 정권들을 약화시키고 이들의 잔혹한 이데올로기를 파괴하며 자유민주주의의 향유를 퍼뜨리기 시작할 것이다. (…) 미국은 의지와 상상력으로 무장하여 테러리즘, 독재, 저개발, 그리고 지역의 가장 어렵고 안타까운 문제를 단 한 번에 타격할 수 있다."[50]

부시 독트린은 신뢰성 있는 이론과 신뢰성 없는 이론의 조합에 바탕을 두었다. 민주평화 이론—민주주의 국가들은 다른 민주주의 국가에 대한 테러를 지원하지 않으며, 다른 민주주의 국가를 상대로 자국을 방어하기 위한 핵무기를 확보할 필요가 없다—은 신뢰성 있는 이론이다. 부시 행정부의 '충격과 공포' 이론도 마찬가지였다. 그러나 강제적 민주주의 증진 이론과 도미노 이론은 모두 신뢰성 없는 이론이었다.

역사적 기록을 보면 다른 나라에 민주주의를 강요했던 시도는 모두 실패로 끝났음을 알 수 있다. 미국의 개입이 굳건한 민주주의 정권의 수립으로 명백히 이어진 사례는 오직 단 한 건—파나마의 마누엘 노리에가Manuel Noriega 제거—이다. 그러나 이때에도 증거들은 오히려 그 반대를 입증할 뿐이었다.[51]

도미노 이론 역시 알려진 만큼 효과가 있다는 증거를 찾기 어렵다. 이 이론은 냉전 시대에 다양한 상황에서 테스트되면서 부족한 것으로 드러났다. 예를 들어 1949년 중국의 공산당 득세는 "아시아에서 새로운 공산주의 혁명으로 이어지지 못했고, 버마, 필리핀, 말레이시아, 인도네시아에 이미 존재하던 혁명의 실패도 막지 못했다." 1959년 쿠바 혁명 이후 카스트로가 아무리 노력했어도 공산주의가 서반구에 확산되지 않은 것도 마찬가지다. 1970년대 중반 소련은 앙골라와 에티오피아의 성공적인 마르크스주의 혁명을 지원했지만 다른 아프리카 국가들이 공산주의를 받아들이는 데까지는 이르지 못했고, "10년 뒤 에티오피아는 다른 아프리카 국가들에 '반反모델'이 되었다. (…) [한편] 앙골라는 소련과 거리를 두고 서방으로의 개방을 추구하고 있었다." 1975년 베트남에 공산주의가 들어선 뒤 동남아시아에서 벌어진 사건들이 도미노 이론을 뒷받침한다고 말할 수도 있다. 그러나 국가의 미래가 베트남과 밀접하게 얽혀 있는 라오스와 캄보디아를 제외하면, 이 지역에서 사이공 함락 이후 공산주의로 넘어간 국가는 아예 없었다.[52]

이라크 침공 결정은 두 가지 신뢰성 없는 이론에 근거했을 뿐 아니라 정책 결정 과정에서도 심의가 누락되었다.[53] 부시 대통령은 대중동 민주화를 위해 전쟁을 결정했지만, 행정부 내에서는 관련 논의에 깊이 참여하지 않았다. 콘돌리자 라이스Condoleezza Rice 국가안보좌관과 그 부관 스티븐 해들리Stephen Hadley는 대통령의 바람을 실현하는 일을 하는 사람이면서도 토론에 많이 참석하지 않았다. 그 대신 결정 과정에서는 두 파로 나뉘어 싸움이 일어났다. 전쟁을 지지하는 사람으로는 리처드 체니Richard Cheney 부통령과 도널드 럼즈펠드Donald Rumsfeld 국방장관 및 그 부하들, I. 루이스 리비I. Lewis Libby 부통령 비서실장, 더글러스 파이스Douglas Feith 국방부 차관, 월

포위츠 국방부 부장관이 있었다. 반대파는 파월 국무부 장관을 비롯해, 중동 전체는 말할 것도 없고 이라크도 민주화하기 어렵다고 생각한 최고위급 장군들이 이끌었다.

결국 전쟁 지지자들이 반대자들보다 우세했는데, 이들이 심의를 저해하기 위해 썼던 전술은 네 가지였다.

그중 가장 중요한 첫 번째 전술은, 이라크 정권이 무너지면 이라크와 주변 국가에 무슨 일이 일어날지에 대한 심도 깊은 토론을 거부한 것이다. 2002년 6월 국무부 정책기획국장 리처드 하스Richard Haass는 라이스 국가안보보좌관을 만나 국무부가 전쟁에 대해 우려하는 부분을 설명하기 시작했다. 그러나 "잠자코 있어라. 대통령이 이미 마음을 정했다"[54]는 대답만 들었을 뿐이다. 늦여름에 라이스는 전후戰後 계획을 조율할 집행운영그룹을 만들었지만, 럼즈펠드 국방장관과 그 부하들은 다른 관련 기관들과 협력하기를 거부했다.[55] 사담 후세인 축출 이후의 이라크를 대비한 계획이 없다는 사실을 우려한 국가안보보좌관 부관 해들리는 침공 두 달 전 핵심 정책결정자들의 회의를 개최하고, "끝날 때까지 이 방에서 못 나갑니다"[56]라며 전후 계획을 수립할 것을 요구했다. 그러나 해들리의 말이 효과를 보지 못하자 2003년 2월 라이스는 대통령과 부통령이 모인 두 차례 회의에 이 안건을 들고 왔다. 그러나 부시는 토론에 관심이 없었고, 체니 부통령은 라이스에게 "국방부에 질문하는 걸 정말 그만두어야 한다"[57]고 말했다. 3월, 전쟁이 시작되기 며칠 전 럼즈펠드의 최측근인 로런스 디 리타Lawrence Di Rita는 점령 작전을 지휘할 군대 지도자들에게 전략 수립에 애쓰지 말라고 말했다. 그는 "120일 안에 우리가 이기고, 3만 명을 제외한 미군 병력 전체가 귀환할 것"[58]이라고 말했다.

　　이라크가 혼란에 빠지기 시작하자, 정책 결정 과정에 깊숙이 개입했던 사람들 중 몇 명이 전후 계획이 거의 전무하다는 점을 지적했다. 합참의 키스 켈로그Keith Kellogg 장군은 "제대로 된 계획이 없다. 계획이 필요 없다는 식이다. 전쟁 후에 모든 것이 잘 될 것이라는 가정을 하고 있다"[59]고 말했다. 이미 그 훨씬 전에도 어느 장군이 이렇게 말한 바 있다. "전후 일어날 일과 머리가 잘려 나간 국가를 다룰 방법에 관한 우려가 높아졌지만 그 우려는 날아가버렸다. 장기 점령에 관한 우려는 무시되었다. 대통령 주변 인물들은 솔직히 말해 지적으로 매우 거만했다. 이들은 전후 이라크가 다루기 손쉽고, 중동에 변화의 바람을 몰고 올 촉매 역할을 하리라고 **알았다**. 그들은 단순한 가설을 세웠고 이것을 시험해보기를 거부했다. 합참의 의장 및 부의장과 얘기를 나눈 부통령과 국방장관이 그랬다. 이들은 이미 정해진 답을 가지고 있었기 때문에 자신들이 세운 가정을 검토하지 않았을 것이다."[60] 이라크 점령에서 영국의 역할을 계획하던 팀 크로스Tim Cross 장군은 "계획을 필요로 하지 않는 것이 계획이었다. 이라크로 들어가면 이라크 국민이 우리를 반겨줄 거라는 것이 계획이었다"[61]고 전했다.

　　전쟁 지지자들의 두 번째 전술은 비판을 무시하는 것이었다. 2002년 말 70명의 중동 연구자가 미국 국방대학교에서 이

틀간 열린 학회에 모여서 〈이라크: 사담의 통치 너머를 바라보다〉라는 문서를 작성했다. 이 문서는 점령이 "제2차 세계대전 이후 미국과 국제사회가 감당할 가장 버겁고 복잡한 일"이 될 것이라고 경고했다. 전후 계획 수립 과정의 주역이었던 폴 휴스 Paul Hughes 대령은 이 문서의 사본을 파이스 국방부 차관에게 보냈다. 그러나 "그에게 또는 다른 누군가에게도 답신을 받은 적이 없다." 한편 이라크 점령을 논하는 또 다른 회의―25명 정도의 군사 전문가, 지역 전문가, 외교관, 정보 장교들이 참석했다―가 육군 참모부의 주도로 개최되었다. 참석자들은 "미국이 전쟁에 이기고도 평화 구축에서는 패배할 가능성은 매우 현실적이고도 심각하다"는 결론을 내리며, "이 비정상 국가의 특별한 상황"이 이해되고 고려되지 않는다면 "성공적인 점령은 불가능할 것"이라고 경고했다. 육군은 이 내용을 열렬히 환영했지만 국방부 내 민간 지도자들은 이를 무시했다. 군사 역사학자 콘래드 크레인Conrad Crane은 "[육군] 참모부가 얼마나 최종 계획을 성공적으로 수립하지 못했는가는 한참 뒤에나 분명해졌다"고 말한다. 토머스 릭스Thomas Ricks는 상황을 이렇게 정리했다. "놀라운 것은 침공 직전 몇 달 동안 전문가들의 이런 경고가 반복적으로 무시되고 환영받지 못했다는 것이다."[62]

전쟁 반대자들을 다루기 위한 세 번째 전술은 억압이었다. 2003년 2월 25일 육군 참모총장 에릭 신세키Eric Shinseki는 이라크 점령에 "수십만 병력"이 필요하다고 상원 군사위원회에 보고했다. 이는 럼즈펠드, 파이스, 월포위츠의 견해와 완전히 모순되었는데, 이들은 3만 명이면 이라크를 민주화하고 대중동 전역에 민주주의를 확산시키기에 충분하다고 믿었기 때문이다. 특히 월포위츠는 신세키에게 공개적으로 모욕을 주었다. 그는 하원 예산위원회에 증인으로 출석해 신세키의 주장을 반박했다. "사담 이후 이라크를 안정시키는 데 수십만의 미군이 필요하다는 [참모총장의] 주장은 틀렸다"는 것이다. 이 같은 공개적 모욕으로, 정부 관료가 부시 독트린을 비판하는 일은 용납될 수 없다는 것이 명백해졌다. 당시 럼즈펠드 국방장관도 비공개적으로 억압하기 시작했다. 그는 점령 계획을 세우던 제이 가너Jay Garner 장군에게 핵심 참모인 톰 워릭Tom Warrick과 메건 오설리번Meghan O'Sullivan을 해고하라고 명령했다. 파월 국무부 장관의 부관 리처드 아미티지Richard Armitage는 이들의 공격이 "부적절하다"고 지적했다. "이들은 자신들이 만든 방정식에 사실을 끼워 맞추고 싶어 했다. 이들은 당의 노선을 위해 나선 사람들이 아니다. 그랬다면 우리를 두 팔 벌려 환영했을 것이다."[63]

　　전쟁 지지자들의 마지막 네 번째 전술은 강제였다. 예를 들어 럼즈펠드가 누구든 자신의 견해에 반대하는 것을 참지 못했다는 사실은 잘 알려져 있다. 이에 대해 로버트 드레이퍼 Robert Draper는 "부하를 무너뜨리거나 힘을 빼앗는 등 남을 괴롭히는 장관의 성향은 국방부 내에서 중요한 사안에 대한 이의 제기가 거의 없다는 것"[64]을 의미한다고 말했다. 체니 부통령과 그 비서실장 리비는, 자신들이 듣고 싶은 이야기와 들어맞지 않는 평가는 전혀 받아들이지 않을 것이라고 정보기관들에 분명히 알렸다. 2002년 가을 두 사람은 사담 후세인과 알카에다의 관련성을 찾고 싶다며 CIA에 몇 차례나 요청했고, 그 증거를 찾을 수 없었다는 CIA의 결과 보고에 언짢아했다. 이들의 혹독한 압박은 효과가 있었다. 10월에 상원 정보위원회 증언에 나선 CIA 국장 조지 테닛George Tenet은 이라크 정부와 테러리스트 집단 간의 관련성을 부정하던 입장을 바꿔, 밥 그레이엄Bob Graham 상원의원에게 이렇게 말했다. "우리는 10년 전으로 거슬러 올라가는 이라크와 알카에다의 고위급 접촉에 대해 확실한 보고를 받았다. (…) 우리는 알카에다 지도자들이 대량살상무기 확보를 도와줄 이라크와 접촉하고 싶어 했다는 믿을 만한 보고를 받았다. 이라크가 알카에다에 훈련을 지원했다는 내용도 나온다. 이라크와 테러리스트들의 관련성은 미국의 군사적 행동이 없더라도 증가할 것이다."[65]

*

정리하면 앞의 네 가지 사례는, 국가가 일상적으로 합리적이기는 하지만 때에 따라 신뢰성 없는 이론이나 감정에 치우친 사고에 기대어 비합리적 정책을 채택할 수 있다는 사실을 보여준다.

비합리성은 국제정치에서 흔하지 않으므로 그 원인을 일반화하기는 어렵다. 그러나 신뢰성 없는 이론이나 감정이 작용했을 때 정책에 미치는 영향력은 정책 결정 집단의 성격에 따라 크게 달라지는 듯하다. 정책 결정 집단은 예외 없이 서열화되어 있는데, 이는 최종 결정을 통해 국가가 주어진 문제를 다루도록 하기 위함이다. 핵심은 이때 최종 결정자가 조력자인지 또는 지배자인지다. 최종 결정자가 조력자일 때는 활발하고 자유롭게 다양한 이론을 토론할 수 있다. 즉 심의 과정이 존재할 수 있다. 반대로 최종 결정자가 지배자라면 심의는 불가능하다. 적절한 이론에 관한 토론은 없고, 부하들이 지배자의 관점을 받아들일 수밖에 없다. 티르피츠, 체임벌린, 비셀, 체니는 모두 지배자였고, 국가의 비합리적 결정에 핵심 역할을 했다.

우리는 지금까지 신뢰성 있는 이론과 심의를 필요로 하는 전략적 합리성에 초점을 맞추었다. 그런데 국가의 합리성에는 중요한 측면이 하나 더 있다. 바로 국가의 목표가 합리적인가 하는 문제다.

목표
합리성

국가는 어떻게
생각하는가

일부 학자들은 '목표 합리성'을 논하는 것이 의미가 없다고 주장한다. 합리적인 목표 혹은 비합리적인 목표라는 것은 존재하지 않기 때문이라는 것이다. 이들은 합리성의 종류가 딱 한 가지밖에 없다고 보는데, 바로 우리가 전략적 합리성이라고 부르는 것이다. 예를 들면 버트런드 러셀은 합리성에 "분명하고 정확한 의미가 있다. 이 말은 성취하고 싶은 목표에 알맞은 수단을 선택한다는 뜻이다. 어떤 목표를 선택하느냐와는 전혀 상관이 없다"고 주장한다. 또 허버트 사이먼은 "이성은 전적으로 도구다. 이성은 우리에게 어디로 가야 할지 말해주지 않는다. 기껏해야 그곳에 어떻게 갈지 말해줄 수 있을 뿐이다. 이성은 우리의 목표가 좋든 나쁘든 간에 그것을 위해 사용될 수 있는 무기다"라고 단언한다. 이 관점에 따르면 목표 합리성은 중요하지 않은 개념이다.

우리는 동의하지 않는다. 합리성이 특정 목표를 추구하면서 세상을 항해하기 위해 세상을 이해하는 것이라면, 합리성이라는 개념의 이해는 국가가 그 목표를 어떻게 추구하는지뿐만 아니라, 목표에 대해 어떻게 생각하는지도 포함해야 한다. 우리는 우선 합리적인 국가가 많은 목표를 가지고 있지만 국가의 생존을 최우선시한다는 사실을 지적할 것이다. 이는 국제관계 이론가들에게 폭넓은 지지를 받지만 만장일치는 아니다. 생존을 우선시하는 것은 목표 합리성의 특징이 아니라고 주장하는 이론가도 있다. 우리는 이런 관점을 검토하고 그 결점을 설명할 것이다.

또한 우리는 실증적 기록에 의지하여, 국가가 일상적으로 목표와 관련해 합리적으로 사고하고 행동한다는 것을 보여줄 것이다. 일부 학자는 국가가 생존 과제를 무시하거나 생존을 위험에 빠뜨릴 무모한 정책을 추구한 몇몇 사례를 확인했다고 주장한다. 그러나 이들이 제시하는 목표 비합리성의 사례를 면밀히 검토해보면 그 주장이 틀렸다는 것을 알 수 있다. 우리는 그것을 입증해낼 것이다. 국제정치에서 목표 합리성은 어디에나 존재한다.

목표 합리성의 정의

합리적인 행위자는 신뢰성 있는 이론을 사용한다는 점을 상기하자. 신뢰성 있는 이론이란 현실적인 가정에 근거하고 상당한 증거로 뒷받침되며 논리적으로 일관성을 띤 설명이다. 그런데 합리적 행위자는 전략을 수립할 때뿐만 아니라 목표를 세울 때도 신뢰성 있는 이론을 사용한다.

　개인의 목표는 생물학적 필요, 내적 감정, 개인적 경험, 사회화 등 다양한 근원에서 비롯된다.[2] 따라서 사람들은 저마다 다른 목표를 가진다. 목표와 그 근원 사이에 명확한 논리적 모순이나 실증적 괴리가 없다면 대부분은 합리적인 목표일 가능성이 높다. 목표가 다른 개인은 서로를 비합리적이라고 평가할 때도 있지만―각자의 목표가 서로 다른 근원에서 비롯되기 때문이다―논리적이고 합리적으로 근원과 연결된 목표는 사실상 합리적이다. 막스 베버가 말했듯이 "그 자체로 '비합리적'인 것은 없다. 우리가 '합리적'인 어떤 특정한 **기준**에서 검토했을 때만 비합리적이 된다. 종교는 비종교인에게 '비합리적'이며, 쾌락주의자는 금욕적 생활방식을 '비합리적'이라고 본다. 궁극적 가치로 따지면 '합리화'가 일어나더라도 말이다."[3]

　합리적인 개인은 많은 목표를 가지고 있지만 그중에서도 거의 모든 사람에게 중요한 두드러진 목표가 있다. 가장 분명한 건, 사람들은 살아남기를 원한다는 것이다. 토머스 홉스에 따르면, "이성"이야말로 우리에게 "인간은 자신의 생명을 파괴하거나 이를 보존하는 수단을 없애는 행위가 금지되었다"[4]고 말해준다. 또 사람들은 대개 자신에게 맞는 생활을 영위할 자유, 개인의 부를 늘릴 자유, 자신의 가치를 퍼뜨릴 자유, 선호하는 정책을 발전시킬 자유, 자신이 생각하는 좋은 삶을 장려할 자유를 원한다.

국가도 많은 목표를 세울 수 있다. 그중 일부는 명백하며, 생존은 특히 중요하다. 국가는 물리적 근간을 보존하고 자국의 정치적 운명을 결정할 수 있는 능력을 유지하려는 목표를 세운다.[5] 국가의 물리적 근간이란 영토, 국민, 자원을 가리킨다. 국가는 국내 제도, 특히 행정부·입법부·사법부를 비롯해 여러 행정 기관을 제어할 수 있다면 국내 및 국제 사안을 다룰 수 있다.[6] 국가는 번영을 극대화하고 자국의 이데올로기를 전파하는 등 또 다른 중요한 목표를 가지고 있다.

국가가 많은 목표를 가지고 있을 때 그 목표들이 서로 상충할 가능성은 상존한다. 그렇다면 이런 질문을 던질 수 있다. 목표에 차등을 두는 합리적인 방법은 무엇일까? 여기에는 거역할 수 없는 단 하나의 규칙이 있다. 생존이 첫 번째 목표이고, 다른 모든 목표는 그 하위에 있어야 한다는 것이다. 국가가 우선 국가로서 생존하지 못한다면 다른 목표는 아예 달성할 수 없다는 것은 명백한 논리이자 증거다. 케네스 월츠가 말했듯이 "무정부 상태에서는 안전이 최고의 목표가 된다. 생존이 담보되었다면 국가는 평화, 이익, 권력 등 다른 목표를 안전하게 추구할 수 있다."[7] 물론 합리적인 국가는 생존 외에도 온갖 종류의 하위 목표를 가지고 있고, 원하는 대로 우선순위를 매길 수 있다. 그러나 그 목표들을 생존보다 우위에 놓을 수는 없다.[8] 따라서 생존을 원하지 않거나 생존을 다른 목표보다 아래에 두는 행위자는 비합리적이다.

그러나 합리적인 국가가 생존을 최우선 목표로 세운다는

우리의 주장은 보편적으로 받아들여지지 않았다. 예를 들어 제임스 피어런James Fearon은 국가가 "생존에 높은 프리미엄을 둔다"는 개념이 "의심스럽다"면서, 생존이 다른 목표들의 전제 조건이라는 주장도 "틀렸다"고 했다.[9] 그는 국가에게 생존보다 번영이 더 중요한 목표일 수 있다고 주장한다. 그래서 번영을 극대화하기 위해 주권을 양도할—죽을—수도 있다는 것이다.[10] "두 국가가 있다고 치자. 두 국가는 모두 1인당 국민소득을 극대화하려는 목표를 가지고 있다. 두 국가가 하나로 병합되는 것이 최선이라면, 이들은 그렇게 할 것이다. 목표를 달성하기 위해 독립 국가로 생존하려고 노력할 필요가 없는 것이다." 이 주장을 잘 설명하기 위해 피어런은 국가를 기업에 비유한다. "기업은 이익을 극대화하기만 바란다. 합병으로 기업주의 이윤을 증가시킬 수 있다면 신고전주의 기업은 기꺼이 문을 닫을 것이다."[11]

하지만 그의 논리는 국가의 특성과 이를 뒷받침하는 사회 집단의 특성을 제대로 이해하지 못한 데서 기인한다. 인간—생존을 최우선시하는—은 사회적 동물이다. 인간은 태어나서 긴밀한 사회 집단에 소속되고 이곳에서 살아간다. 그 사회 집단 역시 생존을 첫 번째 목표로 삼는다. 그리고 구성원을 보호하고 효율적으로 기능하기 위해 정치 제도를 만든다. 이로 인해 나타난 정치 조직의 형태는 시대에 따라 달라졌지만, 찰스 틸리Charles Tilly가 말하는 "국가"는 인류 역사 내내 존재해 왔다.[12] 생존은 국가의 가장 중요한 목표다.

국가가 번영에 매우 관심이 많다는 것은 분명하다. 하지만 그 목표는 늘 생존에 밀린다. 부를 극대화하기 위해 국가가 자발적으로 다른 국가와 병합해 생존을 포기한다는 주장은 어불성설이다. 부가 극대화될 국가가 사라질 것이기 때문이다. 피어런의 실수는 국가와 신고전주의 기업을 동일시한 것이다. 이 둘은 사실 근본적으로 다른 조직이다. 소유주를 위해 이윤을 만들어야 하는 기업과 달리, 정치 조직은 존재하기 위해 존재한다. 새로운 조직으로 병합되는 것은 기업에게는 매력적인 선택지가 될지 모르겠지만, 국가에게는 논의의 대상이 되지 않는다.

목표 합리성의 실천

역사를 돌아보면 국가는 언제나 목표 합리성을 드러냈다는 것을 알 수 있다. 이를 입증하기 위해 우리는 국가가 생존과 더불어 많은 목표를 추구했지만 다른 목표들은 자기 보존의 목표보다 하위에 있었음을 보여주려 한다. 그리고 나서 일부 연구자들이 국가의 비합리성—무모하게 국가의 생존을 위험에 빠뜨리거나 생존을 무시하는 전략을 추구—의 증거라고 주장하는 사례들을 살펴볼 것이다.

생존을 우선시하다

생존을 다른 중요한 목표보다 위에 둔 국가의 사례는 많다. 유럽의 30년 전쟁(1618~1648)을 보자. 당시 주요 참전국들이 종교적 목표 때문에 전쟁에 뛰어들었다는 점에는 의문의 여지가 거의 없다. 가톨릭 국가와 개신교 국가는 상대국을 개종시키겠다는 열망으로 서로 싸웠다. 그러나 세력 균형을 유리하게 유지해서 생존을 보장하고 싶은 열망이 더 컸다. 또 종교보다는 권력에 관한 고려가 주요 5개국의 정책 결정을 지배했다. 예를 들어 오스트리아와 스페인의 협력은 두 국가가 가톨릭 국가라는 것과는 연관성이 없고, 세력 균형을 고려한 처사였다. 덴마크, 프랑스, 스웨덴의 참전 결정에서도 종교는 생존보다 하위의 목표였다.[13]

1914년 전쟁을 일으키기로 한 독일의 결정은 국가가 무엇보다 생존을 중시한다는 것을 보여주는 또 하나의 증거다. 제1차 세계대전 이전 유럽의 강대국들은 경제적으로 매우 상호의존적이었다. 따라서 강대국 전쟁은 독일이 중요하게 생각한 목표인 번영에 상당한 피해를 줄 것이었다. 그러나 삼국협상을 상대로 승리를 거두면 세력 균형이 확실히 독일에 유리하게 변해서 독일의 생존을 보장할 터였다. 독일 지도자들은 번영보다 생존을 원해서 전쟁을 택한 것이다.[14]

비슷한 논리가 오늘날 중국과 대만의 관계에도 적용된다. 중국 지도자들은 대만의 독립을 중국의 생존에 대한 위협으로 간주한다고 강조했다. 대만 독립이 중국 영토의 영원한 손실을 뜻하고, 이를 지지할 중국인은 사실상 아무도 없기 때문이다. 그래서 중국 당국은 대만이 독립을 선언한다면 토머스 프리드 먼Thomas Friedman이 "상호 경제의 확실한 파괴"[15]라고 표현한 경제적 피해를 감내하고라도 전쟁을 개시할 것이라고 밝혔다.

제2차 세계대전 당시 영국의 외교 정책도 마찬가지다. 1930년대에는 이데올로기적 이유―공산주의에 대한 고질적 반감―가 영국이 소련과의 동맹을 거부하는 데 중요한 역할을 했다. 나치 독일을 견제하려면 소련과 동맹을 맺는 게 필요했는 데도 말이다. 그러나 1940년 프랑스가 무너지자 영국의 생각도 바뀌었다. 독일이 서유럽 절반을 장악하자 영국의 생존이 위협받기 시작했고, 영국은 공산주의에 대한 반감을 제쳐두고 소련과 동맹을 형성해서 독일에 맞서려고 했다. 윈스턴 처칠의 유명한 연설에서도 그런 논리가 드러났다. "만약 히틀러가 지옥을 침공한다면 나는 적어도 하원에는 악마에 대한 호의적인 언급을 해야 한다."[16] 생존이 이데올로기를 이긴 것이다.

동일한 원칙이 자유민주주의 국가의 외교 정책에도 적용된다. 이들 국가의 지도자들은 무력 사용을 반대하는 국민 때문에 전쟁을 피하려는 경향이 강하다는 주장이 있다. 다른 말로 하면, 민주주의 정부는 평화와 그로 인한 이득을 매우 특별한 목표로 본다. 그러나 자유주의 이론가들 역시 생존 목표가 평화 목표와 상충하면 생존 목표가 우위에 선다는 것을 알고 있다. 브루스 러싯Bruce Russett과 지브 마오즈Zeev Maoz가 지적하듯이 "민주주의 규범의 (…) 적용이 생존을 위험에 빠뜨린다고 믿는 국가는 경쟁국이 만든 [폭력적인] 규범에 따라 행동할 것이다."[17]

국가는 제도와 법에 관한 국제적 약속이 생존과 상충하면 그 약속을 저버린다. 대부분 국제기구의 회원국은 규칙을 따르는 것을 목표로 한다. 그렇게 하면 이득을 볼 수 있다고 믿기 때문이다. 그래서 애초에 그런 기구를 설립하거나 기구에 가입하는 것이다. 국제법도 마찬가지다. 국제법을 준수하는 게 이득이 되기 때문에 이것이 목표가 된다. 그러나 국가는 가끔 규칙을 따르는 것이 생존과 상충한다는 결론을 내리기도 하는데, 그런 경우 언제나 생존이 승리한다. 이란, 이라크, 북한의 핵 프로그램을 보라. 세 국가는 핵확산금지조약(NPT)에 서명했다. 이 조약은 핵무기 프로그램 개발을 명시적으로 금지한다. 그러나 세 국가 모두 생존의 위협에 직면했다고 생각했을 때, 조약을 어기고 핵무기 개발을 시작했다.[18]

전쟁 중에는 생존이 분명 최대 목표다. 이를 가장 잘 보여주는 것이 군사적 이익을 위해 민간인을 표적으로 삼는 것이다. 철학적이고 종교적인 뿌리를 가진 오랜 전통은 국가가 전쟁을 수행할 때 민간인을 죽이는 것을 피하도록 하고 있다. 이런 사고방식은 자유민주주의 국가에서 특히 강하다. 인권은 양도할 수 없는 가치이며, 비전투원을 직접적인 목표물로 삼는 것은 잔혹한 일이라는 믿음이 널리 퍼져 있기 때문이다. 그러나 역사적 기록은 국가가 생존이 위험하다고 믿을 때는 수많은 민간인을 거리낌 없이 죽인다는 것을 보여준다. 그 살인 행위가 전장에서 패배하거나 막대한 사상자가 발생하는 것을 피하는 데 도움이 된다면 말이다. 영국과 미국은 제1차 세계대전 당시 독일을 봉쇄했다. 민간인들을 아사시켜 독일군이 항복하게 하려는 의도였다. 미국은 또 1945년 3월부터 일본 도시들을 줄기차게 폭격하다가 급기야 8월에는 히로시마와 나가사키에 원자폭탄을 떨어뜨렸다. 제2차 세계대전을 종식시키고 미국의 피해를 최소화하기 위해서였다.[19]

생존 위협

학자들은 국가가 생존을 위험에 빠뜨리는 두 가지 방식을 기술한다.

먼저 어떤 학자들은 국가가 무모하게 '확장'을 추구하다가 적국에 결정적인 패배를 맛보는 역사적 사례가 있다고 주장한다. 잭 스나이더는 이렇게 주장했다. "산업 시대에 강대국들은 놀라운 자해 성향을 보여주었다. 잃을 것이 많은 고도로 발달한 사회가 때로 국가의 생존을 위험에 빠뜨리면서 인명과 재산을 희생했다. 그러한 위험은 지나치게 공격적인 외교 정책의 결과다."[20] 가장 대표적인 사례가 나폴레옹의 프랑스, 빌헬름 2세의 독일, 나치 독일, 그리고 천황의 일본이다. 이 국가들은 모두 지역 패권을 차지하려 했지만 끔찍한 패배를 맛보았다.

또 다른 학자들은 가끔 국가가 '과소 균형'으로 생존을 위험에 빠뜨린다고 주장한다. 과소 균형이란 위험한 경쟁국을 억제하는 데 필요한 조치를 취하지 않는 것을 뜻한다. 랜들 슈웰러는 이런 행동이 국제관계에서 흔하게 일어난다고 주장한다. 국가는 심각한 위협에 직면했음을 깨닫지 못할 때가 많고, 이를 깨달았을 때도 적국을 점검하기 위한 적절한 단계를 밟지 않을 때가 많다는 것이다. 그 대신 회유, 편승, 책임 전가 등 어리석은 정책을 쓴다. 1930년대 말 영국과 프랑스가 그랬다고 평가받는다.[21]

그런데 분명히 말하자면, 국가가 생존을 위험에 빠뜨리는 방식으로 행동했다는 주장은 생존을 다른 목표보다 하위에 두었다고 말하는 것과는 다르다. 스나이더나 슈웰러는 자신들이 예시로 든 국가들이 생존을 최우선 목표로 삼지 않았다고 주장한 적이 없다. 다만 그 국가들이 어리석고 경솔하며 무모한 정책을 추구했다고 주장할 뿐이다.

먼저 무모하게 '확장'을 추구하는 지배자가 안보를 너무 우려한 나머지 생존 가능성을 극대화하기 위해 지배력을 가지려고 했던 사례를 보자. 나폴레옹에게 대륙 지배는 영국을 무너뜨리기 위한 서막이었다. 영국은 "국가의 생명줄인 산업과 상업에서 모든 국가의 존재를 위협하는 우월적 지위와 만용을 가진" 경쟁국이었기 때문이다. 마찬가지로 베트만 독일 총리의 개인 비서였던 쿠르트 리츨러Kurt Riezler의 기록에 따르면, 1914년 7월 독일 지도자들은 러시아가 너무 강력해져서 독일을 압도하는 위협이 닥치기 전에 러시아를 무너뜨리기 위해 유럽에서의 전면전을 원했다. 예방 전쟁은 매우 중요했다. "미래는 계속 강성해지는 러시아의 것이고, 이것이 우리에게 더 끔찍한 악몽이 되기 때문이다." 비슷한 생각을 하던 히틀러는 1941년에, 만약 독일이 소련을 무찌른다면 제3제국은 유럽의 패권을 차지하고 "앞으로 그 누구도 제3제국을 무너뜨릴 수 없을 것"[22]이라고 언급했다. 나가노 오사미 해군대신도 일본이 태평양에서 제2차 세계대전을 개시하기로 한 결정을 이렇게 옹호했다. "[일본은] 중병을 앓는 환자 같았다. (…) 수술하지 않고 내버려두면 계속 악화될 위험이 있었다. 수술은 지극히 위험할 수 있지만 환자의 목숨을 살릴 수 있다는 희망을 조금이나마 준다."[23]

'과소 균형'과 관련해서는 1930년대 말 영국과 프랑스의 사례를 들 수 있다. 당시 영국과 프랑스는 나치 독일의 위협이 점점 커지자 생존에 대한 깊은 우려가 있었다. 영국 총리 네빌 체임벌린의 억제 전략—앞에서도 보았듯이 잠시 비합리적이었다—에는 타당성을 의심할 이유가 있지만, 영국의 안보를 유지하는 것이 총리의 최우선 관심사였다는 데는 이의가 없다. 프랑스 사례는 더 명백하다. 프랑스 지도자들은 제3제국이 유럽 내 세력 균형을 위협한다는 것을 이해했을 뿐만 아니라 프랑스의 생존을 보장할 합리적인 전략을 추구했다.[24]

생존을 무시하기

정책결정자들이나 이른바 전문가라는 사람들조차 국가가 생존에 신경을 아예 쓰지 않는다고 주장하기도 한다. 이들의 주장은 보통 핵확산이라는 맥락에서 만들어진다. 중국의 지도자 마오쩌둥은 핵전쟁에 관해 대담한 발언을 많이 했는데, 그래서 미국과 소련의 일부 전문가들은 마오쩌둥이 중국의 생존에는 관심이 없다는 결론을 내렸다. 예를 들어 마오쩌둥이 1955년에 베이징 주재 핀란드 대사에게 "미국이 막강한 원자폭탄을 중국에 떨어뜨려 지구를 관통하는 구멍을 내거나 지구를 아예 날려버린다고 해도, 태양계에는 큰 사건이 될 수 있을지언정 우주에는 아무런 의미가 없을 것"[25]이라고 한 발언 같은 것들이다. 더 최근에는 논평가들이 "이란 정권은 원래 비합리적"이고 이란의 정책은 국가의 생존은 아랑곳하지 않는 "미친 율법학자들"이 만든 것이라고 주장하기도 했다.[26]

그러나 공개적인 언동과는 별개로, 핵무기를 원하는 지도자들이 자국의 생존에 신경 쓰지 않는다는 증거는 없다. 사실 핵무기를 추구한다면 반대가 되어야 한다. 핵무기 능력은 궁극적인 억제 수단이다. 국가의 생존 가능성을 극대화하기 때문이다. 중국이 50년 넘게 핵무기를 보유하면서도 이것을 중국의 자멸을 초래할 수 있는 방식으로 사용하겠다고 위협한 적은 한 번도 없다—실제로 사용한 적도 없다—는 것을 생각해보라.

마지막으로, 국가가 자발적으로 "죽음을 선택"한다고 주장하는 학자들도 있다. 자국의 주권을 국제기구에 양도하는 경우다. 더스틴 하우스Dustin Howes는 "국제기구에 자율권"을 양도해서 기꺼이 생을 포기한다고 강조한다. 자율권, 주권, 생존을 서로 교환 가능한 개념으로 보기 때문이다. 가장 대표적인 사례가 유럽연합 창설이다. 하우스를 비롯한 여러 학자는 관련 서유럽 국가들이 강력한 국제기구에 주권을 양도했다고 주장한다.[27]

그러나 이 주장에는 두 가지 문제가 있다.

첫째, 유럽연합 같은 기구에 가입하는 국가는 주권을 양도하는 것이 아니라 특정 사안에 대한 결정권을 위임하는 것이다. 궁극적인 결정권은 회원국에 있으므로 회원국은 언제라도 결정을 되돌릴 수 있다. 2020년 영국이 유럽연합을 탈퇴한 일이 그 예다.[28]

둘째, 국가는 생존 가능성을 높이려는 명백한 목적으로 기구에 권한을 위임하는 것이지 권한을 그냥 포기하는 것이 아니다. 서유럽 국가들은 유럽연합의 전신인 유럽공동체를 창설했을 때에도 생존 가능성을 극대화하려는 목적을 가지고 있었다. 나토에 가입한 것도 똑같은 이유에서다.[29]

*

국가가 목표 합리성을 가지고 있다는 증거는 많다. 즉 국가는 생존을 추구하고, 생존을 다른 목표보다 우선시한다. 그렇다고 해서 국가가 늘 생존에 성공하는 것은 아니다. 소련, 유고슬라

비아, 체코슬로바키아는 냉전 종식 후 사라졌다. 그러나 이때에도 지도자들은 자국을 온전하게 보존하기를 원했다. 다만 그럴 능력이 없었을 뿐이다.

우리는 역사적 기록에서 목표 비합리성의 사례는 단 하나만 발견했다. 제2차 세계대전이 끝날 무렵 독일의 행동이 그 예다. 패배가 확실해졌지만 제3제국은 항복하지 않고 계속 싸워서 더 확실하게 자멸했다. 역사학자 미하엘 가이어는 전쟁의 마지막 몇 해가 "자멸의 격변 속에서 싸우는 독일인들"이 부추긴 "대량 죽음의 행렬"이었다고 지적했다.[30]

에필로그

국제정치에서의
합리성

현대의 많은 국제관계 이론 — 특히 1970년대, 1980년대, 1990년대에 학문적 담론을 지배했던 자유주의 이론 및 현실주의 이론들 — 은 국가가 합리적 행위자라는 개념에 바탕을 둔다. 이는 지도자들이 외교 정책을 수립할 때 목적이 있는 방식으로 행동한다는 뜻이다. 그러나 이러한 전통에 해당되는 학자들은 합리적 행위자 가설을 정의하고 옹호하는 데 많은 관심을 기울이지 않았다. 이 주제를 다룬 중요한 연구가 전무하다는 것은 사실 충격적이다. 물론 합리적 국가가 국제 시스템에서 항해할 방법을 정할 때 다양한 정책의 찬반양론을 고려한다는 점에 대해 느슨한 합의는 있었다.

합리적 행위자 가설에 대한 비판은 두 개의 파도로 왔다.

먼저 초기의 많은 비평가는 심리학의 통찰에 기댔다. 심리학은 모든 인간이 그렇듯 정책결정자들 역시 인지적 한계가 있어서 합리적 결정을 막는 경우가 많다고 주장한다.[1] 그리고 또 다른 비평가들, 즉 '합리적 선택' 전통을 연구하는 비평가들은 국가가 '마치' 합리적으로 행동하는 것처럼 간주할 수 있다고 가정했다. 그러나 '합리적'이라는 용어가 기대효용 극대화의 관점에서 사고한다는 의미라면, 국가의 지도자들은 실제로는 합리적이지 않다고 지적했다.[2] 사실 이 두 그룹, 즉 정치심리학자와 합리적 선택 이론가들은 여러 이유에서 국가가 실제로는 일상적으로 합리적이지 않다는 점에 동의했다.

두 번째 비판의 파도가 지난 20년 동안 몰아치면서 합리적 행위자 가설에 대한 도전은 더 커졌다. 정치심리학자들은 선호, 신념, 의사결정에 관한 새로운 실증적 연구를 바탕으로 (행동경제학자들과 마찬가지로) 국가의 지도자들이 일상적으로 합리적이라는 주장을 거부했다.[3] 그리고 합리적 선택 이론가들은, 국가가 합리적이라면 경쟁이나 협력, 전쟁이나 평화 등에 관한 결정을 어떻게 내리는지를 설명하고, 암묵적으로든 명시적으로든 국가가 합리적이지 않을 때가 많다는 의견을 제안하는 데 초점을 두어왔다.[4]

이들 비평가들의 말이 옳다면, 국제정치 이론가들과 실무자들은 사실상 곤경에 처한다. 대부분의 자유주의 또는 현실주의 국제관계 이론들은 합리적 행위자 가설에 근거하기 때문에, 국가가 자주 비합리적일 수 있다는 사실은 이들의 이론적 접근을 무효로 만들 것이기 때문이다. 그렇게 되면 이들은 세상이 어떻게 돌아가는지에 대해 할 말이 없을 것이다. 실무적으로도 다른 국가가 합리적으로 생각하고 행동하길 기대할 수 없다면 자국의 전략을 수립하기가 특히 힘들 것이다. 결국 자국의 정

책에 다른 국가가 어떻게 반응할지 예상할 수 있는 믿을 만한 방법이 없는 것이다.[5]

　우리는 최근 부상한 이러한 일반적인 통념과는 완전히 반대로, 국가가 일상적으로 합리적이라는 것을 발견했다. 국가가 합리적 행위자라고 말하는 것은 국가의 정책이 신뢰성 있는 이론에 근거하고, 심의를 포함한 정책 결정 과정을 통해 결정을 내린다는 것을 뜻한다. 이런 기준으로 보면 역사적 기록은 대부분의 국가가 거의 항상 합리적이었음을 보여준다. 그 결과는 심오하다. 학계에는 현실주의와 자유주의가 건재할 것이고,[6] 정치 세계에서는 국가가 외교 정책을 수립하는 데 견고한 기반을 가질 것이다.

　마지막 포인트가 있다. 많은 학자가 합리성을 국가 간 평화와 연결 짓는다. 간단히 말하면 이런 주장이다. 국가 간 안보 경쟁과 전쟁이 아무런 의미가 없으며 서로 협력하는 게 이익이라는 것을 국가에게 일깨워주는 게 합리성이라는 것이다. 어떤 학자들은 심지어 이런 주장도 한다. 국가가 일상적으로 이성의 힘을 사용한다면, 전쟁은 (다른 폭력 행동들처럼) "이의를 제기할 수 없는 행동에서 점차 논란의 여지가 있는 행동, 부도덕한 행동, 생각할 수 없는 행동, 한 번도 생각해보지 못한 행동"으로 바뀌게 되리라는 것이다.[7]

　그러나 이런 관점은 합리성과 윤리성을 혼동한 것이다. 합리적 정책결정자는 다른 국가들을 다루기 위한 최선의 전략을 알아내려 노력할 뿐이다. 때로는 타당한 위협과 폭력을 행

사하기도 하면서 말이다. 이것이 그리 고무적이지는 않겠지만,

그것이 국제정치의 현실이다.

현실주의 이론가
미어샤이머에 대한
오해와 사실

옥창준
한국학중앙연구원

"어떻게 사는가와 어떻게 살아야 하는가는 근본적으로 다른 문제이므로, 현실의 문제를 소홀히 하는 군주는 권력을 잃고 말 것이다. 항상 고결하게 행동하고자 하는 군주가 비양심적인 자들에 둘러싸이게 되면 파멸할 수밖에 없다."

니콜로 마키아벨리, 《군주론》 15장

이 책 《국가는 어떻게 생각하는가》는 블라디미르 푸틴 대통령의 우크라이나 침공 결정에 대한 일반적인 인식을 뒤집으면서 시작한다. 현재 서방권에서 푸틴은 이기기 쉽지 않은 전쟁을 감행한, 나아가 전쟁 금지라는 국제 규범을 허문 '비합리적' 인물로 여겨진다. 하지만 이 책의 저자인 존 미어샤이머와 서배스천 로사토(그는 미어샤이머의 제자다)는 세간의 인식에 반기를 든다. 당연한 것을 의문시하면서 논쟁을 촉발한 것이다.

저자들은 '신뢰성 있는 이론에 근거하고, 신중한 결정 과정(심의deliberation)을 거치는' 두 가지 조건만 충족한다면 합리적인 결정이 이루어진다고 본다. 이 두 기준에서 본다면 러시아의 우크라이나 침공은 충분히 합리적이었다. 푸틴은 '세력 균형 이론'이라는 신뢰성 있는 이론을 바탕으로 대응에 나섰다. 러시아는 자국에 불리한 변화에 맞서, 상황이 더 악화하기 전에 군사력을 동원해 선제적 수를 쓴 것이었다. 그리고 이와 같은 러시아의 대응은 자국 내에서 충분한 심의 과정을 거친 결과물이었다.

우크라이나 침공을 환기하면서 미어샤이머와 로사토는 '국가는 합리적으로 행동한다'라는 가정이 흔들리는 시대에 다시 그 전제를 방어하기 위해 이 책을 썼다는 점을 만천하에 알린다. 만약 흔히 생각하듯이 비합리적 결정이 국제정치에서 왕왕 일어난다면 국가의 행동은 이해할 수도 예측할 수도 없으며, 그 경우 국제정치학이라는 학문 자체의 존재 의의도 흔들릴 수밖에 없다는 것이 저자들이 집필에 나선 직접적 계기였다.

이론과 사례를 종횡무진 넘나드는 이 책은 미어샤이머의 주저인《강대국 국제정치의 비극》과 연결해보면 그 내용을 좀 더 용이하게 접근할 수 있다.《강대국 국제정치의 비극》에서 미어샤이머는 국제정치를 다음과 같이 정리했다. 첫째, 국제체제는 무정부 상태anarchy다. 둘째, 국제체제의 강대국은 필연적으로 어느 정도의 공격 능력을 확보하고 있다. 셋째, 그 어떤 나라도 상대방의 의도를 확실하게 알 수는 없다. 넷째, 강대국의 가장 중요한 목표는 생존이다. 마지막으로, 국가는 합리적 행위자다. "그들은 자신의 주변 환경을 잘 인식하고 있으며, 그러한 환경 속에서 어떻게 하면 생존할 수 있는가에 대해 전략적으로 생각하고 있다. 그들은 다른 나라들의 선호가 무엇인지를 고려하며, 다른 나라의 행동이 생존을 위한 자신의 전략에 어떤 영향을 미칠지를 알고 있다. 더 나아가 국가들은 자신들의 행위가 미칠 단기적 결과는 물론 장기적 영향에 대해서도 깊은 관심을 기울이고 있다."

이처럼 국가, 특히 강대국들은 상대방의 행동을 예측하면서 합리적으로 생각하고 행동한다. 그러나 그 결론은 늘 자국의 힘을 최대한 기르는 것으로 끝난다. 그렇기 때문에 강대국 국제정치는 충돌을 피하기 어려운 '비극'적 상황에 놓일 수밖에 없다는 것이 미어샤이머의 관찰이었다. 그 누구도 처음부터 악의를 품지는 않았지만, 강대국들은 충돌을 향해 뚜벅뚜벅 나아갈 수밖에 없다.

《강대국 국제정치의 비극》이 일종의 '거시 정치학'이라면, 《국가는 어떻게 생각하는가》는 '미시 정치학'의 차원에서 국가의 행동을 역사적으로 세세하게 들여다본다. 앞의 책이 국제정치의 무정부적 속성으로부터 연역적으로 국가의 행동 양식을 추출했다면, 이 책은 제목 그대로 국가가 '어떻게' 생각하고 행동하는지를 여러 역사적 사례를 통해 보여주고자 했다.

사실 거시 정치학의 측면에서 본다면 국가라는 행위자가 '어떻게' 생각하는지는 큰 관심 영역이 아니었을 것이다. 합리적 국가는 국제정치의 기본 법칙에 따라 움직이기 때문에, 개별 국가가 취해야 하는 국익과 이를 실현하는 외교 정책의 정답은 이미 결정되어 있다. 그런데도 미어샤이머와 로사토가 이 책에서 국제정치가 아니라 '국가 안'을 들여다보고자 노력한 것은, 어쩌면 이와 같은 합리성 전제가 많은 공격을 받고 있는 상황임을 역설적으로 증명한다.

　　오늘날 사회과학 분야에서 개인의 합리성은 여러 층위에서 공격을 받는 중이다. 개인은 생각보다 합리적이지 않으며, '제한된 합리성'에서 결정을 내린다는 관찰이다. 모두가 다 이익을 극대화하고자 하는 '호모 에코노미쿠스'인 사회를 생각해 보라. 과연 그러한 사회가 장기적으로 지속할 수 있을까. 그렇기에 사회과학의 여러 분과 학문들은 개인의 합리성을 폭넓게 해석하면서 비합리성의 합리성, 합리성의 비합리성을 다각도로 고찰하고 있다.

　　그러나 개인들의 집합체이자, 국제체제에서 생존을 고민할 수밖에 없는 국가는 이와 같은 공격에서 여전히 자유롭다는 것이 미어샤이머와 로사토의 관찰이다. 여러 국가가 참여하는 국제정치라는 무대는 정보가 부족하고 매우 불확실한 세계다. 그 속에서 생존을 고민해야 하는 국가는 늘 합리적인 판단을 내리도록 강제될 수밖에 없다. 그렇기에 국가는 대체적으로는 합리적으로 행동한다. 국가가 국제정치의 대전략을 구상할 때도, 또는 위기 상황에 대응할 때도 말이다. 그러므로 국제정치 영역에서 국가가 때로 폭력 행사를 결정하는 것도 그 국가로서는 합리적이었음을 기꺼이 인정해야 한다는 것이 저자들의 주장이다.

합리성의 요건을 넓게 정의하는 그들이 '비합리적'이라고 꼽는 사례는 이 책 제7장에 제시한 4가지 사례뿐이다. 대전략을 결정할 때의 두 사례(제1차 세계대전 이전 독일의 위험 전략 결정, 제2차 세계대전 이전 영국의 무책임 전략 결정)와, 위기 대응의 두 사례(미국의 쿠바 침공 결정과 이라크 침공 결정)다. 이 사례들은 모두 신뢰성 없는 이론에 근거하고 있으며, 심의 과정이 일부 존재하긴 했지만 최종 결정자가 '지배자'로 행동하면서 비합리적인 결정이 내려졌다.

우리가 흔히 비합리적이었다고 알고 있는 여러 역사적 사례들이 해당 국가의 입장에서는 합리적인 것이었음을 설파하는 저자들의 분석은 그 자체로 흥미롭지만, 결국 지금 이 순간을 살아가고 있는 우리가 이 책에서 눈여겨보아야 할 것은, 과연 우리가 신뢰성 있는 이론과 적절한 심의 과정, 분별력을 지닌 지도자를 지니고 있냐는 문제일 것이다. 여전히 미어샤이머와 로사토는 '국가'를 이야기하지만, 대개 이 책에서 소개되는 사례는 대전략을 직접 수행할 수 있는 능력을 갖춘 '강대국'들이다. 그러나 국제정치를 '하는' 입장의 강대국들과 달리 한국과 같은 중견국 혹은 약소국들은 국제정치를 여전히 '당하는' 입장이다. 이 경우 국제정치란 대개 국내 정치의 연장선에서 진행될 가능성이 크며, 더 격렬한 권력투쟁 속에서 전개된다. 강대국들은 자신의 판단 하에 전략적 절제를 선택할 수 있지만, 중견국과 약소국은 강대국의 행동 하나하나에 영향을 받기 때문이다. 애초부터 신뢰성 있는 이론, 심의 과정, 분별력 있는 지도자를 다 갖추기가 어려운 환경이라는 점을 감안할 필요가 있다.

그럼에도 불구하고 미어샤이머와 로사토가 제시하는 틀은 한국의 외교적 선택을 평가하고 파악하는 데에도 충분히 활용될 수 있다. 과연 역대 한국 정부들은 얼마만큼의 신뢰성 있는 이론을 전략적으로 선택했으며, 또 대통령으로 대표되는 지도자와 정권의 수뇌들은 얼마나 활발한 심의 과정을 진행했는가를 반추하면서 이 책에 소개되는 역사 사례를 본다면 더 흥미로운 독서가 가능할 것이다. 나아가 궁극적으로는 강대국을 중심으로 한 미어샤이머와 로사토의 논의에 더 비판적으로 개입할 수 있으리라.

*

《국가는 어떻게 생각하는가》는 국내에 번역된 미어샤이머의 여러 저작 중 하나다. 번역은 우리의 사유를 풍요롭게 해주지만, 우리는 외국 저자가 지닌 사상의 전모를 파악하기가 쉽지 않다. 번역은 시차를 두고 이루어지고, 모든 책이 '전집'의 형태로 체계적으로 번역되기보다는 그 당시 우리 사회의 관심사에 따라 중구난방으로 번역될 수밖에 없는 조건에 놓이기 때문이다. 그렇다면 한국 사회가 미어샤이머를 빌려서 어떤 이야기를 하고 싶었는지, 혹은 어떤 이야기들이 논의되었는지 한 번 정도 되짚어보자.

최초로 국내에 미어샤이머를 소개한 이는 현역 군인인 주은식이었다. 주은식은 리델 하트 군사사상을 연구하는 과정에서 미어샤이머의 리델 하트 연구서(1988)를 발견했고, 이를 《리델 하트 사상이 현대사에 미친 영향》으로 1998년에 번역해 소개했다. 미어샤이머 자신이 군인 출신이기에 그의 사상 체계에서 리델 하트의 군사론 독해는 또 다른 연구 주제가 될 수 있겠지만, 이 책은 그리 널리 알려지지 못했다.

미어샤이머의 이름을 한국 사회에 본격적으로 알린 것은 역시 그의 대표작이라 할 수 있는 《강대국 국제정치의 비극The Tragedy of Great Power Politics》(2001)이었다. 이 책은 2004년에 국제정치학자 이춘근의 번역을 통해 소개되었다. 일본에서는 《대국정치의 비극大国政治の悲劇》이라는 제목으로 2007년에, 중국에서는 《대국정치의 비극大国政治的悲剧》으로 2014년에 번역본이 나온 것을 감안하면 상대적으로 빠른 번역이었다.

미어샤이머의 책이 한국어로 발 빠르게 번역된 이유는 무엇일까. 여기에는 당시 한국 사회의 국내 정치 및 국제정치적 맥락이 반영되어 있다. 옮긴이 이춘근 박사는 국제정치를 도덕적 측면에서 바라보는 데 익숙한 한국 사람들에게 현실 국제정치의 적나라함을 보여주고자 이 책을 번역했다고 적고 있다. 특히 그는 2000년대 초반 한국 사회 일각에서 나타나는 반미反美와 친중親中 정서를, 국제정치를 도덕적·감정적 측면에서 바라보는 관점의 생생한 증거로 보았다. 그는 자신이 직접 쓴 《현실주의 국제정치학》(2007)에서, 햇볕 정책으로 대표되는 화해 정책을 이상주의라 비판하고, 미국과의 동맹 유지를 한국이 추진해야 하는 대전략으로 꼽았다. 한국의 '현실주의' 국제정치 학자 이춘근이 보기에 미어샤이머의 논리는 김대중-노무현 정부의 대북 정책 및 외교 전략을 비판하기 위한 좋은 외부적 권위이자 수단을 제공했다.

또 미어샤이머의 이론 체계는 일찍부터 미국과 중국의 갈등이 불가피하다고 보고 있었고, 이는 미국발 금융위기와 중국의 국제적 부상이 이어지는 가운데 미국과 중국 사이에서 방황·갈등하는 한국 사회에도 지속적인 울림을 줄 수 있었다. 이미 미어샤이머는《강대국 국제정치의 비극》(초판) 제10장에서 앞으로 올 21세기 강대국 국제정치를 전망하면서, 미국이 21세기 초반에 당면할 최악의 시나리오로 중국이 동북아시아에서 잠재적 패권국으로 등장하는 일을 꼽았다. 잠재력의 측면에서 볼 때 중국은 20세기 미국이 상대한 독일, 일본, 소련보다 훨씬 위험한 나라가 될 가능성이 컸다.

그러면서 미어샤이머는 당시 미국의 정책이, 중국을 세계 경제에 통합시켜 현상 유지에 만족하는 국가로 만들고자 노력을 하고 있다고 파악했다. 미어샤이머가 보기에 이는 철저히 잘못된 정책이었다. 부유해진 중국은 현상 유지는커녕, 지역 패권을 추구하는 공격적 국가로 더 빠르게 전환할 것이기 때문이다. 이는 중국공산당의 음험한 계획이나, 중국 지도부가 특별히 더 사악한 의도를 지녀서가 아니었다. 중국의 미래는 미국과의 충돌로 이어진다는 점에서 비극적일 수 있어도, 모든 강대국이 나아가는 자연스러운 길일 따름이었다.

미어샤이머는 제10장의 내용을 대폭 확장해 '중국은 평화롭게 부상할 수 있을까?'라는 장을 추가한 《강대국 국제정치의 비극》 제2판(2014)을 출간했다. 그리고 이 책 역시 이춘근의 번역으로 《강대국 국제정치의 비극: 미중 패권경쟁의 시대》(2017)라는 보다 노골적인 한국어판 부제를 달아 출간되었다 (제2판의 일본어 번역은 2019년, 중국어 번역은 2021년에 이루어졌다).

2010년대에 미어샤이머는 여러 차례 한국을 방문해 한국의 외교적 선택을 직접적으로 조언했다. 중국의 강대국화에 한국이 맞설 현실적 수단으로 미국과의 동맹 강화, 일본과의 협력을 강조한 것이다. 또한 미어샤이머는 조지 케넌 사후 출간된 《조지 케넌의 미국 외교 50년(60주년 기념판)》(2012, 한국어판 2013)의 서문을 쓰면서 냉전기 조지 케넌의 대소련 봉쇄 전략을 높이 평가했다. 미어샤이머는 케넌이 지금도 살아 있다면 중국을 봉쇄하기 위해 아시아-태평양 지역에 주둔한 군대를 증강하고 대중국 균형 동맹을 끌어모으는 데 주도권을 잡아야 한다고 주장했을 것이라 보면서, 자신의 대중국 정책의 이론적 근거로 케넌의 봉쇄 전략을 꼽았다.

이와 같은 미어샤이머의 행보는 이명박-윤석열 정부에서 연달아 국가 안보 정책을 담당하고 있는 김태효 교수(성균관대학교 정치외교학과)의 전략 구상과 유사한 점도 보인다. 김태효는 시카고 대학교에서 박사 과정을 보내면서 미어샤이머의 세계관에 깊은 영향을 받았다. 김태효 역시 평화라는 수사보다는 힘의 추구를 통해 국가의 생존을 도모해야 한다는 논리를 받아들였다. 그러나 분명한 차이점도 존재한다. 미어샤이머의 조언은 미국과 중국이 앞으로 대결할 수밖에 없기에, 한국이 가까운 강대국 중국의 지배를 피하고 싶다면 미국과 일본을 활용해 중국을 견제하는 편이 낫다는 것이었다. 처절할 정도로 객관적으로 보이지만 이는 한반도 문제를 외부에서 바라보는 자의 시선이기도 하다. 이를 바다 건너의 관점이 아니라 실제 동아시아의 현실에서 구현하기 위해서는, 대전략을 비롯해 국가가 어떻게 생각하고 행동해야만 하는지를 더 철저하게 물을 필요가 있다.

'미어샤이머의 제자' 김태효가 국가안보실 제1차장으로 일하고 있는 윤석열 정부의 대외 정책은 단순한 대중국 견제 정책을 넘어선다. 한-미-일 공조를 통해 중국의 부상을 견제하는 대전제에 동의하더라도, 윤석열 정부는 더 나아가 북한-중국-러시아는 우리와 가치를 공유하지 못하는 국가로 보고, 일본과 미국은 우리와 자유민주주의를 공유하는 문명적 '가치 동맹'으로 본다는 점에서 미어샤이머와 결을 달리한다. 이는 자유주의적 가치의 개입을 철저히 배제하고 힘의 역학관계를 통해서만 문제를 풀어나가야 한다는 미어샤이머와의 결정적 차이라 할 수 있다. '자유의 북진'을 공식적으로 언급하는 윤석열 정부의 정책은 미어샤이머적이라기보다는 오히려 미어샤이머가 비판하고자 했던 미국의 자유주의자들이나 네오콘을 닮아가는 측면이 있다.

해제

미어샤이머의 논리를 받아들인 한국의 '현실주의' 노선이 왜 이렇게 전개되는지는 또 다른 사상사적 탐구 대상이겠지만, 하나의 거친 가설을 제기해보자. 아마도 분단된 한반도 남쪽의 '현실주의자'들이 주로 민주당 계열의 '비현실주의자'들과 싸우는 동시에, 자신들의 사상적 자원을 보수주의가 아닌 자유주의에서 발견하고자 했기 때문일 것이다. 한국의 '현실주의자'들은 국제정치적으로는 현실주의 논리를 받아들이더라도, 국내 정치적으로는 자유주의 전사의 모습을 동시에 지녀야 했다.

반면 미어샤이머는 그렇지 않다. 미어샤이머는 미국의 정치 문화가 지나치게 '자유주의적' 문화에 젖어서 국제정치의 현실을 제대로 보지 못한다는 사실에 개탄했다. 자유주의 세계관이 너무나 자연스러운 미국은 중국을 향한 견제와 봉쇄를 적절히 취하기보다는, 세력 균형 논리에 위배되는 정책을 추구하곤 했다. 미국의 국력 낭비에 대한 미어샤이머의 불만은 이후《이스라엘 로비The Israel Lobby and U.S. Foreign Policy》(스티븐 M. 월트와 공저, 2007, 한국어판 2010),《왜 리더는 거짓말을 하는가 Why Leaders Lie》(2011, 한국어판 2011)로 세상에 모습을 드러냈다.

미국이 탈냉전기에 정력적으로 추구한 자유주의 정책을 향한 비판은《거대한 환상The Great Delusion》(2018)으로 다시 한 번 집대성되었고, 이 책 또한 이춘근의 번역을 통해《미국 외교의 거대한 환상: 자유주의적 패권 정책에 대한 공격적 현실주의의 비판》(2020)으로 소개되었다. 미국은 잘못된 이론인 자유주의 국제정치 이론에 기초하여 무리하게 비자유주의 국가를 자유주의 국가로 바꾸기 위해 노력하다가 국력을 낭비했고, 지금도 중국의 부상을 동아시아에서 저지한다는 제1의 국가 목표를 망각하고 자유주의 수호라는 헛된 목표를 추구하고 있다는 것이 미어샤이머의 냉엄한 진단이었다.

특히 2022년 러시아의 우크라이나 침공과 관련해서 미어샤이머는 이 전쟁을 푸틴의 전쟁으로 보는 미국의 시각을 비판하면서, 탈냉전기 이후 지속적으로 이루어진 북대서양조약기구(NATO)의 동진 정책을 문제시했다. 우크라이나의 나토 가입은 러시아의 '실존적 위협'이라는 사실을 러시아 측이 줄곧 경고했음에도 불구하고 미국이 이를 무시하고 추진했다는 점을 미어샤이머는 여러 강연과 기고를 통해 강조한다. 이처럼 침략전쟁의 책임을 푸틴에게서 찾지 않는 그의 논법은 미국을 넘어 세계 여러 곳에서 논쟁과 논란을 불러일으키고 있다. 미어샤이머의 논리에 동의하느냐 반대하느냐와는 별개로 분명한 것이 있다. 미어샤이머는 미국 내에서는 자유주의적 접근을 비판하고, 미국의 국제정치 전략으로는 중국 견제라는 '제1의 목표'를 줄곧 주장하고 있다는 점이다. 현실주의 이론가의 행보로서는 타당한 측면이 있지만, 그의 철저한 현실주의 논리가 미국 내에서 얼마나 '현실적인' 지지를 받을 수 있을지는 앞으로 두고 봐야 할 것이다.

마지막으로 《리델 하트 사상이 현대사에 미친 영향》을 언급해보고자 한다. 한국어권 독자들에게 잘 알려지지 않은 이 책에도 《국가는 어떻게 생각하는가》를 읽을 때 도움이 되는 지점이 있기 때문이다. 미어샤이머는 《리델 하트 사상이 현대사에 미친 영향》을 마무리하면서, 리델 하트라는 군사 전략가가 역사를 어떻게 이용했는지를 비판적으로 바라본다. 미어샤이머는 역사를 활용하는 세 가지 틀을 제시하면서 '분석적 역사'와 '편재적 역사', '선택적 역사'를 논한다. '분석적 역사'가 현재에도 적용 가능한 과거의 일반화라는 점에서 긍정적인 가치를 내포한다면, '편재적 역사'는 과거의 해석에 현재를 과도하게 일치시키는 편향을, '선택적 역사'는 현재의 해석에 과거를 과도하게 일치시키는 편향을 담은 부정적인 뉘앙스의 단어였다.

리델 하트는 자신의 명성과 능력에 기대어 스스로를 논쟁적인 문제에 대해 '객관적'인 평가를 내릴 수 있는 냉정한 분석가라고 주장했다. 하지만 미어샤이머가 볼 때 리델 하트는 자신의 이익에 맞게 역사를 영리하고도 교묘하게 왜곡했다. 이와 같은 그의 지적은 바로 지금, 미어샤이머와 로사토를 읽어낼 때에도 그대로 적용되는 기준일 것이다. 과연 이들은 과거의 사례를 볼 때 '분석적'으로 접근하고 있는가? 자신들의 이론적 틀에 맞추기 위해 과도한 역사 해석을 하고 있는 것은 아닌가? 이에 대한 판단은 2024년에 한국어로 《국가는 어떻게 생각하는가》를 만나는 독자들에게 남겨진 몫이다.

머리말

1   "UK's Johnson Says Russia's Putin May Be 'Irrational' on Ukraine," *Reuters*, 20 February 2022; Mitt Romney, "We Must Prepare for Putin's Worst Weapons," *New York Times*, 21 May 2022.

2   우리는 합리적이지 않은 주체를 가리킬 때 '비이성적(irrational)/비이성 (irrationality)'이 아니라 '비합리적(nonrational)/비합리성(nonrationality)'이 라는 표현을 사용하고자 한다. 이는 '비이성적'이라는 말이 주로 누군가를 비난할 때―더 나아가 폄하할 때―사용되기 때문이다. 우리는 지도자와 국가가 합리성의 기준을 충족하는가를 평가하고자 할 뿐이므로 지도자와 국가가 내린 결정의 옳고 그름을 비난하거나 칭찬하는 데는 관심이 없다.

3   Nina L. Khrushcheva, "Putin Joins a Long Line of Irrational Tyrants," *Globe and Mail*, 26 February 2022; Bess Levin, "An 'Increasingly Frustrated' Putin, a Madman with Nuclear Weapons, Is Lashing Out at His Inner Circle," *Vanity Fair*, 1 March 2022; Tony Brenton, "This Isn't the Vladimir Putin That I Once Knew," *Telegraph*, 1 March 2022.

4   Kevin Liptak, "Biden Says Putin 'Totally Miscalculated' by Invading Ukraine but Is a 'Rational Actor,'" CNN, 11 October 2022.

5   "H. R. McMaster on 'Face the Nation,'" *CBS News*, 27 February 2022.

6   "Vladimir Putin's Televised Address on Ukraine," *Bloomberg News*, 24

February 2022에서 재인용.

7   Ramzy Mardini, "Course Correcting toward Diplomacy in the Ukraine Crisis," *National Interest*, 12 August 2022.

8   David Ignatius, "Putin's Impending 'March of Folly' in Ukraine," *Washington Post*, 13 February 2022.

9   James Risen and Ken Klippenstein, "The CIA Thought Putin Would Quickly Conquer Ukraine. Why Did They Get It So Wrong?" *Intercept*, 5 October 2022.

10   워너는 "Reading Putin: Unbalanced or Cagily Preying on West's Fears?" *Independent*, 1 March 2022에서 재인용; Michael McFaul, "Putin Is Menacing the World. Here's How Biden Should Respond to His Nuclear Threats," *Washington Post*, 3 March 2022.

11   William J. Burns, *The Back Channel: A Memoir of American Diplomacy and the Case for Its Renewal* (New York: Random House, 2019), 233; "Foreign Minister Sergey Lavrov's Interview with the BBC TV Channel, St. Petersburg," Ministry of Foreign Affairs of the Russian Federation, 16 June 2022.

제1장   '합리적 행위자' 가설
: 이론적 틀, "국제정치에는 합리적 행위자가 존재한다"

1   예를 들어 Ewen MacAskill, "Irrational, Illogical, Unpredictable—24 Years On, the World Awaits Saddam's Next Move," *Guardian*, 18 March 2003; Victor Davis Hanson, "The Not-So-Mad Mind of Mahmoud Ahmadinejad," *Chicago Tribune*, 20 January 2006; Phil Gunson, "Is Hugo Chavez Insane?" *Newsweek*, 11 November 2001; Kate Kelland, "No Method in Deciphering Gaddafi's Mind," *Reuters*, 3 March 2011; Mark Bowden, "Understanding Kim Jong Un, the World's Most Enigmatic and Unpredictable Dictator," *Vanity Fair*, 12 February 2015 참조.

2   Emilie M. Hafner-Burton, Stephan Haggard, David A. Lake, and David

G. Victor, "The Behavioral Revolution and International Relations," *International Organization* 71, no. S1 (2017): 2.

3   이 점에 관해서는 Uriel Abulof, "The Malpractice of 'Rationality' in International Relations," *Rationality and Society* 27, no. 3 (2015): 359; Kevin Narizny, "On Systemic Paradigms and Domestic Politics: A Critique of the Newest Realism," *International Security* 42, no. 2 (2017): 160 – 161; Alexander Wendt, "Anarchy Is What States Make of It: The Social Construction of Power Politics," *International Organization* 45, no. 2 (1992): 391 – 395 참조. 합리성 가설이 자유주의와 현실주의 접근법 모두에 핵심적이라는 주장에 관해서는 Robert O. Keohane and Joseph S. Nye, Jr., "Power and Interdependence Revisited," *International Organization* 41, no. 4 (1987): 728 참조. 합리성이 자유주의적 접근법의 핵심이라는 주장에 관해서는 Andrew Moravcsik, "Taking Preferences Seriously: A Liberal Theory of International Politics," *International Organization* 51, no. 4 (1997): 516 – 521 참조. 합리성이 현실주의적 접근법의 핵심이라는 주장에 관해서는 Robert O. Keohane, "Theory of World Politics: Structural Realism and Beyond," in *Neorealism and Its Critics*, ed. Robert O. Keohane (New York: Columbia University Press, 1986), 164 – 165; Jeffrey W. Legro and Andrew Moravcsik, "Is Anybody Still a Realist?" *International Security* 24, no. 2 (1999): 6, 12; Brian C. Schmidt and Colin Wight, "Rationalism and the 'Rational Actor Assumption' in Realist International Relations Theory," *Journal of International Political Theory* (forthcoming) 참조.

4   연구 프로그램 자체를 포기하지 않으면 그 프로그램의 가설을 포기하거나 바꿀 수 없다는 관점에 대해서는 Imre Lakatos, *The Methodology of Scientific Research Programmes: Philosophical Papers*, ed. John Worrall and Gregory Currie (New York: Cambridge University Press, 1978), 1:1 – 101[임레 라카토슈, 《과학적 연구 프로그램의 방법론》, 신중섭 옮김, 아카넷, 2002] 참조.

5   비슷한 정의에 관해서는 Steven Pinker, *Rationality: What It Is, Why It*

Seems Scarce, Why It Matters (New York: Viking, 2021), 36 – 37 참조. 핑커는 특히 "단어가 사용되는 방식에 거의 충실한 정의는 '목표를 달성하기 위하여 지식을 사용하는 능력'이다"라고 썼다.

6 합리적 선택과 정치심리학을 기술하는 최근 연구에 관해서는 Andrew H. Kydd, *International Relations Theory: The Game-Theoretic Approach* (New York: Cambridge University Press, 2015); Alex Mintz, Nicholas A. Valentino, and Carly Wayne, *Beyond Rationality: Behavioral Political Science in the 21st Century* (New York: Cambridge University Press, 2022) 참조.

7 보다시피 우리는 국제관계 이론화를 위해 과학적인 현실주의 관점을 취했다. 우리에게 이론이란 세상이 실제로 어떻게 작동하는지를 반영하는 설명을 포함한다. 따라서 이론의 근거가 되는 가설은 국제정치의 특정한 측면을 반영해야 하고, 옳거나 그른 것으로 판명될 수 있다. 이런 가설은 단지 흥미로운 이론을 낳는 데 도움이 되는 유용한 픽션이 아니다. 이 경우에는 합리성에 관한 견실한 정의가 합리적 지도자들이 실제로 어떻게 사고하는지 반영한다는 것을 의미한다. 과학적 현실주의와 도구주의의 차이에 관해서는 Paul K. MacDonald, "Useful Fiction or Miracle Maker: The Competing Epistemological Foundations of Rational Choice Theory," *American Political Science Review* 97, no. 4 (2003): 551 – 565; John J. Mearsheimer and Stephen M. Walt, "Leaving Theory Behind: Why Simplistic Hypothesis Testing Is Bad for International Relations," *European Journal of International Relations* 19, no. 3 (2013): 432 – 434 참조. 과학적 현실주의에 관해서는 Anjan Chakravartty, "Scientific Realism," in *The Stanford Encyclopedia of Philosophy* (Summer 2017 edition), ed. Edward N. Zalta; https://plato.stanford.edu/archives/sum2017/entries/scientific-realism/ 참조.

8 분명히 하자면, 우리는 합리성을 국가의 전략 또는 정책과 구분하기 위해 '전략적 합리성'이라는 말을 썼다. 합리적 선택 이론가들은 이 말을 조금 다른 의미로 사용한다. 이들은 정책 결정 과정의 상호성을 강조한다. 행위자들이 선택을 할 때 서로의 전략을 어떻게 고려하는가에 초점을 맞춘다. 예를 들어 David A. Lake and Robert Powell, "International Relations:

A Strategic-Choice Approach," in *Strategic Choice and International Relations*, ed. David A. Lake and Robert Powell (Princeton, NJ: Princeton University Press, 1999), 3 – 4 참조.

제2장　전략적 합리성과 불확실성
：불확실한 세상을 어떻게 이해할 것인가

1   Herbert A. Simon, "Rationality as Process and as Product of Thought," *American Economic Review* 68, no. 2 (1978): 1, 9; 강조는 원문에 따름.

2   Debra Satz and John Ferejohn, "Rational Choice and Social Theory," *Journal of Philosophy* 91, no. 2 (1994): 73; 강조는 원문에 따름.

3   개인에게 정치 세계의 본질에 관한 신념과 결정 과정에 관한 신념이 있다는 주장에 관해서는 Stephen G. Walker, "Foreign Policy Analysis and Behavioral International Relations," in *Rethinking Foreign Policy Analysis: States, Leaders, and the Microfoundations of Behavioral International Relations*, ed. Stephen G. Walker, Akan Malici, and Mark Schafer (New York: Routledge, 2011), 6 참조.

4   Stephen Kalberg, "Max Weber's Types of Rationality: Cornerstones for the Analysis of Rationalization Processes in History," *American Journal of Sociology* 85, no. 5 (1980): 1159 – 1160에서 재인용.

5   David A. Lake and Robert Powell, "International Relations: A Strategic-Choice Approach," in *Strategic Choice and International Relations*, ed. David A. Lake and Robert Powell (Princeton, NJ: Princeton University Press, 1999), 6 – 7.

6   Brian C. Rathbun, *Reasoning of State: Realists, Romantics and Rationality in International Relations* (New York: Cambridge University Press, 2019), 18. Dan Spokojny and Thomas Scherer, "Foreign Policy Should Be Evidence-Based," *War on the Rocks*, 26 July 2021도 참조.

7   Sidney Verba, "Assumptions of Rationality and Non-Rationality in Models of the International System," *World Politics* 14, no. 1 (1961): 93.

8 Norrin M. Ripsman, Jeffrey W. Taliaferro, and Steven E. Lobell, *Neoclassical Realist Theory of International Politics* (New York: Oxford University Press, 2016), 61 – 62, 123 – 129; Alexander Wendt, "The State as Person in International Theory," *Review of International Studies* 30, no. 2 (2004): 296 – 301.

9 Stanley Ingber, "The Marketplace of Ideas: A Legitimizing Myth," *Duke Law Journal* 1984, no. 1 (1984): 3 – 4.

10 Jon Elster, "Introduction," in *Rational Choice*, ed. Jon Elster (New York: New York University Press, 1986), 5; James D. Morrow, *Game Theory for Political Scientists* (Princeton, NJ: Princeton University Press, 1994), 28.

11 Frank H. Knight, *Risk, Uncertainty and Profit* (Boston: Houghton Mifflin, 1921), 214 – 216, 224 – 225, 230; p. 214에서 인용[프랭크 하이너먼 나이트, 《위험과 불확실성 및 이윤》, 이주명 옮김, 필맥, 2018].

12 Knight, *Risk, Uncertainty and Profit*, 214.

13 John Maynard Keynes, "The General Theory of Employment," *Quarterly Journal of Economics* 51, no. 2 (1937): 213 – 214. 불확실성에 관해서는 David Dequech: "Fundamental Uncertainty and Ambiguity," *Eastern Economic Journal* 26, no. 1 (2000): 41 – 60, and "Uncertainty: A Typology and Refinements of Existing Concepts," *Journal of Economic Issues* 45, no. 3 (2011): 621 – 640; Friedrich A. Hayek, "The Use of Knowledge in Society," *American Economic Review* 35, no. 4 (1945): 519 – 530; John Kay and Mervyn King, *Radical Uncertainty: Decision-Making beyond the Numbers* (New York: W. W. Norton, 2020), 14 – 15; Jonathan Kirshner, "The Economic Sins of Modern IR Theory and the Classical Realist Alternative," *World Politics* 67, no. 1 (2015): 168 – 177; Knight, *Risk, Uncertainty and Profit*, 198 – 199, 225, 231 – 233; Jennifer Mitzen and Randall L. Schweller, "Knowing the Unknown Unknowns: Misplaced Certainty and the Onset of War," *Security Studies* 20, no. 1 (2011): 2 – 35; Brian C. Rathbun, "Uncertain about Uncertainty: Understanding the Multiple Meanings of a Crucial Concept in

International Relations Theory," *International Studies Quarterly* 51, no. 3 (2007): 533 – 557도 참조.

14 '작은' 세상과 '큰' 세상에 관해서는 Gerd Gigerenzer, "Axiomatic Rationality and Ecological Rationality," *Synthese* 198 (2021): 3548 – 3550 참조.

15 Kay and King, *Radical Uncertainty*, 12.

16 Carl von Clausewitz, *On War*, ed. and trans. Michael Howard and Peter Paret (Princeton, NJ: Princeton University Press, 1976), 101 – 102[카를 폰 클라우제비츠, 《전쟁론》, 류제승 옮김, 책세상, 1998].

17 예를 들어 Geoffrey Blainey, *The Causes of War*, 3rd ed. (New York: Free Press, 1988); James D. Fearon, "Rationalist Explanations for War," *International Organization* 49, no. 3 (1995): 379 – 414; Jack S. Levy, "Misperception and the Causes of War: Theoretical Linkages and Analytical Problems," *World Politics* 36, no. 1 (1983): 76 – 99; Ernest R. May, "Capabilities and Proclivities," in *Knowing One's Enemies: Intelligence Assessment before the Two World Wars*, ed. Ernest R. May (Princeton, NJ: Princeton University Press, 1984), 504 – 519 참조.

18 Stephen M. Walt, "The Case for Finite Containment: Analyzing U.S. Grand Strategy," *International Security* 14, no. 1 (1989): 6. Barry R. Posen, *Restraint: A New Foundation for U.S. Grand Strategy* (Ithaca, NY: Cornell University Press, 2014), 1; Nina Silove, "Beyond the Buzzword: The Three Meanings of 'Grand Strategy,'" *Security Studies* 27, no. 1 (2018): 34 – 39도 참조.

19 예를 들어 Robert Jervis, "Was the Cold War a Security Dilemma?" *Journal of Cold War Studies* 3, no. 1 (2001): 36 – 60; Marc Trachtenberg: *The Craft of International History: A Guide to Method* (Princeton, NJ: Princeton University Press, 2006), ch. 4, and "The Influence of Nuclear Weapons in the Cuban Missile Crisis," *International Security* 10, no. 1 (1985): 137 – 163; John J. Mearsheimer, "The Inevitable Rivalry: America, China, and the Tragedy of Great-Power Politics," *Foreign Affairs* 100, no.

6 (2021): 48 – 58 참조.

제3장 전략적 합리성의 정의
: 신뢰성 있는 이론에 근거하는가, 심의 과정을 거쳤는가

1 이론—저자들은 '아이디어'나 '신념'이라는 용어를 사용했다—과 외교 정책을 연결하는 통찰력 있는 분석에 관해서는 Judith Goldstein and Robert O. Keohane, "Ideas and Foreign Policy: An Analytical Framework," in *Ideas and Foreign Policy: Beliefs, Institutions, and Political Change*, ed. Judith Goldstein and Robert O. Keohane (Ithaca, NY: Cornell University Press, 1993), 3 – 30 참조.

2 위협 균형 이론에 관해서는 Stephen M. Walt, *The Origins of Alliances* (Ithaca, NY: Cornell University Press, 1987) 참조.

3 민주평화 이론에 관해서는 Bruce M. Russett, *Grasping the Democratic Peace: Principles for a Post – Cold War World* (Princeton, NJ: Princeton University Press, 1993) 참조.

4 Steven Pinker, *Rationality: What It Is, Why It Seems Scarce, Why It Matters* (New York: Viking, 2021), 74.

5 Brian C. Rathbun, *Reasoning of State: Realists, Romantics and Rationality in International Relations* (New York: Cambridge University Press, 2019), 18, 20.

6 Robert Jervis, *Perception and Misperception in International Politics* (Princeton, NJ: Princeton University Press, 1976), 158.

7 존 케이와 머빈 킹은 '이론'보다 '서사'를 말하지만, 다양한 정보 맥락에서 추론하는 것에 대한 비슷한 사고의 틀을 사용한다. 또한 두 사람은 우리가 '이론'의 개념을 발전시킨 방식과는 다르게 '서사'의 개념을 발전시켰다. Kay and King, *Radical Uncertainty: Decision-Making beyond the Numbers* (New York: W. W. Norton, 2020) 참조.

8 Carl von Clausewitz, *On War*, ed. and trans. Michael Howard and Peter Paret (Princeton, NJ: Princeton University Press, 1976), 578.

9   Robert B. Zoellick, *America in the World: A History of U.S. Diplomacy and Foreign Policy* (New York: Hachette, 2020), 8[로버트 B. 죌릭, 《세계 속의 미국: 미국 외교와 대외정책의 역사》, 홍기훈 옮김, 북앤피플, 2021].

10 Michael C. Desch, *Cult of the Irrelevant: The Waning Influence of Social Science on National Security* (Princeton, NJ: Princeton University Press, 2019), 240–241에서 재인용.

11 Desch, *Cult of the Irrelevant*, 241.

12 Kay and King, *Radical Uncertainty*, 12–17.

13 John Maynard Keynes, *General Theory of Employment, Interest and Money* (New York: Classic Books America, 2009), 331[존 메이너드 케인스, 《고용, 이자 및 화폐의 일반이론》, 조순 옮김, 비봉출판사, 2007]. Immanuel Kant, "Perpetual Peace: A Philosophical Sketch" in *Kant: Political Writings*, ed. H. S. Reiss (New York: Cambridge University Press, 1970), 93, 114–115도 참조.

14 Binyamin Applebaum, *The Economists' Hour: False Prophets, Free Markets, and the Fracture of Society* (New York: Little, Brown, 2019), 67, 82. Todd G. Buchholz, *New Ideas from Dead Economists: An Introduction to Modern Economic Thought*, rev. and updated ed. (New York: Plume, 2007) [토드 부크홀츠, 《죽은 경제학자의 살아 있는 아이디어》, 류현 옮김, 김영사, 2023]; Paul Krugman, *Peddling Prosperity: Economic Sense and Nonsense in the Age of Diminished Expectations* (New York: W. W. Norton, 1994)[폴 크루그먼, 《폴 크루그먼의 경제학의 향연》, 김이수·오승훈 옮김, 부키, 1997]; Nicholas Wapshott, *Samuelson Friedman: The Battle over the Free Market* (New York: W. W. Norton, 2021)[니컬러스 웝숏, 《새뮤얼슨 vs 프리드먼: 시장의 자유를 둘러싼 18년의 대격돌》, 이가영 옮김, 부키, 2022]도 참조.

15 Strobe Talbott, "Why NATO Should Grow," *New York Review of Books*, 10 August 1995.

16 Thomas L. Friedman, "Foreign Affairs; Now a Word from X," *New York Times*, 2 May 1998에서 재인용.

17 David Dessler, "Beyond Correlations: Toward a Causal Theory of War," *International Studies Quarterly* 35, no. 3 (1991): 349에서 재인용. 이 점에

관해서는 Jessica D. Blankshain and Andrew L. Stigler, "Applying Method to Madness: A User's Guide to Causal Inference in Policy Analysis," *Texas National Security Review* 3, no. 3 (2020): 76 – 89도 참조.

18 가정과 인과 논리를 놓고 과학적 현실주의자와 제도주의자가 벌이는 토론에 관해서는 Paul K. MacDonald, "Useful Fiction or Miracle Maker: The Competing Epistemological Foundations of Rational Choice Theory," *American Political Science Review* 97, no. 4 (2003): 551 – 565 참조.

19 Milton Friedman, "The Methodology of Positive Economics," in Milton Friedman, *Essays in Positive Economics* (Chicago: University of Chicago Press, 1953), 14.

20 Ronald H. Coase, *How Should Economists Choose?* (Washington, DC: American Enterprise Institute for Public Policy Research, 1982), 7. Terry Moe, "On the Scientific Status of Rational Models," *American Journal of Political Science* 23, no. 1 (1979): 215 – 243도 참조.

21 인과 논리에 관해서는 Jon Elster, *Nuts and Bolts for the Social Sciences* (New York: Cambridge University Press, 1989), 3 – 10; Gary Goertz, *Multimethod Research, Causal Mechanisms, and Case Studies: An Integrated Approach* (Princeton, NJ: Princeton University Press, 2017), ch. 2; Peter Hedström and Petri Ylikoski, "Causal Mechanisms in the Social Sciences," *Annual Review of Sociology* 36 (2010): 49 – 67 참조.

22 Kenneth J. Arrow, "Mathematical Models in the Social Sciences," in *The Policy Sciences*, ed. Daniel Lerner and Harold D. Lasswell (Stanford, CA: Stanford University Press, 1951), 129.

23 Stephen M. Walt, "Rigor or Rigor Mortis? Rational Choice and Security Studies," *International Security* 23, no. 4 (1999): 12, 14 – 20.

24 Kenneth N. Waltz, *Theory of International Politics* (New York: McGraw-Hill, 1979), 171 – 172.

25 Joseph M. Grieco, "Anarchy and the Limits of Cooperation: A Realist Critique of the Newest Liberal Institutionalism," *International Organization* 42, no. 3 (1988): 485 – 507.

26 Walt, "Rigor or Rigor Mortis?" 31 – 32에서 재인용. 월트는 비슷한 취지
로 조지 스티글러(George Stigler)를 인용한다. "새로운 이론이 관찰 가능한
경제 생활을 이해하게 돕는가? (⋯) [이] 질문에 답이 주어질 때까지 이론
은 설 자리가 없고, 따라서 정책의 지침으로 사용되어서는 안 된다." Ibid.,
22.

27 예를 들어 Dale C. Copeland, *The Origins of Major War* (Ithaca, NY:
Cornell University Press, 2000); John J. Mearsheimer, *The Tragedy of Great
Power Politics*, updated ed. (New York: W. W. Norton, 2014); Jack Snyder,
Myths of Empire: Domestic Politics and International Ambition (Ithaca,
NY: Cornell University Press, 1991); Stephen Van Evera, *Causes of War:
Power and the Roots of Conflict* (Ithaca, NY: Cornell University Press, 1999)
참조.

28 자유주의 관점에 관해서는 Michael W. Doyle, "Kant, Liberal Legacies, and
Foreign Affairs," *Philosophy and Public Affairs* 12, no. 3 (1983): 205 – 235
참조. 현실주의 관점에 관해서는 Christopher Layne, "Kant or Cant: The
Myth of the Democratic Peace," *International Security* 19, no. 2 (1994):
5 – 49 참조.

29 그렇다고 해서 개별 학자들이 자신의 이론이 세상이 돌아가는 방식을 가
장 잘 설명한다고 주장할 때가 많다는 사실을 부정하는 것은 아니다. 어쨌
든 이론화는 경쟁적인 일이고, 이론가들은 엄청난 시간과 노력을 자신의
이론을 옹호하고 경쟁 이론을 비판하는 일에 바친다. 대부분의 경우 자신
의 이론이 다른 이론보다 우월하다고 결론을 내린다. 다른 이론도 신뢰성
이 있는데도 말이다. 다른 이론이 결함이 있고 열등하며 신뢰성 없는 이론
이라고 주장하는 경우도 더러 있다. 우리의 이론이 신뢰성 있는 경쟁 이론
보다 우월하다고 주장하면서 든 사례들에 관해서는 John J. Mearsheimer,
"The False Promise of International Institutions," *International Security*
19, no. 3 (1994/95): 5 – 49; Sebastian Rosato, "The Flawed Logic of
Democratic Peace Theory," *American Political Science Review* 97, no. 4
(2003): 585 – 602 참조. 이론과 합리성의 관계를 인정하고 국제정치를 이
해하기 위한 최고의 이론을 규명하는 기준을 제공하는 훌륭한 연구를 읽

으려면 Fred Chernoff, *Theory and Metatheory in International Relations: Concepts and Contending Accounts* (New York: Palgrave Macmillan, 2007) 참조.

30 Krugman, *Peddling Prosperity*, xiii.

31 이런 기법에 관해서는 Derek Beach and Rasmus Brun Pedersen, *Causal Case Study Methods: Foundations and Guidelines for Comparing, Matching, and Tracing* (Ann Arbor: University of Michigan Press, 2016); Andrew Bennett and Jeffrey T. Checkel, *Process Tracing: From Metaphor to Analytic Tool* (New York: Cambridge University Press, 2015); John Gerring, *Social Science Methodology: A Unified Framework*, 2nd ed. (New York: Cambridge University Press, 2012); Kosuke Imai, *Quantitative Social Science: An Introduction* (Princeton, NJ: Princeton University Press, 2017)[이마이 코우스케, 《계량 사회과학 입문》, 윤원주 옮김, 에이콘출판, 2021]; Paul M. Kellstedt and Guy D. Whitten, *The Fundamentals of Political Science Research*, 3rd ed. (New York: Cambridge University Press, 2018); Gary King, Robert O. Keohane, and Sidney Verba, *Designing Social Inquiry: Scientific Inference in Qualitative Research*, new ed. (Princeton, NJ: Princeton University Press, 2021); Jason Seawright, *Multi-Method Social Science: Combining Qualitative and Quantitative Tools* (New York: Cambridge University Press, 2016); Marc Trachtenberg, *The Craft of International History: A Guide to Method* (Princeton, NJ: Princeton University Press, 2006) 참조. 증거가 이론을 뒷받침하는지 판단하는 다양한 기준에 관한 논의를 알아보려면 Goertz, *Multimethod Research, Causal Mechanisms, and Case Studies*, 204–208 참조.

32 Jonathan Kirshner, "The Economic Sins of Modern IR Theory and the Classical Realist Alternative," *World Politics* 67, no. 1 (2015): 175.

33 예를 들어 Barry Posen, *Inadvertent Escalation: Conventional War and Nuclear Risks* (Ithaca, NY: Cornell University Press, 1991); Caitlin Talmadge, "Would China Go Nuclear? Assessing the Risk of Chinese Nuclear Escalation in a Conventional War with the United States," *International*

Security 41, no. 4 (2017): 50 – 92 참조.

34   현실주의 학파와 자유주의 학파에 관한 개관을 알아보려면 Michael W.
Doyle, *Ways of War and Peace: Realism, Liberalism, and Socialism* (New
York: W. W. Norton, 1997); Brian C. Schmidt, *The Political Discourse of
Anarchy: A Disciplinary History of International Relations* (Albany: State
University of New York Press, 1998) 참조.

35   연구 전통에 관해서는 Alan F. Chalmers, *What Is This Thing Called
Science?* 4th ed. (Indianapolis, IN: Hackett, 2013), 97 – 148[앨런 차머스, 《과
학이란 무엇인가?》, 신중섭·이상원 옮김, 서광사, 2003]; Peter Godfrey-Smith,
Theory and Reality: An Introduction to the Philosophy of Science, 2nd
ed. (Chicago: University of Chicago Press, 2021), 101 – 150[피터 고프리스미스,
《이론과 실재: 과학철학 입문》, 한상기 옮김, 서광사, 2014] 참조.

36   Kevin Narizny, "On Systemic Paradigms and Domestic Politics: A
Critique of the Newest Realism," *International Security* 42, no. 2 (2017):
160.

37   현실주의에 관한 간략한 토론에 관해서는 Sean M. Lynn-Jones and Steven
E. Miller, "Preface," in *The Perils of Anarchy: Contemporary Realism and
International Security*, ed. Michael E. Brown, Sean M. Lynn-Jones, and
Steven E. Miller (Cambridge, MA: MIT Press, 1995), ix – xxi 참조.

38   다음 분석은, 세상이 실제로 어떻게 돌아가는지 설명하려 하고 따라서
정책결정자들이 외교 정책을 수립하는 데 사용될 수 있는 현실주의 이
론들에 초점을 맞춘다. 이런 이유로 현실주의 이론에 관한 두 편의 저명
한 저술은 포함하지 않았다. James D. Fearon, "Rationalist Explanations
for War," *International Organization* 49, no. 3 (1995): 379 – 414, and
Charles L. Glaser, *Rational Theory of International Politics: The Logic of
Competition and Cooperation* (Princeton, NJ: Princeton University Press,
2010). 두 학자는 설명을 위한 이론을 만든 것이 아니라고 명시적으
로 밝혔다. 피어런은 논리적 사고 실험으로 왜 "진정으로 합리적인" 국
가—그런 것은 없지만—가 전쟁을 벌이는지 기술했다(Fearon, "Rationalist
Explanations for War," 392). 글레이저는 그의 이론이 "국가가 제약을 받을

때 목표를 달성하기 위해 무엇을 해야 하는가에 관한 이론이며, 그런 의미에서 규범적 이론"이라고 지적했다(Glaser, *Rational Theory of International Politics*, 23).

39 David Hume, "Of the Balance of Power," in *Essays: Moral, Political, and Literary*, ed. Eugene F. Miller (Indianapolis, IN: Liberty Fund, 1994); Stanley Hoffmann and David P. Fidler, eds., *Rousseau on International Relations* (Oxford: Clarendon, 1991); Jervis, *Perception and Misperception in International Politics*, and "Cooperation under the Security Dilemma," *World Politics* 30, no. 2 (1978): 167–214; Waltz, *Theory of International Politics*; Barry R. Posen, *The Sources of Military Doctrine: France, Britain, and Germany between the World Wars* (Ithaca, NY: Cornell University Press, 1986); Walt, *The Origins of Alliances*; Robert Powell, "Absolute and Relative Gains in International Relations Theory," *American Political Science Review* 85, no. 4 (1991): 1303–1320; Snyder, *Myths of Empire*; Van Evera, *Causes of War*.

40 Thomas C. Schelling, *The Strategy of Conflict* (Cambridge, MA: Harvard University Press, 1960)[토머스 셸링, 《갈등의 전략》, 이경남·남영숙 옮김, 한국경제신문, 2013]; Robert Jervis: *The Logic of Images in International Relations* (Princeton, NJ: Princeton University Press, 1970), and "Cooperation under the Security Dilemma"; Randall L. Schweller, "Neorealism's Status-Quo Bias: What Security Dilemma?" *Security Studies* 5, no. 3 (1996): 90–121; Glaser, *Rational Theory of International Politics*; Andrew H. Kydd, *Trust and Mistrust in International Relations* (Princeton, NJ: Princeton University Press, 2005); Dale C. Copeland, *Economic Interdependence and War* (Princeton, NJ: Princeton University Press, 2015).

41 Thomas Hobbes, *Leviathan*, ed. David Johnston (New York: W. W. Norton, 2021); G. Lowes Dickinson, *The European Anarchy* (New York: Macmillan, 1916); Nicholas J. Spykman, *America's Strategy in World Politics: The United States and the Balance of Power* (New York: Harcourt, Brace, 1942)[니컬러스 J. 스파이크먼, 《강대국 지정학》, 김연지·김태중·모준영·신영환 옮김,

글항아리, 2023]; John H. Herz, *Political Realism and Political Idealism: A Study in Theories and Realities* (Chicago: University of Chicago Press, 1951); Hans J. Morgenthau, *Politics among Nations: The Struggle for Power and Peace*, 5th ed. (New York: Alfred A. Knopf, 1973); Eric J. Labs, "Offensive Realism and Why States Expand Their War Aims," *Security Studies* 6, no. 4 (1997): 1–49; Mearsheimer, *The Tragedy of Great Power Politics*; Keir A. Lieber, *War and the Engineers: The Primacy of Politics over Technology* (Ithaca, NY: Cornell University Press, 2005).

42 Thucydides, *The Landmark Thucydides: A Comprehensive Guide to the Peloponnesian War*, ed. Robert B. Strassler (New York: Free Press, 1996); Robert Gilpin, *War and Change in World Politics* (New York: Cambridge University Press, 1981); Stephen G. Brooks and William C. Wohlforth, *America Abroad: The United States' Global Role in the 21st Century* (New York: Oxford University Press, 2016).

43 George H. Quester, *Offense and Defense in the International System* (New York: John Wiley, 1977); John J. Mearsheimer, *Conventional Deterrence* (Ithaca, NY: Cornell University Press, 1983); T. V. Paul, *Asymmetric Conflicts: War Initiation by Weaker Powers* (New York: Cambridge University Press, 1994); Stephen Van Evera, "Offense, Defense, and the Causes of War," *International Security* 22, no. 4 (1998): 5–43.

44 Robert Jervis, *The Meaning of the Nuclear Revolution: Statecraft and the Prospects of Armageddon* (Ithaca, NY: Cornell University Press, 1990); Brendan Rittenhouse Green, *The Revolution That Failed: Nuclear Competition, Arms Control, and the Cold War* (New York: Cambridge University Press, 2020); Keir A. Lieber and Daryl G. Press, *The Myth of the Nuclear Revolution: Power Politics in the Atomic Age* (Ithaca, NY: Cornell University Press, 2020).

45 Alexander L. George, *Forceful Persuasion: Coercive Diplomacy as an Alternative to War* (Washington, DC: United States Institute of Peace, 1991); Daniel Byman and Matthew Waxman, *The Dynamics of Coercion:*

American Foreign Policy and the Limits of Military Might (New York: Cambridge University Press, 2002); Robert J. Art and Patrick M. Cronin, eds., *The United States and Coercive Diplomacy* (Washington, DC: United States Institute of Peace, 2003).

46 Matthew Kroenig, *The Logic of American Nuclear Strategy: Why Strategic Superiority Matters* (New York: Oxford University Press, 2018). 뒤에서 우리 는 크로니그의 평화 시 핵 위협 이론에 신뢰성이 없다는 것을 보여준다.

47 Clausewitz, *On War*; Alfred T. Mahan, *The Influence of Sea Power upon History, 1660-1783* (Boston: Little, Brown, 1890)[알프레드 세이어 마한,《해 양력이 역사에 미치는 영향》(전 2권), 김주식 옮김, 책세상, 2020-2022]; Thomas C. Schelling, *Arms and Influence* (New Haven: Yale University Press, 1966); Robert A. Pape, *Bombing to Win: Air Power and Coercion in War* (Ithaca, NY: Cornell University Press, 1996); Ivan Arreguín-Toft, *How the Weak Win Wars: A Theory of Asymmetric Conflict* (New York: Cambridge University Press, 2005); Stephen Biddle, *Military Power: Explaining Victory and Defeat in Modern Battle* (Princeton, NJ: Princeton University Press, 2010).

48 Albert Wohlstetter, "The Delicate Balance of Terror," *Foreign Affairs* 37, no. 2 (1959): 211-234; Paul H. Nitze, "Assuring Strategic Stability in an Era of Détente," *Foreign Affairs* 54, no. 2 (1976): 207-232; Schelling: *Arms and Influence*, and *Strategy of Conflict*; Keir A. Lieber and Daryl G. Press, "The End of MAD? The Nuclear Dimension of U.S. Primacy," *International Security* 30, no. 4 (2006): 7-44.

49 Narizny, "On Systemic Paradigms and Domestic Politics," 161.

50 Andrew Moravcsik, "Taking Preferences Seriously: A Liberal Theory of International Politics," *International Organization* 51, no. 4 (1997): 513-553.

51 Kant, "Perpetual Peace," 93-130; Doyle, "Kant, Liberal Legacies, and Foreign Affairs"; Russett, *Grasping the Democratic Peace*; John M. Owen, IV, *Liberal Peace, Liberal War: American Politics and International Security* (Ithaca, NY: Cornell University Press, 1997); Bruce Bueno de

Mesquita et al., "An Institutional Explanation of the Democratic Peace," *American Political Science Review* 93, no. 4 (1999): 791–812; John Rawls, *Law of Peoples*, rev. ed. (Cambridge, MA: Harvard University Press, 2001)[존 롤스, 《만민법》, 장동진·김기호·김만권 옮김, 동명사, 2017]; Charles Lipson, *Reliable Partners: How Democracies Have Made a Separate Peace* (Princeton, NJ: Princeton University Press, 2003).

52 Norman Angell, *The Great Illusion: A Study of the Relationship of Military Power in Nations to Their Economic and Social Advantage* (London: William Heinemann, 1910); Richard Rosecrance, *The Rise of the Trading State: Commerce and Conquest in the Modern World* (New York: Basic Books, 1986); Stephen G. Brooks, *Producing Security: Multinational Corporations, Globalization, and the Changing Calculus of Conflict* (Princeton, NJ: Princeton University Press, 2005); Eric Gartzke, "The Capitalist Peace," *American Journal of Political Science* 51, no. 1 (2007): 166–191; Patrick J. McDonald, *The Invisible Hand of Peace: Capitalism, the War Machine, and International Relations Theory* (New York: Cambridge University Press, 2009); Copeland, *Economic Interdependence and War*.

53 John Locke, *Two Treatises on Government*, ed. Peter Laslett (New York: Cambridge University Press, 1960)[존 로크, 《통치론》, 강정인·문지영 옮김, 까치, 2022]; Stephen D. Krasner, ed., *International Regimes* (Ithaca, NY: Cornell University Press, 1983); Robert O. Keohane, *After Hegemony: Cooperation and Discord in the World Political Economy* (Princeton, NJ: Princeton University Press, 1984)[로버트 O. 코헤인, 《헤게모니 이후》, 홍원표·이상환·김석수·설규상 옮김, 인간사랑, 2012]; Helen Milner, *Interests, Institutions and Information: Domestic Politics and International Relations* (Princeton, NJ: Princeton University Press, 1997); Celeste Wallander, *Mortal Friends, Best Enemies: German-Russian Cooperation after the Cold War* (Ithaca, NY: Cornell University Press, 1999); G. John Ikenberry, *After Victory: Institutions, Strategic Restraint, and the Rebuilding of Order after Major Wars* (Princeton, NJ: Princeton University Press, 2001).

54 Doyle, "Kant, Liberal Legacies, and Foreign Affairs"; Ido Oren and Jude Hays, "Democracies May Rarely Fight One Another, but Developed Socialist States Rarely Fight at All," *Alternatives* 22, no. 4 (1997): 493 – 521; Owen, *Liberal Peace, Liberal War*; Mark L. Haas, *The Ideological Origins of Great Power Politics, 1789 – 1989* (Ithaca, NY: Cornell University Press, 2005).

55 John K. Fairbank, "Introduction: Varieties of Chinese Military Experience," in *Chinese Ways in Warfare*, ed. Frank A. Kierman, Jr. and John K. Fairbank (Cambridge, MA: Harvard University Press, 1974), 1 – 26; Henry Kissinger, *On China* (New York: Penguin, 2011)[헨리 앨프리드 키신저, 《헨리 키신저의 중국 이야기》, 권기대 옮김, 민음사, 2012]; Yan Xuetong, *Ancient Chinese Thought, Modern Chinese Power*, ed. Daniel A. Bell and Sun Zhe, trans. Edmund Ryden (Princeton, NJ: Princeton University Press, 2011).

56 Martha Finnemore, *National Interests in International Society* (Ithaca, NY: Cornell University Press, 1996); Peter J. Katzenstein, ed., *The Culture of National Security: Norms and Identity in World Politics* (New York: Columbia University Press, 1996); Emanuel Adler and Michael Barnett, eds., *Security Communities* (New York: Cambridge University Press, 1998); Alexander Wendt, *Social Theory of International Politics* (New York: Cambridge University Press, 1999)[알렉산더 웬트, 《국제정치의 사회적 이론: 구성주의》, 박건영·구갑우·이옥연·최종건 옮김, 사회평론아카데미, 2009]; Ted Hopf, *Social Construction of International Politics: Identities and Foreign Policies, Moscow, 1955 and 1999* (Ithaca, NY: Cornell University Press, 2002); Nina Tannenwald, *The Nuclear Taboo: The United States and the Non-Use of Nuclear Weapons since 1945* (New York: Cambridge University Press, 2007).

57 Bernard Lewis, "The Roots of Muslim Rage," *Atlantic Monthly*, 1 September 1990; Samuel P. Huntington, *The Clash of Civilizations and the Remaking of World Order* (New York: Simon & Schuster, 1996)[새뮤얼

헌팅턴, 《문명의 충돌: 세계질서 재편의 핵심 변수는 무엇인가》, 이희재 옮김, 김영사, 2016].

58 Stephen M. Walt, "Building Up New Bogeymen: The Clash of Civilizations and the Remaking of World Order," *Foreign Policy* 106 (1997): 176 – 189.

59 Robert Vitalis, *White World Order, Black Power Politics: The Birth of American International Relations* (Ithaca, NY: Cornell University Press, 2015), 46 – 54, 88 – 92; p. 50에서 인용; Carol M. Taylor, "W. E. B. DuBois's Challenge to Scientific Racism," *Journal of Black Studies* 11, no. 4 (1981): 454.

60 Norrin M. Ripsman, Jeffrey W. Taliaferro, and Steven E. Lobell, *Neoclassical Realist Theory of International Politics* (New York: Oxford University Press, 2016), 69 – 71, 179.

61 Narizny, "On Systemic Paradigms and Domestic Politics," 184.

62 Edward D. Mansfield and Jack Snyder: "Democratic Transitions, Institutional Strength, and War," *International Organization* 56, no. 2 (2002): 297 – 337, and *Electing to Fight: Why Emerging Democracies Go to War* (Cambridge, MA: MIT Press, 2005).

63 Vipin Narang and Rebecca M. Nelson, "Who Are These Belligerent Democratizers? Reassessing the Impact of Democratization on War," *International Organization* 63, no. 2 (2009): 363, 365. Goertz, *Multimethod Research, Causal Mechanisms, and Case Studies*, 196 – 199 도 참조. 이런 비판을 해결하는 데 실패한 반응에 관해서는 Edward D. Mansfield and Jack Snyder, "Pathways to War in Democratic Transitions," *International Organization* 63, no. 2 (2009): 381 – 390 참조.

64 James D. Fearon, "Domestic Political Audiences and the Escalation of International Disputes," *American Political Science Review* 88, no. 3 (1994): 577 – 592; Kenneth A. Schultz, *Democracy and Coercive Diplomacy* (New York: Cambridge University Press, 2001); Alastair Smith, "International Crises and Domestic Politics," *American Political Science*

Review 92, no. 3 (1998): 623 – 638.

65 Marc Trachtenberg, "Audience Costs: An Historical Analysis," *Security Studies* 21, no. 1 (2012): 3 – 42; p. 32에서 인용. Goertz, *Multimethod Research, Causal Mechanisms, and Case Studies*, 199 – 203도 참조.

66 Jack Snyder and Erica D. Borghard, "The Cost of Empty Threats: A Penny, Not a Pound," *American Political Science Review* 105, no. 3 (2011): 455. Alexander B. Downes and Todd S. Sechser, "The Illusion of Democratic Credibility," *International Organization* 66, no. 3 (2012): 457 – 489도 참조.

67 Charles Krauthammer, "Democratic Realism: An American Foreign Policy for a Unipolar World," Irving Kristol Lecture, American Enterprise Institute, Washington, DC, 10 February 2004; Joshua Muravchik, *Exporting Democracy: Fulfilling America's Destiny* (Washington, DC: American Enterprise Institute, 1992), ch. 8; Nancy Bermeo, "Armed Conflict and the Durability of Electoral Democracy," in *In War's Wake: International Conflict and the Fate of Liberal Democracy*, ed. Ronald Krebs and Elizabeth Kier (New York: Cambridge University Press, 2010).

68 George W. Downs and Bruce Bueno de Mesquita, "Gun – Barrel Diplomacy Has Failed Time and Again," *Los Angeles Times*, 4 February 2004. 원연구에 관해서는 Bruce Bueno de Mesquita and George W. Downs, "Intervention and Democracy," *International Organization* 60, no. 3 (2006): 627 – 649 참조. Alexander B. Downes, *Catastrophic Success: Why Foreign – Imposed Regime Change Goes Wrong* (Ithaca, NY: Cornell University Press, 2021); William Easterly, Shanker Satyanath, and Daniel Berger, "Superpower Interventions and Their Consequences for Democracy: An Empirical Inquiry" (Cambridge, MA: National Bureau of Economic Research, Working Paper no. 13992, May 2008); Nils Petter Gleditsch, Lene Siljeholm Christiansen, and Havard Hegre, "Democratic Jihad? Military Intervention and Democracy" (Washington, DC: World Bank Research Policy Paper no. 4242, June 2007); Arthur A. Goldsmith,

"Making the World Safe for Partial Democracy? Questioning the Premises of Democracy Promotion," *International Security* 33, no. 2 (2008): 120 – 147; Jeffrey Pickering and Mark Peceny, "Forging Democracy at Gunpoint," *International Studies Quarterly* 50, no. 3 (2006): 556도 참조.

69 Matthew Kroenig: "Nuclear Superiority and the Balance of Resolve: Explaining Nuclear Crisis Outcomes," *International Organization* 67, no. 1 (2013): 141 – 171, and *The Logic of American Nuclear Strategy;* Kyle Beardsley and Victor Asal, "Winning with the Bomb," *Journal of Conflict Resolution* 53, no. 2 (2009): 278 – 301.

70 Todd S. Sechser and Matthew Fuhrmann, *Nuclear Weapons and Coercive Diplomacy* (New York: Cambridge University Press, 2017), 7 – 9, 132 – 231. Gary Goertz and Stephan Haggard, "Generalization, Case Studies, and Within-Case Causal Inference: Large-N Qualitative Analysis (LNQA)," University of Notre Dame and University of California, San Diego, unpublished manuscript, 2020도 참조.

71 Walt, *The Origins of Alliances,* 19 – 21.

72 Jerome Slater: "The Domino Theory and International Politics: The Case of Vietnam," *Security Studies* 3, no. 2 (1993): 186 – 224, and "Dominos in Central America: Will They Fall? Does It Matter?" *International Security* 12, no. 2 (1987): 105 – 134; Walt, *The Origins of Alliances*, ch. 5.

73 Steven Weinberg, *To Explain the World: The Discovery of Modern Science* (New York: Harper Perennial, 2015), xiii[스티븐 와인버그,《스티븐 와인버그의 세상을 설명하는 과학》, 이강환 옮김, 시공사, 2016].

74 Carroll E. Izard, "The Many Meanings/Aspects of Emotion: Definitions, Functions, Activation, and Regulation," *Emotion Review* 2, no. 4 (2010): 363 – 370; Andrea Scarantino and Ronald de Sousa, "Emotion," *The Stanford Encyclopedia of Philosophy* (Winter 2018 edition), ed. Edward N. Zalta; https://plato.stanford.edu/archives/win2018/entries/emotion/.

75 Robin Markwica, *Emotional Choices: How The Logic of Affect Shapes Coercive Diplomacy* (New York: Oxford University Press, 2020): 4 – 5, 17.

76 Antonio R. Damasio, *Descartes' Error: Emotion, Reason and the Human Brain* (New York: Putnam's, 1994). 비슷한 주장을 하는 철학적 논의에 관해서는 Ronald de Sousa, *The Rationality of Emotion* (Cambridge, MA: MIT Press, 1987) 참조.

77 Scarantino and de Sousa, "Emotion."

78 Janice Gross Stein, "Threat Perception in International Relations," in *The Oxford Handbook of Political Psychology*, 2nd ed., ed. Leonie Huddy, David O. Sears, and Jack S. Levy (New York: Oxford University Press, 2013), 388.

79 Dominic D. P. Johnson, *Strategic Instincts: The Adaptive Advantages of Cognitive Biases in International Politics* (Princeton, NJ: Princeton University Press, 2020), 18; 강조는 원문에 따름.

80 Markwica, *Emotional Choices*, 20‒21.

81 Richard Ned Lebow and Janice Gross Stein, "Beyond Deterrence," *Journal of Social Issues* 43, no. 4 (1987): 17‒18; p. 17에서 재인용.

82 Philip E. Tetlock, "Social Psychology and World Politics," in *Handbook of Social Psychology*, ed. Daniel T. Gilbert, Susan T. Fiske, and Gardner Lindzey (New York: McGraw-Hill, 1998), 883‒884.

83 Rathbun, *Reasoning of State*, 30‒32; p. 32에서 인용.

84 Jonathan Mercer, "Human Nature and the First Image: Emotion in International Politics," *Journal of International Relations and Development* 9, no. 3 (2006): 299.

85 Ripsman, Taliaferro, and Lobell, *Neoclassical Realist Theory of International Politics*, 23. 자주 인용되는 또 다른 사례는 7월 위기 당시 독일의 정책 결정이다. 아래에서 논의했듯이 이는 정책결정자들이 감정에 휘말린 사례가 아니다. 우리는 제7장에서 감정에 의한 사고를 보여주는 분명한 사례―1937년 5월에서 1938년 10월까지 나치 독일에 대한 네빌 체임벌린 영국 총리의 정책―를 밝힌다.

86 Marc Trachtenberg, "The Meaning of Mobilization in 1914," *International Security* 15, no. 3 (1990/91): 120‒150. Sean McMeekin, *July 1914:*

Countdown to War (New York: Basic Books, 2013), 300 – 302도 참조.

87 Annika Mombauer, *Helmuth von Moltke and the Origins of the First World War* (New York: Cambridge University Press, 2005), ch. 5.

88 Neta C. Crawford, "The Passion of World Politics: Propositions on Emotion and Emotional Relationships," *International Security* 24, no. 4 (2000): 138; Ian Kershaw, *Fateful Choices: Ten Decisions That Changed the World, 1940 – 1941* (New York: Penguin, 2007), 288; Oleg V. Khlevniuk, *Stalin: New Biography of a Dictator* (New Haven: Yale University Press, 2015), 198 – 208 [올레그 V. 흘레브뉴크, 《스탈린: 독재자의 새로운 얼굴》, 유나영 옮김, 류한수 감수, 삼인, 2017].

89 Tom Segev, *1967: Israel, the War, and the Year That Transformed the Middle East* (New York: Metropolitan, 2007), 236 – 238, 243 – 245, 255.

90 Bernard Gwertzman, "Pentagon Kept Tight Rein in Last Days of Nixon Rule," *New York Times*, 25 August 1974.

91 Bob Woodward and Robert Costa, *Peril* (New York: Simon & Schuster, 2021), 128 – 130.

92 합리성이 결과에 따라 이해될 수 있다는 최근 주장에 관해서는 Gerd Gigerenzer, "Axiomatic Rationality and Ecological Rationality," *Synthese* 198 (2021): 3547 – 3564; Anastasia Kozyreva and Ralph Hertwig, "The Interpretation of Uncertainty in Ecological Rationality," *Synthese* 198 (2021): 1517 – 1547; Gerhard Schurz and Ralph Hertwig, "Cognitive Success: A Consequentialist Account of Rationality in Cognition," *Topics in Cognitive Science* 11, no. 1 (2019): 7 – 36 참조. 비합리성을 실패와 동일시하는 것이 강대국 정책을 다루는 수많은 이론에 내포되어 있다. 이러한 관점을 종합한 내용을 보려면 Mearsheimer, *The Tragedy of Great Power Politics*, 209 – 213 참조.

93 Angell, *The Great Illusion*.

94 Niccolò Machiavelli, *The Prince*, trans. Harvey C. Mansfield, 2nd ed. (Chicago: University of Chicago Press, 1998), 98 – 101 [니콜로 마키아벨리, 《군주론》, 최현주 옮김, 김상근 감수, 페이지2, 2023]; Thucydides, *The Landmark*

Thucydides, 44; Clausewitz, *On War*, 85.

제4장   합리성의 다른 정의들
: 합리적 선택 이론과 정치심리학을 중심으로

1   정치심리학 연구 문헌에는 두 가지 흐름이 존재한다. '첫 번째 흐름'은 유추, 이미지, 스키마, 스크립트에 초점을 맞추고, '두 번째 흐름'은 휴리스틱에 집중한다. 이 두 흐름에 관해서는 Robert Powell, "Research Bets and Behavioral IR," *International Organization* 71, no. S1 (2017): 273 – 274; Janice Gross Stein, "The Micro-Foundations of International Relations Theory: Psychology and Behavioral Economics," *International Organization* 71, no. S1 (2017): 249 – 250 참조.

2   우리는 합리적 선택 이론가들과 정치심리학자들이 신뢰성 있는 국제정치 이론을 발전시키지 않았다고 주장하는 것이 아님을 분명히 밝혀둔다. 여기서 초점은 이들이 합리성과 비합리성을 어떻게 정의하느냐에 있다.

3   Bruce Bueno de Mesquita, *The War Trap* (New Haven: Yale University Press, 1983), 29, 31.

4   Donald P. Green and Ian Shapiro, *Pathologies of Rational Choice Theory: A Critique of Applications in Political Science* (New Haven: Yale University Press, 1994), 14; 강조는 원문에 따름.

5   Arthur A. Stein, "The Limits of Strategic Choice: Constrained Rationality and Incomplete Explanation," in *Strategic Choice and International Relations*, ed. David A. Lake and Robert Powell (Princeton, NJ: Princeton University Press, 1999), 211, n. 41.

6   Emilie M. Hafner-Burton, Stephan Haggard, David A. Lake, and David G. Victor, "The Behavioral Revolution and International Relations," *International Organization* 71, no. S1 (2017): 6.

7   John von Neumann and Oskar Morgenstern, *Theory of Games and Economic Behavior* (Princeton, NJ: Princeton University Press, 1944), ch. 1. 기대효용 이론의 기본 원칙들은 18세기에 다니엘 베르누이에 의해 처

음 체계적으로 설명되었다. Peter L. Bernstein, *Against the Gods: The Remarkable Story of Risk* (New York: John Wiley & Sons, 1996), 99–115, 187–189; John Kay and Mervyn King, *Radical Uncertainty: Decision-Making beyond the Numbers* (New York: W. W. Norton, 2020), 114–116 참조.

8 Jon Elster, "Introduction," in *Rational Choice*, ed. Jon Elster (New York: New York University Press, 1986), 1 [존 엘스터, 《합리적 선택》, 김성철·최문기 옮김, 신유문화사, 1993].

9 Charles L. Glaser, *Rational Theory of International Politics: The Logic of Competition and Cooperation* (Princeton, NJ: Princeton University Press, 2010), 23, 27, 30.

10 John C. Harsanyi, "Advances in Understanding Rational Behavior," in *Rational Choice*, ed. Jon Elster (New York: New York University Press, 1986), 83; 강조는 원문에 따름.

11 Arthur Stein, "The Limits of Strategic Choice," 210. 기대효용 이론이 원래는 기술적 이론이어야 했지만 실증 분석을 통과하지 못해 규범적 이론으로 취급되었다는 관점에 관해서는 Magdalena Malecka, "The Normative Decision Theory in Economics: A Philosophy of Science Perspective. The Case of Expected Utility Theory," *Journal of Economic Methodology* 27, no. 1 (2020): 37–38 참조.

12 David A. Lake and Robert Powell, "International Relations: A Strategic-Choice Approach," in *Strategic Choice and International Relations*, ed. David A. Lake and Robert Powell (Princeton, NJ: Princeton University Press, 1999), 6.

13 Green and Shapiro, *Pathologies of Rational Choice Theory*, 15; 강조는 원문에 따름.

14 Bueno de Mesquita, *The War Trap*, 20, 173.

15 Powell, "Research Bets and Behavioral IR," 269.

16 Von Neumann and Morgenstern, *Theory of Games and Economic Behavior*, 31.

17 James D. Morrow, *Game Theory for Political Scientists* (Princeton, NJ: Princeton University Press, 1994), 22 – 25; Bruce Bueno de Mesquita, "The Contribution of Expected Utility Theory to the Study of International Conflict," in *The Origin and Prevention of Major Wars*, ed. Robert I. Rotberg and Theodore K. Rabb (New York: Cambridge University Press, 1988), 629 – 630; Michael Allingham, *Choice Theory: A Very Short Introduction* (New York: Oxford University Press, 2002), 1 – 49.

18 Hafner-Burton et al., "The Behavioral Revolution and International Relations," 6.

19 이 논의는 1972년 12월 북베트남을 폭격하려는 닉슨 대통령의 결정에 관한 모로의 설명과 일치한다. Morrow, *Game Theory for Political Scientists*, 25 – 28.

20 Bueno de Mesquita, *The War Trap*, 29, 32; 강조는 원문에 따름. Bueno de Mesquita, "The Contribution of Expected Utility Theory to the Study of International Conflict," 55 – 56도 참조.

21 Christopher H. Achen and Duncan Snidal, "Rational Deterrence Theory and Comparative Case Studies," *World Politics* 41, no. 2 (1989): 164; 강조는 추가함.

22 Milton Friedman, "The Methodology of Positive Economics," in Milton Friedman, *Essays in Positive Economics* (Chicago: University of Chicago Press, 1953), 21; 강조는 원문에 따름.

23 Herbert A. Simon, "Rationality as Process and as Product of Thought," *American Economic Review* 68, no. 2 (1978): 2.

24 Morrow, *Game Theory for Political Scientists*, 20.

25 Achen and Snidal, "Rational Deterrence Theory and Comparative Case Studies," 164.

26 Milton Friedman, "The Methodology of Positive Economics," 22.

27 Brian C. Rathbun, Joshua D. Kertzer, and Mark Paradis, "Homo Diplomaticus: Mixed-Method Evidence of Variation in Strategic Rationality," *International Organization* 71, no. S1 (2017): 36.

28 Bueno de Mesquita, *The War Trap*, 31.

29 Bruce Bueno de Mesquita, *Principles of International Politics*, 5th ed. (Thousand Oaks, CA: Sage/Congressional Quarterly Press, 2014), 28.

30 Glaser, *Rational Theory of International Politics*, 30.

31 Jon Elster, *Alchemies of the Mind* (New York: Cambridge University Press, 1999), 285.

32 Brian C. Rathbun, *Reasoning of State: Realists, Romantics and Rationality in International Relations* (New York: Cambridge University Press, 2019), 15.

33 Arthur Stein, "The Limits of Strategic Choice," 207.

34 Elster, "Introduction," 22.

35 Morrow, *Game Theory for Political Scientists*, 28.

36 Frank H. Knight, *Risk, Uncertainty and Profit* (Boston: Houghton Mifflin, 1921), 233, 235.

37 John Maynard Keynes, "The General Theory of Employment," *Quarterly Journal of Economics* 51, no. 2 (1937): 213–214.

38 Jonathan Kirshner, "The Economic Sins of Modern IR Theory and the Classical Realist Alternative," *World Politics* 67, no. 1 (2015): 174–175. Jonathan Kirshner, "Rationalist Explanations for War?" *Security Studies* 10, no. 3 (2000): 143–150도 참조.

39 예를 들어 Robert Jervis, "Was the Cold War a Security Dilemma?" *Journal of Cold War Studies* 3, no. 1 (2001): 36–60 참조.

40 주관적 확률에 관한 초기의 중요한 연구 사례 두 가지에 관해서는 Frank P. Ramsey, "Truth and Probability," in *Philosophical Papers*, ed. David H. Mellor (New York: Cambridge University Press, 1990), 52–109; Leonard J. Savage, *The Foundations of Statistics* (New York: Wiley, 1954) 참조.

41 Morrow, *Game Theory for Political Scientists*, 28.

42 Jeffrey A. Friedman, *War and Chance: Assessing Uncertainty in International Politics* (New York: Oxford University Press, 2019), 56. 마찬가지로 모로도 "불확실한 상황에 놓인 행위자는 세상의 기본적 상태에 대한 자신의 믿음 정도를 반영하는 주관적 확률 추정치를 만든다"고 했다.

Morrow, *Game Theory for Political Scientists*, 29 참조.

43 Elster, "Introduction," 6.

44 J. Peter Scoblic and Philip E. Tetlock, "A Better Crystal Ball: The Right Way to Think about the Future," *Foreign Affairs* 99, no. 6 (2020): 15. Michael C. Horowitz, "Forecasting Political Events," in *The Oxford Handbook of Behavioral Political Science* (Oxford Academic 2018 online edition), ed. Alex Mintz and Lesley G. Terris; https://doi.org/10.1093/oxfordhb/9780190634131.001.0001도 참조.

45 Rathbun, *Reasoning of State*, 22 – 23. 래스번은 존 T. 카시오포(John T. Cacioppo)와 그 동료들을 인용하고 있다.

46 David M. Edelstein, *Over the Horizon: Time, Uncertainty, and the Rise of Great Powers* (Ithaca, NY: Cornell University Press, 2017), 18, 20.

47 이 점에 관해서는 Jeffrey Friedman, *War and Chance*, 58 – 63 참조.

48 Rathbun, *Reasoning of State*, 20. Philip E. Tetlock, *Expert Political Judgment: How Good Is It? How Can We Know?* new ed. (Princeton, NJ: Princeton University Press, 2017)도 참조.

49 Morrow, *Game Theory for Political Scientists*, 29.

50 Bueno de Mesquita, *The War Trap*, 31.

51 Robert Jervis, "Rational Deterrence: Theory and Evidence," *World Politics* 41, no. 2 (1989): 186.

52 Janice Gross Stein, "Threat Perception in International Relations," in *The Oxford Handbook of Political Psychology*, 2nd ed., ed. Leonie Huddy, David O. Sears, and Jack S. Levy (New York: Oxford University Press, 2013), 369, 371.

53 Dominic D. P. Johnson, *Strategic Instincts: The Adaptive Advantages of Cognitive Biases in International Politics* (Princeton, NJ: Princeton University Press, 2020), 13, 18.

54 Rathbun, *Reasoning of State*, 13.

55 Keren Yarhi-Milo, *Knowing the Adversary: Leaders, Intelligence, and Assessment of Intentions in International Relations* (Princeton, NJ:

Princeton University Press, 2014), 9.

56　Richard Ned Lebow, "International Relations Theory and the Ukrainian War," *Analyse and Kritik* 44, no. 1 (2022): 132.

57　Richard H. Thaler, *Misbehaving: The Making of Behavioral Economics* (New York: W. W. Norton, 2015), 4, 6[리처드 H. 탈러, 《행동경제학》, 박세연 옮김, 웅진지식하우스, 2021].

58　Daniel Kahneman, *Thinking, Fast and Slow* (New York: Farrar, Straus and Giroux, 2011), 8, 10, 411.[대니얼 카너먼, 《생각에 관한 생각》, 이창신 옮김, 김영사, 2018]

59　Gideon Keren and Karl H. Teigen, "Yet Another Look at the Heuristics and Biases Approach," in *Blackwell Handbook of Judgment and Decision Making*, ed. Derek J. Koehler and Nigel Harvey (Malden, MA: Blackwell, 2004), 89 – 109.

60　Thaler, *Misbehaving*, 22 – 23.

61　Yuen Foong Khong, *Analogies at War: Korea, Munich, Dien Bien Phu, and the Vietnam Decisions of 1965* (Princeton, NJ: Princeton University Press, 1992), 3, 20.

62　Robert Jervis, *Perception and Misperception in International Politics* (Princeton, NJ: Princeton University Press, 1976), 281. Robert Jervis, "Hypotheses on Misperception," *World Politics* 20, no. 3 (1968): 454 – 479; Richard Ned Lebow, *Between Peace and War: The Nature of International Crisis* (Baltimore: Johns Hopkins University Press, 1981); Janice Gross Stein, "Building Politics into Psychology: The Misperception of Threat," *Political Psychology* 9, no. 2 (1988): 245 – 271도 참조.

63　Deborah Welch Larson, *Origins of Containment: A Psychological Explanation* (Princeton, NJ: Princeton University Press, 1985), 52.

64　Johnson, *Strategic Instincts*, 1 – 47; Kahneman, *Thinking, Fast and Slow*, 3 – 13; Janice Stein, "Threat Perception in International Relations," 370 – 376; Herbert A. Simon, "Rational Choice and the Structure of the Environment," *Psychological Review* 63, no. 2 (1956): 129 – 138; Amos

Tversky and Daniel Kahneman, "Judgment under Uncertainty: Heuristics and Biases," *Science* 185, no. 4157 (1974): 1124 – 1131.

65 Kenneth J. Arrow, "Rationality of Self and Others in an Economic System," *Journal of Business* 59, no. 4, pt. 2 (1986): S397.

66 Herbert A. Simon, "Invariants of Human Behavior," *Annual Review of Psychology* 41 (1990): 7.

67 Herbert A. Simon, "A Behavioral Model of Rational Choice," *Quarterly Journal of Economics* 69, no. 1 (1955): 99, 101.

68 Robert O. Keohane, *After Hegemony: Cooperation and Discord in the World Political Economy* (Princeton, NJ: Princeton University Press, 1984), 111.

69 Janice Stein, "Threat Perception in International Relations," 371.

70 Johnson, *Strategic Instincts*, 3, 15.

71 Rathbun, *Reasoning of State*, 4.

72 Jervis, *Perception and Misperception in International Politics*, 228 – 229: 강조는 원문에 따름.

73 Tversky and Kahneman, "Judgment under Uncertainty," 1130 – 1131.

74 Janice Stein, "Threat Perception in International Relations," 371.

75 Philip E. Tetlock, "Social Psychology and World Politics," in *Handbook of Social Psychology*, ed. Daniel T. Gilbert, Susan T. Fiske, and Gardner Lindzey (New York: McGraw-Hill, 1998), 877.

76 Robert Jervis, *How Statesmen Think: The Psychology of International Politics* (Princeton, NJ: Princeton University Press, 2017), 6.

77 Johnson, *Strategic Instincts*, 3 – 4.

78 Jonathan Mercer, "Rationality and Psychology in International Politics," *International Organization* 59, no. 1 (2005): 77, 78.

79 경제학 연구 문헌에도 비슷한 경향이 나타난 적이 있다. Kahneman, *Thinking, Fast and Slow*, 4 – 13 참조. 휴리스틱이 성공을 낳을 수 있다는 명시적 주장에 관해서는 Gerd Gigerenzer, "The Bias Bias in Behavioral Economics," *Review of Behavioral Economics* 5, nos. 3 – 4 (2018): 303 –

336 참조. 실제로 기거렌처는 휴리스틱 사용이 합리적이라는 주장을 견지한다. 정치심리학자들은 거기까지 가지는 않았다.

80 Johnson, *Strategic Instincts*, 4, 6.

81 Rathbun, *Reasoning of State*, 3.

82 Aristotle, *The Nicomachean Ethics*, trans. David Ross (New York: Oxford University Press, 2009), 11 [아리스토텔레스, 《니코마코스 윤리학》, 천병희 옮김, 도서출판 숲, 2013].

83 Janice Stein, "The Micro-Foundations of International Relations Theory," 255.

84 Elizabeth N. Saunders, "No Substitute for Experience: Presidents, Advisers, and Information in Group Decision Making," *International Organization* 71, no. S1 (2017): 219–220.

85 Powell, "Research Bets and Behavioral IR," 274.

86 비슷한 주장에 관해서는 Daryl G. Press, "The Credibility of Power: Assessing Threats during the 'Appeasement' Crises of the 1930s," *International Security* 29, no. 3 (2004/05): 138–139 참조.

87 Mercer, "Rationality and Psychology in International Politics," 88.

88 Kenneth Schultz, Review of Keren Yarhi-Milo, *Who Fights for Reputation: The Psychology of Leaders in International Conflict*, H-Diplo ISSF Roundtable 11, no. 10 (2019): 13.

89 Janice Stein, "The Micro-Foundations of International Relations Theory," 257–258.

90 Jervis, *How Statesmen Think*, 6.

91 Khong, *Analogies at War*; Larson, *Origins of Containment*; Rose McDermott, *Risk-Taking in International Politics: Prospect Theory in American Foreign Policy* (Ann Arbor: University of Michigan Press, 1998), ch. 6. 학자들이 정치인들의 사고방식에 큰 관심을 보인 사례 연구, 조사, 실험 기반 문헌도 상당히 많다. 여기에는 정치인이 어떻게 믿음을 형성하고 그 믿음이 어떻게 정치인의 행동에 영향을 미치는지도 포함되어 있다. 그러나 이런 연구들은 합리적 행위자 가설에 초점을 두지 않는다.

제5장　합리성과 대전략
　　　 : 국제정치에서 대전략 결정의 5가지 사례

1　'가장 가능성이 낮은' 사례들을 사용하여 이론을 테스트하는 것에 관해
　　서는 Harry Eckstein, "Case Study and Theory in Political Science," in
　　Handbook of Political Science, vol. 7: *Strategies of Inquiry*, ed. Fred I.
　　Greenstein and Nelson W. Polsby (Reading, MA: Addison-Wesley, 1975),
　　113–120; Alexander L. George and Andrew Bennett, *Case Studies and
　　Theory Development in the Social Sciences* (Cambridge, MA: MIT Press,
　　2005), 120–123; John Gerring, *Case Study Research: Principles and
　　Practices* (New York: Cambridge University Press, 2007), 115–121; Aaron
　　Rapport, "Hard Thinking about Hard and Easy Cases in Security Studies,"
　　Security Studies 24, no. 3 (2015): 433–457 참조.

2　Jack Snyder, *Myths of Empire: Domestic Politics and International
　　Ambition* (Ithaca, NY: Cornell University Press, 1993), 66, 74, 75.

3　Michelle English, "Stephen Van Evera Revisits World War I, One Century
　　after Its Bitter End," MIT Center for International Studies, 1 November
　　2018; https://cis.mit.edu/publications/analysis-opinion/2018/stephen-
　　van-evera-revisits-world-war-i-one-century-after-its; Stephen Van
　　Evera, "Why States Believe Foolish Ideas: Non-Self-Evaluation by States
　　and Societies," Massachusetts Institute of Technology, unpublished ms.,
　　January 2002, 23–24.

4　Ludwig Dehio, *Germany and World Politics in the Twentieth Century*,
　　trans. Dieter Pevsner (New York: W. W. Norton, 1967), 13.

5　이 사례는 다음 자료들에 근거한다. Volker R. Berghahn, *Germany and
　　the Approach of War in 1914*, 2nd ed. (New York: St. Martin's, 1993);
　　Christopher Clark, *The Sleepwalkers: How Europe Went to War in
　　1914* (New York: Penguin, 2013), chs. 4–6[크리스토퍼 클라크, 《몽유병자
　　들》, 이재만 옮김, 책과함께, 2019]; Dale C. Copeland, *The Origins of Major
　　War* (Ithaca, NY: Cornell University Press, 2000), ch. 3; Gordon A. Craig,

Germany, 1866 – 1945 (New York: Oxford University Press, 1978), chs. 8 – 9; Jack R. Dukes, "Militarism and Arms Policy Revisited: The Origins of the German Army Law of 1913," in *Another Germany: A Reconsideration of the Imperial Era*, ed. Jack R. Dukes and Joachim Remak (Boulder, CO: Westview, 1988), 19 – 39; Klaus Epstein, "German War Aims in the First World War," *World Politics* 15, no. 1 (1962): 163 – 185; Fritz Fischer, *War of Illusions: German Policies from 1911 to 1914*, trans. Marian Jackson (New York: W. W. Norton, 1975); David G. Herrmann, *The Arming of Europe and the Making of the First World War* (Princeton, NJ: Princeton University Press, 1996), chs. 4 – 7; James Joll, *The Origins of the First World War* (New York: Longman, 1992); David E. Kaiser, "Germany and the Origins of the First World War," *Journal of Modern History* 55, no. 3 (1983): 442 – 474; Jack S. Levy and William Mulligan, "Why 1914 but Not Before? A Comparative Study of the July Crisis and Its Precursors," *Security Studies* 30, no. 2 (2021): 213 – 244; David Stevenson: "Militarization and Diplomacy in Europe before 1914," *International Security* 22, no. 1 (1997): 125 – 161, and *Armaments and the Coming of War: Europe, 1904 – 1914* (Oxford: Clarendon, 1996), chs. 3 – 6.

6 Herrmann, *The Arming of Europe and the Making of the First World War*, 168에서 재인용.

7 Stevenson, *Armaments and the Coming of War*, 210에서 재인용.

8 Stevenson, *Armaments and the Coming of War*, 203에서 재인용.

9 Herrmann, *The Arming of Europe and the Making of the First World War*, 166, 169 – 170에서 재인용.

10 Herrmann, *The Arming of Europe and the Making of the First World War*, 162 – 170; Stevenson, *Armaments and the Coming of War*, 163, 201 – 204.

11 Herrmann, *The Arming of Europe and the Making of the First World War*, 181에서 재인용.

12 Stevenson, *Armaments and the Coming of War*, 286에서 재인용.

13 Herrmann, *The Arming of Europe and the Making of the First World War*, 182, 183, 191 – 192; Copeland, *The Origins of Major War*, 68에서 재인용.

14 Stevenson, *Armaments and the Coming of War*, 296에서 재인용.

15 Herrmann, *The Arming of Europe and the Making of the First World War*, 179 – 180에서 재인용.

16 Clark, *The Sleepwalkers*, 332, 333에서 재인용.

17 Copeland, *The Origins of Major War*, 67 – 69; Herrmann, *The Arming of Europe and the Making of the First World War*, 179 – 182; Stevenson, *Armaments and the Coming of War*, 285 – 293.

18 Snyder, *Myths of Empire*, 113, 114, 120.

19 Charles A. Kupchan, *The Vulnerability of Empire* (Ithaca, NY: Cornell University Press, 1994), 325, 357.

20 Robert J. C. Butow, *Tojo and the Coming of War* (Princeton, NJ: Princeton University Press, 1961), 315.

21 Saburō Ienaga, *The Pacific War, 1931 – 1945: A Critical Perspective on Japan's Role in World War II* (New York: Pantheon, 1978), 33.

22 Van Evera, "Why States Believe Foolish Ideas," 32, 34.

23 이 사례는 다음 자료들에 근거한다. Sadao Asada, *From Mahan to Pearl Harbor: The Imperial Japanese Navy and the United States* (Annapolis, MD: Naval Institute, 2006), chs. 5 – 10; Michael A. Barnhart, *Japan Prepares for Total War: The Search for Economic Security, 1919 – 1941* (Ithaca, NY: Cornell University Press, 1987); Butow, *Tojo and the Coming of War*, chs. 1 – 8; Dale C. Copeland, *Economic Interdependence and War* (Princeton, NJ: Princeton University Press, 2015), chs. 4 – 5; James B. Crowley, *Japan's Quest for Autonomy: National Security and Foreign Policy, 1930 – 1938* (Princeton, NJ: Princeton University Press, 1966); Ienaga, *The Pacific War, 1931 – 1945*, chs. 1 – 8; Akira Iriye, *The Origins of the Second World War in Asia and the Pacific*, 4th ed. (London: Longman, 1989); Kupchan, *The Vulnerability of Empire*, ch. 5; Rana Mitter, *Forgotten Ally: China's*

World War II, 1937 – 1945 (Boston: Mariner, 2013)[래너 미터, 《중일전쟁: 역사가 망각한 그들 1937~1945》, 기세찬·권성욱 옮김, 글항아리, 2020]; James W. Morley, ed., *The China Quagmire: Japan's Expansion on the Asian Continent, 1933 – 1941* (New York: Columbia University Press, 1983); Ian Nish, *Japanese Foreign Policy in the Interwar Period* (Westport, CT: Praeger, 2002), chs. 2 – 8; Sadako N. Ogata, *Defiance in Manchuria: The Making of Japanese Policy, 1931 – 1932* (Berkeley: University of California Press, 1964); Mark A. Peattie, *Ishiwara Kanji and Japan's Confrontation with the West* (Princeton, NJ: Princeton University Press, 1975), chs. 3 – 4; Jeffrey W. Taliaferro, *Balancing Risks: Great Power Intervention in the Periphery* (Ithaca, NY: Cornell University Press, 2004), ch. 4; Louise Young, *Japan's Total Empire: Manchuria and the Culture of Wartime Imperialism* (Berkeley: University of California Press, 1998), chs. 1 – 2.

24 Herbert P. Bix, *Hirohito and the Making of Modern Japan* (New York: HarperCollins, 2000), 227에서 재인용.

25 W. G. Beasley, *Japanese Imperialism, 1894 – 1905* (Oxford: Clarendon, 1987), 189[W. G. 비즐리, 《일본제국주의 1894~1945》, 정영진 옮김, 한국외국어대학교출판부 지식출판원, 2013]에서 재인용.

26 Yamamuro Shin'ichi, *Manchuria under Japanese Domination*, trans. Joshua A. Fogel (Philadelphia: University of Pennsylvania Press, 2006), 17, 20에서 재인용.

27 Kikijuro Ishii, "The Permanent Bases of Japanese Foreign Policy," *Foreign Affairs* 11, no. 2 (1933): 228 – 229.

28 Rustin Gates, "Solving the 'Manchurian Problem': Uchida Yasuya and Japanese Foreign Affairs before the Second World War," *Diplomacy & Statecraft* 23, no. 1 (2012): 25 – 26.

29 Joyce C. Lebra, ed., *Japan's Greater East Asia Co-Prosperity Sphere in World War II: Selected Readings and Documents* (New York: Oxford University Press, 1975), 58 – 64.

30 Butow, *Tojo and the Coming of War*, 80 – 86; Crowley, *Japan's Quest for*

Autonomy, 279 – 300; Copeland, *Economic Interdependence and War*, 164 – 167.

31 Snyder, *Myths of Empire*, 116.

32 Nish, *Japanese Foreign Policy in the Interwar Period*, 126에서 재인용.

33 코플랜드는 일본인들이 절제력뿐만 아니라 신중함까지 갖추었음을 지적했다. "1937년에 시작되어 1940년 6월 이후의 정책 결정 과정을 지배했던 일련의 모임과 회의를 통해 일본 관료들은 계급에 상관없이 다양한 선택지에 대한 찬반 토론을 적극적으로 벌였다. 선택지에는 평화적인 외교 해법도 포함되어 있었다. 강경 정책으로의 전환은 점진적으로, 합의에 의해, 그리고 일본에 닥칠 큰 위험을 완전히 파악한 상태에서 이루어졌다." Copeland, *Economic Interdependence and War*, 146.

34 Robert J. Young, *In Command of France: French Foreign Policy and Military Planning, 1933 – 1940* (Cambridge, MA: Harvard University Press, 1978), 3, 6.

35 Randall L. Schweller, *Unanswered Threats: Political Constraints on the Balance of Power* (Princeton, NJ: Princeton University Press, 2006), 1, 77 – 78.

36 Ernest R. May, *Strange Victory: Hitler's Conquest of France* (New York: Hill and Wang, 2000), 454, 458 – 459, 464.

37 이 사례는 다음 자료들에 근거한다. Anthony Adamthwaite: *France and the Coming of the Second World War, 1936 – 1939* (London: Frank Cass, 1977), and "Bonnet, Daladier and French Appeasement, April – September 1938," *International Relations* 3, no. 3 (1968): 226 – 241; Martin S. Alexander, *The Republic in Danger: General Maurice Gamelin and the Politics of French Defence, 1933 – 1940* (New York: Cambridge University Press, 1992), chs. 9 – 10; Patrice Buffotot, "The French High Command and the Franco-Soviet Alliance, 1933 – 1939," trans. John Gooch, *Journal of Strategic Studies* 5, no. 4 (1982): 546 – 559; Susan B. Butterworth, "Daladier and the Munich Crisis: A Reappraisal," *Journal of Contemporary History* 9, no. 3 (1974): 191 – 216; Michael Jabara Carley: *1939: The Alliance That Never Was and the Coming of World*

War II (Chicago: Ivan R. Dee, 1999), and "Prelude to Defeat: Franco-Soviet Relations, 1919 – 1939," *Historical Reflections* 22, no. 1 (1996): 159 – 188; Mark L. Haas: *The Ideological Origins of Great Power Politics, 1789 – 1989* (Ithaca, NY: Cornell University Press, 2005), ch. 4, and *Frenemies: When Ideological Enemies Ally* (Ithaca, NY: Cornell University Press, 2022), ch. 2; Peter Jackson, *France and the Nazi Menace: Intelligence and Policy Making, 1933 – 1939* (New York: Oxford University Press, 2000), chs. 7 – 10; Elizabeth Kier, *French and British Military Doctrine between the Wars* (Princeton, NJ: Princeton University Press, 1997), chs. 3 – 4; Norrin M. Ripsman and Jack S. Levy, "The Preventive War That Never Happened: Britain, France, and the Rise of Germany in the 1930s," *Security Studies* 16, no. 1 (2007): 32 – 67; Arnold Wolfers, *Britain and France between Two Wars: Conflicting Strategies of Peace since Versailles* (New York: Harcourt, Brace, 1940), chs. 1 – 10; Robert Young: *In Command of France*, chs. 8 – 9; *France and the Origins of the Second World War* (New York: St. Martin's, 1996), ch. 1 – 3; and "A. J. P. Taylor and the Problem with France," in *The Origins of the Second World War Reconsidered: The A. J. P. Taylor Debate after Twenty-Five Years*, ed. Gordon Martel (Boston: Allen & Unwin, 1986), 97 – 118.

38 Jackson, *France and the Nazi Menace*, 249, 317, 322에서 재인용.

39 Adamthwaite, *France and the Coming of the Second World War*, 294에서 재인용.

40 Carley, *1939*, 94에서 재인용.

41 Jackson, *France and the Nazi Menace*, 316에서 재인용.

42 Butterworth, "Daladier and the Munich Crisis," 199에서 재인용.

43 Jackson, *France and the Nazi Menace*, 328에서 재인용.

44 Carley, *1939*, 85에서 재인용.

45 Adamthwaite, *France and the Coming of the Second World War*, 273에서 재인용.

46 Robert Young, *In Command of France*, 228에서 재인용.

47 Haas, *The Ideological Origins of Great Power Politics*, 124에서 재인용.

48 Adamthwaite, *France and the Coming of the Second World War*, 109에서 재인용.

49 Robert Young, *In Command of France*, 2.

50 Adamthwaite, *France and the Coming of the Second World War*, 301에서 재인용.

51 Carley, *1939*, 122에서 재인용. 이데올로기 이론가들이 프랑스 정치에 영향을 주었으나 결과적으로는 현실주의 추론을 따랐다는 것과 관련해서는 Haas, *The Ideological Origins of Great Power Politics*, 120 – 135 참조.

52 Michael MccGwire, "NATO Expansion: 'A Policy Error of Historic Importance,'" *Review of International Studies* 24, no. 1 (1998): 23에서 재인용. '봉쇄 정책'의 주요 고안자였던 조지 케넌도 비슷하게 말했다. "나토 확장은 냉전 후 미국 정책의 가장 치명적인 실수일 것이다." George F. Kennan, "A Fateful Error," *New York Times*, 5 February 1997 참조.

53 Michael Mandelbaum, "The New NATO: Bigger Isn't Better," *Wall Street Journal*, 9 July 1997.

54 MccGwire, "NATO Expansion," 25, 26, 40.

55 Kenneth N. Waltz, "NATO Expansion: A Realist's View," *Contemporary Security Policy* 21, no. 2 (2000): 31.

56 Joshua R. Iskowitz Shifrinson, "Deal or No Deal? The End of the Cold War and the U.S. Offer to Limit NATO Expansion," *International Security* 40, no. 4 (2016): 36에서 재인용.

57 Timothy A. Sayle, *Enduring Alliance: A History of NATO and the Postwar Global Order* (Ithaca, NY: Cornell University Press, 2019), ch. 10; Joshua R. Iskowitz Shifrinson, "Eastbound and Down: The United States, NATO Enlargement, and Suppressing the Soviet and Western European Alternatives, 1990 – 1992," *Journal of Strategic Studies* 43, nos. 6 – 7 (2020): 816 – 846.

58 이 사례는 다음 자료들에 근거한다. Ronald D. Asmus, *Opening NATO's Door: How the Alliance Remade Itself for a New Era* (New York: Columbia

University Press, 2002); James M. Goldgeier, *Not Whether but When: The U.S. Decision to Enlarge NATO* (Washington, DC: Brookings Institution, 1999). 워싱턴에서 바라본 이 사안의 러시아 관련 측면에 관해서는 James M. Goldgeier and Michael McFaul, *Power and Purpose: U.S. Policy toward Russia after the Cold War* (Washington, DC: Brookings Institution, 2003) 참조.

59 Asmus, *Opening NATO's Door*, 34에서 재인용. 로널드 D. 애즈머스는 미국 국가안보위원회가 당시 유사한 두려움을 가졌다고 지적한다.

60 Asmus, *Opening NATO's Door*, 62; Goldgeier, *Not Whether but When*, 50에서 재인용.

61 Asmus, *Opening NATO's Door*, 45, 89, 97에서 재인용.

62 North Atlantic Treaty Organization, "The Partnership for Peace Programme"; available at https://www.sto.nato.int/Pages/partnership-for-peace.aspx.

63 Walter B. Slocombe, "A Crisis of Opportunity: The Clinton Administration and Russia," in *In Uncertain Times: American Foreign Policy after the Berlin Wall and 9/11*, ed. Melvyn P. Leffler and Jeffrey W. Legro (Ithaca, NY: Cornell University Press, 2011), 87에서 재인용.

64 Asmus, *Opening NATO's Door*, 48–52; p. 51에서 인용. 모임의 자세한 사항에 관해서는 Goldgeier, *Not Whether but When*, 38–42; Mary E. Sarotte, "How to Enlarge NATO: The Debate Inside the Clinton Administration, 1993–95," *International Security* 44, no. 1 (2019): 18–21도 참조.

65 Goldgeier, *Not Whether but When*, 54–58; 클린턴은 pp. 55, 57에서 재인용. Asmus, *Opening NATO's Door*, 64–68; Sarotte, "How to Enlarge NATO," 22–24도 참조.

66 Asmus, *Opening NATO's Door*, 72–79; Goldgeier, *Not Whether but When*, 62–71.

67 Goldgeier, *Not Whether but When*, 71–72.

68 Asmus, *Opening NATO's Door*, 77–78.

69 Douglas Jehl, "Clinton Offers Poland Hope, but Little Aid," *New York*

Times, 8 July 1994에서 재인용.

70 Goldgeier, *Not Whether but When*, 74−75; 홀브룩은 p. 74에서 재인용; Asmus, *Opening NATO's Door*, 88, 97; Sarotte, "How to Enlarge NATO," 29−31, 35−36.

71 "Transcript: Donald Trump's Foreign Policy Speech," *New York Times*, 27 April 2016.

72 Stephen M. Walt, *The Hell of Good Intentions: America's Foreign Policy Elite and the Decline of U.S. Primacy* (New York: Farrar, Straus and Giroux, 2018), 13.

73 Andrew J. Bacevich, *The Age of Illusions: How America Squandered Its Cold War Victory* (New York: Picador, 2020), 5.

74 David C. Hendrickson, *Republic in Peril: American Empire and the Liberal Tradition* (New York: Oxford University Press, 2018), 4.

75 Patrick Porter, "A Dangerous Myth," Lowy Institute; available at https://interactives.lowyinstitute.org.

76 분명히 해두자면, 우리는 자유주의 국제정치 이론들에 신뢰성이 있다고 믿지만—이 말은 그 이론들이 합리적인 가설에서 나왔으며, 논리적으로 일관성 있는 설명이고, 의미 있는 경험적 증거로 뒷받침되었다는 뜻이다—결함도 있다고 생각한다. John J. Mearsheimer, *The Great Delusion: Liberal Dreams and International Realities* (New Haven: Yale University Press, 2018), ch. 7[존 J. 미어샤이머, 《미국 외교의 거대한 환상: 자유주의적 패권 정책에 대한 공격적 현실주의의 비판》, 이춘근 옮김, 김앤김북스, 2020]; Sebastian Rosato, "The Flawed Logic of Democratic Peace Theory," *American Political Science Review* 97, no. 4 (2003): 585−602 참조.

77 Mary E. Sarotte, *1989: The Struggle to Create Post-War Europe* (Princeton, NJ: Princeton University Press, 2009).

78 Hal Brands, *Making the Unipolar Moment: U.S. Foreign Policy and the Rise of the Post-Cold War Order* (Ithaca, NY: Cornell University Press, 2016), 327, 329에서 재인용.

79 Eric S. Edelman, "The Strange Career of the 1992 Defense Planning

Guidance," in *In Uncertain Times: American Foreign Policy after the Berlin Wall and 9/11*, ed. Melvyn P. Leffler and Jeffrey W. Legro (Ithaca, NY: Cornell University Press, 2011), 63 – 77; p. 66에서 인용. Brands, *Making the Unipolar Moment*, 323 – 329도 참조.

80 Derek Chollet and James Goldgeier, *America between the Wars, from 11/9 to 9/11: The Misunderstood Years between the Fall of the Berlin Wall and the Start of the War on Terror* (New York: PublicAffairs, 2008), 48 – 49에서 재인용. Robert B. Zoellick, "An Architecture of U.S. Strategy after the Cold War," in *In Uncertain Times: American Foreign Policy after the Berlin Wall and 9/11*, ed. Melvyn P. Leffler and Jeffrey W. Legro (Ithaca, NY: Cornell University Press, 2011), 26 – 29도 참조.

81 이들 전략 선택지에 관해서는 Nuno P. Monteiro, "Unrest Assured: Why Unipolarity Is Not Peaceful," *International Security* 36, no. 3 (2011/12): 9 – 40 참조.

82 James D. Boys, *Clinton's Grand Strategy* (London: Bloomsbury, 2015), 85 – 96; Chollet and Goldgeier, *America between the Wars*, 68 – 70.

83 Anthony Lake, "From Containment to Enlargement," Johns Hopkins University School of Advanced International Studies, Washington, DC, 21 September 1993에서 나온 발언.

84 빌 클린턴 대통령의 유엔 총회 연설, 뉴욕, 1993년 9월 27일.

85 Madeleine Albright, "Use of Force in a Post-Cold War World," *U.S. Department of State Dispatch* 4, no. 39, 27 September 1993.

86 Chollet and Goldgeier, *America between the Wars*, ch. 6.

87 이러한 합의의 폭과 깊이를 파악하려면 피터 타노프(Peter Tarnoff) 전 미국 국무부 정무차관의 사례를 보라. 클린턴 행정부가 대전략을 발표하기 몇 달 전인 1993년 5월 기자들과 만난 자리에서 타노프는 미국이 자유주의 패권을 누릴 수단을 가지고 있다는 생각에 대한 의구심을 나타냈다. 행정부 내 그의 동료들의 반응은 즉각적이고 강렬했다. 그러자 타노프는 뒤로 물러나 동료들과 뜻을 같이했다. Owen Harries and Tom Switzer, "Leading from Behind: Third Time a Charm?" *The American Interest*, 12 April

2013 참조.

88 Chollet and Goldgeier, *America between the Wars*, 79, 99 – 102.

제6장 합리성과 위기관리
: 국제정치에서 위기 대응 결정의 5가지 사례
+ 전쟁 악화 결정의 2가지 사례

1 Richard Ned Lebow, *Between Peace and War: The Nature of International Crisis* (Baltimore: Johns Hopkins University Press, 1981), 119 – 124; p. 119에서 인용.

2 Richard Ned Lebow and Janice Gross Stein, "Beyond Deterrence," *Journal of Social Issues* 43, no. 4 (1987): 17 – 18.

3 Jack Snyder, "Civil-Military Relations and the Cult of the Offensive, 1914 and 1984," *International Security* 9, no. 1 (1984): 110; Stephen Van Evera: "Why Cooperation Failed in 1914," *World Politics* 38, no. 1 (1985): 116, and *Causes of War: Power and the Roots of Conflict* (Ithaca, NY: Cornell University Press, 1999), 194. 슐리펜 계획의 기원에 관하여 스나이더는 이렇게 썼다. "슐리펜의 방어에 관한 편견은 서부 전선을 위한 전쟁 계획이 비합리적 과정에 지배되었다는 주요 징후이다." Jack Snyder, *Ideology of the Offensive: Military Decisionmaking and the Disasters of 1914* (Ithaca, NY: Cornell University Press, 1984), 145 참조.

4 Van Evera, "Why Cooperation Failed in 1914," 81, 117.

5 Jack Snyder, "Better Now Than Later: The Paradox of 1914 as Everyone's Favored Year for War," *International Security* 39, no. 1 (2014): 88.

6 Richard Ned Lebow, *Nuclear Crisis Management: A Dangerous Illusion* (Ithaca, NY: Cornell University Press, 1987), 34.

7 John C. G. Röhl, "The Curious Case of the Kaiser's Disappearing War Guilt: Wilhelm II in July 1914," in *An Improbable War? The Outbreak of World War I and European Political Culture before 1914*, ed. Holger Afflerbach and David Stevenson (New York: Berghahn, 2007), 77.

8 이 사례는 다음 자료들에 근거한다. Christopher Clark, *The Sleepwalkers: How Europe Went to War in 1914* (New York: Penguin, 2013), chs. 7－12; Dale C. Copeland, *The Origins of Major War* (Ithaca, NY: Cornell University Press, 2000), chs. 3－4; Jack S. Levy and William Mulligan, "Why 1914 but Not Before? A Comparative Study of the July Crisis and Its Precursors," *Security Studies* 30, no. 2 (2021): 213－244; Sean McMeekin, *July 1914: Countdown to War* (New York: Basic Books, 2013); Annika Mombauer, *Helmuth von Moltke and the Origins of the First World War* (Cambridge: Cambridge University Press, 2001), chs. 3－4; T. G. Otte, *July Crisis: The World's Descent into War, Summer 1914* (New York: Cambridge University Press, 2014); John C. G. Röhl, *Wilhelm II: Into the Abyss of War and Exile, 1900－1941* (New York: Cambridge University Press, 2014), chs. 36－41; Marc Trachtenberg: "The Meaning of Mobilization in 1914," *International Security* 15, no. 3 (1990/91): 120－150, and "The Coming of the First World War: A Reassessment," in *History and Strategy* (Princeton, NJ: Princeton University Press, 1991), 47－99, and "A New Light on 1914?" H－Diplo|ISSF Forum, no. 16 (2017); Alexander Watson, *Ring of Steel: Germany and Austria－Hungary in World War I* (New York: Basic, 2014), ch. 1.

9 Röhl, "The Curious Case of the Kaiser's Disappearing War Guilt," 78.

10 Röhl, "The Curious Case of the Kaiser's Disappearing War Guilt," 79에서 재인용.

11 베트만은 Watson, *Ring of Steel*, 36; Konrad H. Jarausch, "The Illusion of Limited War: Chancellor Bethmann Hollweg's Calculated Risk, July 1914 [1969]," *Historical Social Research/Historische Sozialforschung* 24 (2012): 54에서 재인용.

12 Stephen Van Evera, "The Cult of the Offensive and the Origins of the First World War," *International Security* 9, no. 1 (1984): 80에서 재인용.

13 Copeland, *The Origins of Major War*, 71에서 재인용.

14 Snyder, "Better Now Than Later," 76에서 재인용.

15 Scott D. Sagan, "1914 Revisited: Allies, Offense, and Instability," *International Security* 11, no. 2 (1986): 151‒175.

16 슐리펜 계획에 관해서는 Hans Ehlert, Michael Epkenhans, and Gerhard P. Gross, eds., *The Schlieffen Plan: International Perspectives on the German Strategy for World War I* (Lexington: University of Kentucky Press, 2014); Gerhard Ritter, *The Schlieffen Plan: Critique of a Myth* (New York: Praeger, 1958) 참조.

17 Van Evera, *Causes of War*, 204에서 재인용.

18 Michael Howard, "Men against Fire: Expectations of War in 1914," *International Security* 9, no. 1 (1984): 43. Holger H. Herwig, "Germany and the 'Short-War' Illusion: Toward a New Interpretation?" *Journal of Military History* 66, no. 3 (2002): 681‒693; Keir A. Lieber, "The New History of World War I and What It Means for International Relations Theory," *International Security* 32, no. 2 (2007): 177‒183도 참조.

19 Clark, *The Sleepwalkers*, 332.

20 Röhl, "The Curious Case of the Kaiser's Disappearing War Guilt," 78.

21 Mombauer, *Helmuth von Moltke and the Origins of the First World War*, 285‒286.

22 Trachtenberg, "The Coming of the First World War," 96. 비슷한 평가에 관해서는 Stephen A. Schuker, "Dust in the Eyes of Historians: A Comment on Marc Trachtenberg's 'New Light,'" H-Diplo|ISSF Forum, no. 16 (2017): 70‒99 참조.

23 Lebow and Stein, "Beyond Deterrence," 13, 15.

24 Jack Snyder, *Myths of Empire: Domestic Politics and International Ambition* (Ithaca, NY: Cornell University Press, 1991), 148.

25 Charles A. Kupchan, *The Vulnerability of Empire* (Ithaca, NY: Cornell University Press, 1994), 345‒346.

26 Jeffrey Record, *A War It Was Always Going to Lose: Why Japan Attacked America in 1941* (Washington, DC: Potomac, 2011), 6.

27 Dale C. Copeland, *Economic Interdependence and War* (Princeton, NJ:

Princeton University Press, 2015), 144.

28 Robert Jervis, "Deterrence and Perception," *International Security* 7, no. 3 (1982): 30.

29 Snyder, *Myths of Empire*, 148.

30 Stephen Van Evera, "Why States Believe Foolish Ideas: Non-Self-Evaluation by States and Societies," unpublished ms., Massachusetts Institute of Technology, January 2002, 33.

31 이 사례는 다음 자료들에 근거한다. Sadao Asada, *From Mahan to Pearl Harbor: The Imperial Japanese Navy and the United States* (Annapolis, MD: Naval Institute, 2006), chs. 10–11; Michael A. Barnhart, *Japan Prepares for Total War: The Search for Economic Security, 1919–1941* (Ithaca, NY: Cornell University Press, 1987), chs. 12–13; Herbert P. Bix, *Hirohito and the Making of Modern Japan* (New York: HarperCollins, 2000), ch. 11; Robert J. C. Butow, *Tojo and the Coming of War* (Princeton, NJ: Princeton University Press, 1961), chs. 9–12; Copeland, *Economic Interdependence and War*, chs. 4–5; Nobutaka Ike, *Japan's Decision for War: Records of the 1941 Policy Conferences* (Stanford, CA: Stanford University Press, 1967); Akira Iriye, *The Origins of the Second World War in Asia and the Pacific*, 4th ed. (London: Longman, 1989), chs. 5–6; Kupchan, *The Vulnerability of Empire*, ch. 5; Bruce M. Russett, *No Clear and Present Danger: A Skeptical View of the United States Entry into World War II* (Boulder, CO: Westview, 1997), ch. 3; Scott D. Sagan, "The Origins of the Pacific War," in *The Origin and Prevention of Major Wars*, ed. Robert I. Rotberg and Theodore K. Rabb (New York: Cambridge University Press, 1989), 323–352; Jeffrey W. Taliaferro, *Balancing Risks: Great Power Intervention in the Periphery* (Ithaca, NY: Cornell University Press, 2004), ch. 4.

32 Ike, *Japan's Decision for War*, 130–131, 138에서 재인용.

33 Ike, *Japan's Decision for War*, 236, 238에서 재인용. 도조 히데키의 비슷한 주장에 관해서는 Butow, *Tojo and the Coming of War*, 280 참조.

34 Ike, *Japan's Decision for War*, 131, 139, 207에서 재인용.

35 Ike, *Japan's Decision for War*, 139 – 140에서 재인용.

36 Ike, *Japan's Decision for War*, xxiii – xxiv.

37 Copeland, *Economic Interdependence and War*, 228.

38 Sagan, "The Origins of the Pacific War," 324.

39 Russett, *No Clear and Present Danger*, 56.

40 Rolf-Dieter Müller, *Enemy in the East: Hitler's Secret Plans to Invade the Soviet Union* (London: I. B. Tauris, 2014), x.

41 Volker Ullrich, *Hitler: Downfall, 1939 – 1945*, trans. Jefferson Chase (New York: Alfred A. Knopf, 2020), 2.

42 Norrin M. Ripsman, Jeffrey W. Taliaferro, and Steven E. Lobell, *Neoclassical Realist Theory of International Politics* (New York: Oxford University Press, 2016), 23.

43 Alex Schulman, "Testing Ideology against Neorealism in Hitler's Drive to the East," *Comparative Strategy* 25, no. 1 (2006): 34.

44 Daniel L. Byman and Kenneth M. Pollack, "Let Us Now Praise Great Men: Bringing the Statesman Back In," *International Security* 25, no. 4 (2001): 115.

45 Klaus Hildebrand, *The Foreign Policy of the Third Reich*, trans. Anthony Fothergill (Berkeley: University of California Press, 1973), 111.

46 Michael Geyer, "German Strategy in the Age of Machine Warfare, 1914 – 1945," in *Makers of Modern Strategy from Machiavelli to the Nuclear Age*, ed. Peter Paret (Princeton, NJ: Princeton University Press, 1986), 575, 584.

47 Alan Bullock, *Hitler: A Study in Tyranny*, rev. ed. (New York: Harper Torch, 1964), 806.

48 이 사례는 다음 자료들에 근거한다. Matthew Cooper, *The German Army, 1933 – 1945: Its Political and Military Failure* (New York: Stein and Day, 1978), chs. 1 – 18; Copeland, *The Origins of Major War*, ch. 5; James Ellman, *Hitler's Great Gamble: A New Look at German Strategy,*

Operation Barbarossa, and the Axis Defeat in World War II (Guilford, CT: Stackpole, 2019), chs. 1 – 7; David C. Gompert, Hans Binnendijk, and Bonny Lin, *Blinders, Blunders, and War: What America and China Can Learn* (Santa Monica, CA: RAND Corporation, 2014), ch. 7; Ian Kershaw, *Fateful Choices: Ten Decisions That Changed the World, 1940 – 1941* (New York: Penguin, 2007), ch. 2; Barry A. Leach, *German Strategy against Russia, 1939 – 1941* (Oxford: Oxford University Press, 1973); Williamson Murray and Allan R. Millett, *A War to Be Won: Fighting the Second World War* (Cambridge, MA: Belknap, 2000), ch. 6; David Stahel, *Operation Barbarossa and Germany's Defeat in the East* (New York: Cambridge University Press, 2009), part I; Adam Tooze, *The Wages of Destruction: The Making and Breaking of the Nazi Economy* (New York: Penguin, 2008), part II; Barton Whaley, *Codeword BARBAROSSA* (Cambridge, MA: MIT Press, 1973).

49 Franz Halder, *Kriegstagebuch*, vol. 2: *Von der geplanten Landung in England bis zum Beginn des Ostfeldzuges* (Stuttgart: W. Kohlhammer, 1963), 212.

50 Copeland, *The Origins of Major War*, 141에서 재인용.

51 Whaley, *Codeword BARBAROSSA*, 14에서 재인용.

52 Stahel, *Operation Barbarossa and Germany's Defeat in the East*, 65에서 재인용.

53 Copeland, *The Origins of Major War*, 128 – 129에서 재인용.

54 Anthony Read and David Fisher, *The Deadly Embrace: Hitler, Stalin and the Nazi-Soviet Pact, 1939 – 1941* (New York: W. W. Norton, 1988), 498 – 499에서 재인용.

55 Cooper, *The German Army, 1933 – 1945*, 252.

56 Copeland, *The Origins of Major War*, 140에서 재인용.

57 Leach, *German Strategy against Russia, 1939 – 1941*, 132에서 재인용.

58 이런 모임들에 대한 포괄적인 이해를 위해서는 Stahel, *Operation Barbarossa and Germany's Defeat in the East*, 33 – 104 참조.

59 Leach, *German Strategy against Russia, 1939–1941*, appendix IV.

60 Stahel, *Operation Barbarossa and Germany's Defeat in the East*, 38–39, 72, 79–81; pp. 72, 80에서 인용.

61 Stahel, *Operation Barbarossa and Germany's Defeat in the East*, 33–95.

62 Stahel, *Operation Barbarossa and Germany's Defeat in the East*, 39, 73. Copeland, *The Origins of Major War*, 142도 참조.

63 Robert Cecil, *Hitler's Decision to Invade Russia, 1941* (New York: David McKay, 1975), 121; Copeland, *The Origins of Major War*, 142; Ellman, *Hitler's Great Gamble*, 90–91.

64 히틀러와 장군들이 전략 계획에 관해 합의하지 못한 것은 처음이 아니었다. 이들은 1940년 5월 프랑스 침공 계획 수립 과정에서도 서로 충돌했다. Ernest R. May, *Strange Victory: Hitler's Conquest of France* (New York: Hill and Wang, 2000) 참조.

65 Copeland, *The Origins of Major War*, 119–123. 우리는 이데올로기적 이론과 인종주의적 이론을 구분한다. 나치 독일의 경우 두 이론이 공존했다. 그러나 늘 그래야 할 필요는 없다. 예를 들어 냉전은 어느 정도는 자유주의와 공산주의 사이의 이데올로기 투쟁이었고, 인종주의적 측면은 없었다.

66 Brendan Simms and Charlie Laderman, *Hitler's American Gamble: Pearl Harbor and Germany's March to Global War* (New York: Basic Books, 2021), x; Ripsman, Taliaferro, and Lobell, *Neoclassical Realist Theory of International Politics*, 23.

67 Ian O. Johnson, "Review of Brendan Simms and Charlie Laderman, *Hitler's American Gamble: Pearl Harbor and Germany's March to Global War*," H-Diplo Review Essay, no. 409, 17 February 2022; Ian Kershaw: *Hitler, 1936–45: Nemesis* (New York: W. W. Norton, 2000), 442–446[이언 커쇼, 《히틀러 I: 의지 1889~1936》, 《히틀러 II: 몰락 1936~1945》, 이희재 옮김, 교양인, 2010], and *Fateful Choices*, ch. 9; Randall L. Schweller, *Deadly Imbalances: Tripolarity and Hitler's Strategy of World Conquest* (New York: Columbia University Press, 1998), chs. 4–6; Simms and Laderman, *Hitler's American Gamble*; Tooze, *The Wages of Destruction*, 501–506;

Marc Trachtenberg, *The Craft of International History: A Guide to Method* (Princeton, NJ: Princeton University Press, 2006), 80–88; Gerhard L. Weinberg, "Why Hitler Declared War on the United States," *Historynet*, Spring 1992, historynet.com.

68 Janice Gross Stein, "Threat Perception in International Relations," in *The Oxford Handbook of Political Psychology*, 2nd ed., ed. Leonie Huddy, David O. Sears, and Jack S. Levy (New York: Oxford University Press, 2013), 375.

69 Ripsman, Taliaferro, and Lobell, *Neoclassical Realist Theory of International Politics*, 23.

70 Kershaw, *Fateful Choices*, ch. 6; Stephen Kotkin, *Stalin: Waiting for Hitler, 1929–1941* (New York: Penguin, 2018), ch. 14 and coda; Stephen Kotkin, "When Stalin Faced Hitler: Who Fooled Whom?" *Foreign Affairs* 96, no. 6 (2017): 55–64; Roger Moorhouse, *The Devil's Alliance: Hitler's Pact with Stalin, 1939–1941* (London: Bodley Head, 2014), ch. 8; David E. Murphy, *What Stalin Knew: The Enigma of Barbarossa* (New Haven: Yale University Press, 2008).

71 케네디 행정부의 정책 결정을 합리적이라고 한 연구에 관해서는 Irving L. Janis, *Groupthink: Psychological Studies of Policy Decisions and Fiascoes*, 2nd rev. ed. (Boston: Houghton Mifflin, 1983), ch. 6; John Kay and Mervyn King, *Radical Uncertainty: Decision-Making beyond the Numbers* (New York: W. W. Norton, 2020), 278–282 참조.

72 Mark L. Haas, "Prospect Theory and the Cuban Missile Crisis," *International Studies Quarterly* 45, no. 2 (2001): 260, 267.

73 James A. Nathan, "The Missile Crisis: His Finest Hour Now," *World Politics* 27, no. 2 (1975): 260.

74 Noam Chomsky, "Cuban Missile Crisis: How the US Played Russian Roulette with Nuclear War," *Guardian*, 15 October 2012.

75 Richard Ned Lebow, "The Cuban Missile Crisis: Reading the Lessons Correctly," *Political Science Quarterly* 98, no. 3 (1983): 458. Lebow,

Between Peace and War, 302－303도 참조.

76 David A. Welch, "Crisis Decision Making Reconsidered," *Journal of Conflict Resolution* 33, no. 3 (1989): 443.

77 Graham T. Allison, *Essence of Decision: Explaining the Cuban Missile Crisis* (New York: HarperCollins, 1971); Graham T. Allison and Philip Zelikow, *Essence of Decision: Explaining the Cuban Missile Crisis*, 2nd ed. (New York: Longman, 1999)[그레이엄 앨리슨·필립 젤리코,《결정의 본질: 누가 어떻게 국가의 운명을 결정짓는가?》, 김태현 옮김, 모던아카이브, 2018]. Barton J. Bernstein, "Understanding Decisionmaking, U.S. Foreign Policy, and the Cuban Missile Crisis: A Review Essay," *International Security* 25, no. 1 (2000): 134－164도 참조.

78 Ronald Steel, "Endgame," *New York Review of Books*, 13 March 1969.

79 이 사례는 다음 자료들에 근거한다. Allison and Zelikow, *Essence of Decision*; Michael Dobbs, *One Minute to Midnight: Kennedy, Khrushchev, and Castro on the Brink of Nuclear War* (New York: Alfred A. Knopf, 2008); Aleksandr Fursenko and Timothy Naftali, *One Hell of a Gamble: Khrushchev, Castro, and Kennedy, 1958－1964* (New York: W. W. Norton, 1997); Max Frankel, *High Noon in the Cold War: Kennedy, Khrushchev, and the Cuban Missile Crisis* (New York: Presidio, 2005); Alice L. George, *The Cuban Missile Crisis: The Threshold of Nuclear War* (New York: Routledge, 2013); Janis, *Groupthink*, ch. 6.

80 위기 당시 미국인들의 전략적 사고에 관한 논의를 알아보려면 Marc Trachtenberg, "The Influence of Nuclear Weapons in the Cuban Missile Crisis," *International Security* 10, no. 1 (1985): 137－163 참조.

81 Raymond L. Garthoff, *A Journey through the Cold War: A Memoir of Containment and Coexistence* (Washington, DC: Brookings Institution, 2001), 236에서 재인용.

82 Vernon V. Aspaturian, "Soviet Foreign Policy at the Crossroads: Conflict and/or Collaboration?" *International Organization* 23, no. 3 (1969): 589－592.

83 Fred H. Eidlin, *The Logic of "Normalization": The Soviet Intervention in Czechoslovakia of 21 August 1968 and the Czechoslovak Response* (New York: Columbia University Press, 1980), 23, 26.

84 Jiri Valenta, *Soviet Intervention in Czechoslovakia, 1968: Anatomy of a Decision*, rev. ed. (Baltimore: John Hopkins University Press, 1991), 4.

85 David W. Paul, "Soviet Foreign Policy and the Invasion of Czechoslovakia: A Theory and a Case Study," *International Studies Quarterly* 15, no. 2 (1971): 159.

86 이 사례는 다음 자료들에 근거한다. Laurien Crump, *The Warsaw Pact Reconsidered: International Relations in Eastern Europe, 1955–69* (New York: Routledge, 2015), ch. 6; Karen Dawisha, *The Kremlin and the Prague Spring* (Berkeley: University of California Press, 1984); Eidlin, *The Logic of "Normalization"*; Mark Kramer, "The Kremlin, the Prague Spring, and the Brezhnev Doctrine," in *Promises of 1968: Crisis, Illusion, and Utopia*, ed. Vladimir Tismăneanu (New York: Central European University Press, 2011), 285–370; Matthew J. Ouimet, *The Rise and Fall of the Brezhnev Doctrine in Soviet Foreign Policy* (Chapel Hill: University of North Carolina Press, 2003), ch. 1; Mikhail Prozumenshchikov, "Politburo Decision-Making on the Czechoslovak Crisis in 1968," in *The Prague Spring and the Warsaw Pact Invasion of Czechoslovakia in 1968*, ed. Günter Bischof, Stefan Karner, and Peter Ruggenthaler (Lanham, MD: Lexington, 2010); Valenta, *Soviet Intervention in Czechoslovakia, 1968*.

87 Janis, *Groupthink*, 9, 11. Mark Schafer and Scott Crichlow, *Groupthink Versus High-Quality Decision Making in International Relations* (New York: Columbia University Press, 2010)도 참조.

88 Janis, *Groupthink*, 48–49.

89 David Halberstam, *The Coldest Winter: America and the Korean War* (New York: Hyperion, 2007), part 7[데이비드 핼버스탬, 《콜디스트 윈터: 한국전쟁의 감추어진 역사》, 정윤미 옮김, 살림, 2009]; Max Hastings, *The Korean War* (New York: Simon & Schuster, 1987), ch. 6; Janis, *Groupthink*, ch. 3; Allen S.

Whiting, *China Crosses the Yalu: The Decision to Enter the Korean War* (New York: Macmillan, 1960), ch. 6.

90 Janis, *Groupthink*, 107, 115.

91 Janis, *Groupthink*, 97, 129–130; p. 97에서 인용.

92 Janis, *Groupthink*, 97.

93 Leslie H. Gelb and Richard K. Betts, *The Irony of Vietnam: The System Worked* (Washington, DC: Brookings Institution, 2016), 2–3; 강조는 원문에 따름. Daniel Ellsberg, "The Quagmire Myth and the Stalemate Machine," *Public Policy* 19, no. 2 (1971): 217–274; Fredrik Logevall, *Choosing War: The Lost Chance for Peace and the Escalation of War in Vietnam* (Berkeley: University of California Press, 1999)도 참조.

제7장 비합리적 국가 행동
: 전략적 비합리성의 4가지 사례

I 이 사례는 다음 자료들에 근거한다. Michael Epkenhans, *Tirpitz: Architect of the High Seas Fleet* (Washington, DC: Potomac, 2008), chs. 3–4; Carl-Axel Gemzell, *Organization, Conflict, and Innovation: A Study of German Naval Strategic Planning, 1888–1940* (Lund: Berlingska Boktryckeriet, 1973), ch. 2; Holger H. Herwig, *Luxury Fleet: The Imperial German Navy, 1888–1918* (London: Allen & Unwin, 1980), ch. 3; Rolf Hobson, *Imperialism at Sea: Naval Strategic Thought, the Ideology of Sea Power and the Tirpitz Plan, 1875–1914* (Boston: Brill, 2002), chs. 6–7; Patrick J. Kelly, *Tirpitz and the Imperial German Navy* (Bloomington: Indiana University Press, 2011), chs. 7–11; Paul Kennedy: *Strategy and Diplomacy, 1870–1945* (London: George Allen & Unwin, 1983), chs. 4–5, and "Tirpitz, England and the Second Navy Law of 1900: A Strategical Critique," *Militaergeschichtliche Zeitschrift* 8, no. 2 (1970): 33–57; Michelle Murray, "Identity, Insecurity, and Great Power Politics: The Tragedy of German Naval Ambition before the First World War," *Security Studies* 19, no. 4 (2010): 656 – 688; Peter Padfield, *The Great Naval Race: The Anglo-German Naval Rivalry, 1900 – 1914* (New York: David McKay, 1974), chs. 1 – 5; Stephen R. Rock, "Risk Theory Reconsidered: American Success and German Failure in the Coercion of Britain, 1890 – 1914," *Journal of Strategic Studies* 11, no. 3 (1988): 342 – 364; Jonathan Steinberg, *Yesterday's Deterrent: Tirpitz and the Birth of the German Battle Fleet* (London: Macdonald, 1965), chs. 2 – 5.

2   Kennedy, *Strategy and Diplomacy, 1870 – 1945*, 139에서 재인용.

3   Robert Jervis, *Perception and Misperception in International Politics* (Princeton, NJ: Princeton University Press, 1976), 85에서 재인용.

4   Kennedy, *Strategy and Diplomacy, 1870 – 1945*, 151.

5   Kennedy, *Strategy and Diplomacy*, 142에서 재인용.

6   Hobson, *Imperialism at Sea*, 222 – 225, 242 – 244; Kelly, *Tirpitz and the Imperial German Navy*, 112, 115, 185 – 186, 195.

7   Hobson, *Imperialism at Sea*, 236. Kelly, *Tirpitz and the Imperial German Navy*, 112도 참조.

8   Kelly, *Tirpitz and the Imperial German Navy*, 164.

9   이 사례는 다음 자료들에 근거한다. Brian Bond, *British Military Policy between the Two World Wars* (Oxford: Clarendon, 1980), chs. 6 – 11; Peter Dennis, *Decision by Default: Peacetime Conscription and British Defence, 1919 – 39* (Durham, NC: Duke University Press, 1972), chs. 3 – 11; Norman H. Gibbs, *Grand Strategy*, vol. 1: *Rearmament Policy* (London: Her Majesty's Stationary Office, 1976); Michael Howard, *The Continental Commitment: The Dilemma of British Defence Policy in the Era of the Two World Wars* (London: Temple Smith, 1972), ch. 5; Gaines Post, Jr., *Dilemmas of Appeasement: British Deterrence and Defense, 1934 – 1937* (Ithaca, NY: Cornell University Press, 1993); Robert Paul Shay, Jr., *British Rearmament in the Thirties: Politics and Profits* (Princeton, NJ: Princeton University Press, 1977).

10   Howard, *The Continental Commitment*, 117.

11 Gibbs, *Grand Strategy*, 515.

12 Nicholas Milton, *Neville Chamberlain's Legacy: Hitler, Munich and the Path to War* (Barnsley: Pen & Sword, 2019), 37.

13 Bond, *British Military Policy between the Two World Wars*, 255.

14 Shay, *British Rearmament in the Thirties*, 182.

15 Gibbs, *Grand Strategy*, 469에서 재인용.

16 Shay, *British Rearmament in the Thirties*, 196.

17 Shay, *British Rearmament in the Thirties*, 200.

18 Brian Bond, ed., *Chief of Staff: The Diaries of Lieutenant-General Sir Henry Pownall*, vol. 1: *1933 – 1940* (Hamden, CT: Archon, 1973), 197.

19 Keren Yarhi-Milo, *Knowing the Adversary: Leaders, Intelligence, and Assessment of Intentions in International Relations* (Princeton, NJ: Princeton University Press, 2014), 91 – 92.

20 Jervis, *Perception and Misperception in International Politics*, 78에서 재인용. 영국이 뮌헨에서뿐만 아니라 1930년대 후반 내내 "대단히 합리적이었다"는 일반적인 주장에 대해서는 Brian Rathbun, *Reasoning of State: Realists, Romantics and Rationality in International Relations* (New York: Cambridge University Press, 2019), 176 참조. 명백히 알 수 있듯이 우리는 뮌헨에 관해서는 래스번에게 동의하지만, '무책임'에 관한 영국의 결정에 대해서는 동의하지 않는다.

21 이 사례는 다음 자료들에 근거한다. Phil Carradice, Bay of Pigs: CIA's Cuban Disaster, April 1961 (Barnsley: Pen & Sword Military, 2018), chs. 1 – 6; Rebecca R. Friedman, "Crisis Management at the Dead Center: The 1960 – 1961 Presidential Transition and the Bay of Pigs Fiasco," *Presidential Studies Quarterly* 41, no. 2 (2011): 307 – 333; Irving L. Janis, *Groupthink: Psychological Studies of Policy Decisions and Fiascoes*, 2nd rev. ed. (Boston: Houghton Mifflin, 1983); Howard Jones, *The Bay of Pigs* (New York: Oxford University Press, 2008), chs. 1 – 4; Peter Kornbluh, ed., *Bay of Pigs Declassified: The Secret CIA Report on the Invasion of Cuba* (New York: New Press, 1998); Jim Rasenberger, *The Brilliant Disaster: JFK, Castro, and*

America's Doomed Invasion of Cuba's Bay of Pigs (New York: Scribner, 2012); Joshua H. Sandman, "Analyzing Foreign Policy Crisis Situations: The Bay of Pigs," *Presidential Studies Quarterly* 16, no. 2 (1986): 310 – 316; Peter Wyden, *The Bay of Pigs: The Untold Story* (New York: Simon & Schuster, 1980).

22 Friedman, "Crisis Management at the Dead Center," 313 – 315; pp. 314, 315에서 인용.

23 Friedman, "Crisis Management at the Dead Center," 321에서 재인용.

24 Jones, *The Bay of Pigs*, 37, 55; p. 55에서 인용.

25 Friedman, "Crisis Management at the Dead Center," 326에서 재인용.

26 Jones, *The Bay of Pigs*, 59.

27 Friedman, "Crisis Management at the Dead Center," 318.

28 Janis, *Groupthink*, 22.

29 CIA에서 맥스웰 D. 테일러 장군에게 제출한 보고서, 1961년 4월 26일; *Foreign Relations of the United States, 1961 – 1963*, vol. X: *Cuba, January 1961 – September 1962* (Washington, DC: U.S. Government Printing Office, 1997), document 98.

30 Jones, *The Bay of Pigs*, 70에서 재인용.

31 Janis, *Groupthink*, 23.

32 Jones, *The Bay of Pigs*, 58 – 59.

33 CIA에서 맥스웰 D. 테일러 장군에게 제출한 보고서.

34 Jones, *The Bay of Pigs*, 49에서 재인용. ibid., 62도 참조.

35 Jones, *The Bay of Pigs*, 50, 54 – 55.

36 Jones, *The Bay of Pigs*, 56 – 57, 60 – 61; Friedman, "Crisis Management at the Dead Center," 325 – 326.

37 Friedman, "Crisis Management at the Dead Center," 319 – 320.

38 Jones, *The Bay of Pigs*, 65에서 재인용.

39 Jones, *The Bay of Pigs*, 65.

40 Janis, *Groupthink*, 41 – 42.

41 Friedman, "Crisis Management at the Dead Center," 321.

42 Jones, *The Bay of Pigs*, 57.

43 이 사례는 다음 자료들에 근거한다. Robert Draper, *To Start a War: How the Bush Administration Took America into Iraq* (New York: Penguin, 2020); James Fallows, "Blind into Baghdad," *Atlantic Monthly*, 15 February 2004; Michael R. Gordon and Bernard E. Trainor, *Cobra II: The Inside Story of the Invasion and Occupation of Iraq* (New York: Pantheon, 2006), chs. 1 – 8; James Mann, Rise of the Vulcans: The History of Bush's War Cabinet (New York: Penguin, 2004); George Packer, *The Assassins' Gate: America in Iraq* (New York: Farrar, Straus and Giroux, 2005), chs. 1 – 3; Thomas E. Ricks, *Fiasco: The American Military Adventure in Iraq* (New York: Penguin, 2006), chs. 1 – 6; Bob Woodward, *Plan of Attack: The Definitive Account of the Decision to Invade Iraq* (New York: Simon & Schuster, 2004).

44 Packer, *The Assassins' Gate*, 61에서 재인용.

45 John T. Correll, "What Happened to Shock and Awe?" *Air Force Magazine*, 1 November 2003에서 재인용.

46 Draper, *To Start a War*, 191에서 재인용.

47 Ricks, *Fiasco*, 96에서 재인용.

48 Draper, *To Start a War*, 166, 318에서 재인용.

49 Draper, *To Start a War*, 162 – 163에서 재인용.

50 Packer, *The Assassins' Gate*, 58.

51 Jeffrey Pickering and Mark Peceny, "Forging Democracy at Gunpoint," *International Studies Quarterly* 50, no. 3 (2006): 539 – 559. William Easterly, Shanker Satyanath, and Daniel Berger, "Superpower Interventions and Their Consequences for Democracy: An Empirical Inquiry," (Cambridge, MA: National Bureau of Economic Research, Working Paper no. 13992, May 2008), 1도 참조.

52 Jerome Slater, "Dominos in Central America: Will They Fall? Does It Matter?" *International Security* 12, no. 2 (1987): 112. 중동 관련 분석은 Stephen M. Walt, *The Origins of Alliances* (Ithaca, NY: Cornell University

Press, 1987), ch. 5 참조.

53 이 점에 관해서는 Mark Schafer and Scott Crichlow, *Groupthink Versus High-Quality Decision Making in International Relations* (New York: Columbia University Press, 2010), ch. 8도 참조.

54 Packer, *The Assassins' Gate*, 45에서 재인용.

55 Draper, *To Start a War*, 238–240.

56 Draper, *To Start a War*, 316에서 재인용.

57 Draper, *To Start a War*, 313에서 재인용.

58 Ricks, *Fiasco*, 106에서 재인용.

59 Ricks, *Fiasco*, 109–110에서 재인용.

60 Ricks, *Fiasco*, 99에서 재인용; 강조는 원문에 따름.

61 Draper, *To Start a War*, 320에서 재인용.

62 이 문단의 인용은 모두 Ricks, *Fiasco*, 71–73에서 발췌했다. 사담 후세인을 제거하면 중동 전역에 민주주의를 확산시킬 수 있으리라는 생각에 찬물을 끼얹은, 전쟁 전 국무부 보고서에 관한 기술은 Oliver Burkeman, "Secret Report Throws Doubt on Democracy Hopes," *Guardian*, 14 March 2003 참조.

63 Ricks, *Fiasco*, 97, 104에서 재인용.

64 Draper, *To Start a War*, 84에서 재인용.

65 Draper, *To Start a War*, 155–156에서 재인용.

제8장 목표 합리성
: 국가는 어떻게 생각하는가

1 Karin Edvardsson and Sven Ove Hansson, "When Is a Goal Rational?" *Social Choice and Welfare* 24, no. 2 (2005): 344에서 재인용.

2 관련 논의에 관해서는 John J. Mearsheimer, *The Great Delusion: Liberal Dreams and International Realities* (New Haven: Yale University Press, 2018), 28–33 참조.

3 Stephen Kalberg, "Max Weber's Types of Rationality: Cornerstones for the Analysis of Rationalization Processes in History," *American Journal of Sociology* 85, no. 5 (1980): 1156에서 재인용; 강조는 원문에 따름.

4   Thomas Hobbes, *Leviathan*, ed. David Johnston (New York: W. W. Norton, 2021), 104.

5   John J. Mearsheimer, *The Tragedy of Great Power Politics*, updated ed. (New York: W. W. Norton, 2014), 31; Sebastian Rosato, *Intentions in Great Power Politics: Uncertainty and the Roots of Conflict* (New Haven: Yale University Press, 2021), 25.

6   국가의 토대와 제도의 구성에 관해서는 Barry Buzan, *People, States, and Fear: The National Security Problem in International Relations* (Chapel Hill: University of North Carolina Press, 1983), 53 – 65 참조.

7   Kenneth N. Waltz, *Theory of International Politics* (New York: McGraw-Hill, 1979), 126. Robert Gilpin, "The Richness of the Tradition of Political Realism," *International Organization* 38, no. 2 (1984): 290 – 291도 참조.

8   우리가 내린 목표 합리성에 대한 정의는 합리적 선택 이론가들이 사용하는 정의와 다르다. 이들은 국가가 다양한 목표를 규정하고 우선순위를 매길 수 있는 한 합리적이라고 본다. Andrew H. Kydd, *International Relations Theory: The Game Theoretic Approach* (New York: Cambridge University Press, 2015), 12 – 14; David A. Lake and Robert Powell, "International Relations: A Strategic-Choice Approach," in *Strategic Choice and International Relations*, ed. David A. Lake and Robert Powell (Princeton, NJ: Princeton University Press, 1999), 6 – 7; James Morrow, *Game Theory for Political Scientists* (Princeton, NJ: Princeton University Press, 1994), 18 – 19 참조. 우리는 합리성이 생존을 최우선 목표로 삼는다는 것을 내포해야 한다는 조건도 덧붙인다.

9   James D. Fearon, "Domestic Politics, Foreign Policy, and Theories of International Relations," *Annual Review of Political Science* 1 (1998): 294.

10   생존에 관한 피어런의 논의는 생존을 국가의 최우선 목표로 둔다고 널리 알려진 케네스 월츠의 연구와 직접적인 관련이 있다. 그러나 월츠가 이 문

제에 관해 일관성이 없다는 것은 주목할 만하다. 그는 한편으로는 "생존이 국가의 다른 목표들을 성취하기 위한 전제조건"이라고 주장하면서도 다른 한편으로는 "일부 국가는 생존보다 더 높은 가치를 가진 목표들을 지속적으로 추구할 수 있다"고도 말한다. Waltz, *Theory of International Politics*, 91 – 92 참조.

11 Fearon, "Domestic Politics, Foreign Policy, and Theories of International Relations," 294.

12 Charles Tilly, *Coercion, Capital, and European States, AD 990 – 1992*, revised ed. (Malden, MA: Blackwell, 1992), 1 – 2 [찰스 틸리, 《유럽 국민국가의 계보: 990~1992년》, 지봉근 옮김, 그린비, 2018].

13 Peter H. Wilson, "Dynasty, Constitution, and Confession: The Role of Religion in the Thirty Years War," *International History Review* 30, no. 3 (2008): 494 – 502, 512 – 514 참조. 좀 더 자세하게 다룬 책으로는 Peter H. Wilson, *The Thirty Years War: Europe's Tragedy* (Cambridge, MA: Belknap, 2009) 참조.

14 Dale C. Copeland, *The Origins of Major War* (Ithaca, NY: Cornell University Press, 2000), chs. 3 – 4.

15 Thomas Friedman, *The Lexus and the Olive Tree: Understanding Globalization* (New York: Farrar, Straus and Giroux, 1999), 202 [토머스 프리드먼, 《렉서스와 올리브나무》, 장경덕 옮김, 21세기북스, 2009].

16 Stephen M. Walt, *The Origins of Alliances* (Ithaca, NY: Cornell University Press, 1987), 38에서 재인용.

17 Zeev Maoz and Bruce Russett, "Normative and Structural Causes of Democratic Peace, 1946 – 1986," *American Political Science Review* 87, no. 3 (1993): 625. Michael W. Doyle, "Kant, Liberal Legacies, and Foreign Affairs, Part 2," *Philosophy and Public Affairs* 12, no. 4 (1983): 324도 참조.

18 Nobuyasu Abe, "The NPT at Fifty: Successes and Failures," *Journal for Peace and Nuclear Disarmament* 3, no. 2 (2020): 224 – 233.

19 Alexander B. Downes, *Targeting Civilians in War* (Ithaca, NY: Cornell University Press, 2012).

20　Jack Snyder, *Myths of Empire: Domestic Politics and International Ambition* (Ithaca, NY: Cornell University Press, 1991), 1. Randall L. Schweller, "Neorealism's Status Quo Bias: What Security Dilemma?" *Security Studies* 5, no. 3 (1996): 107, 113도 참조.

21　Randall L. Schweller, *Unanswered Threats: Political Constraints on the Balance of Power* (Princeton, NJ: Princeton University Press, 2006), 1 – 2, 69 – 79.

22　Copeland, *The Origins of Major War*, 83, 141, 230 – 231에서 재인용.

23　Scott D. Sagan, "The Origins of the Pacific War," in *The Origin and Prevention of Major Wars*, ed. Robert I. Rotberg and Theodore K. Rabb (New York: Cambridge University Press, 1989), 325에서 재인용.

24　1930년대 말 프랑스와 영국의 정책에 관해서는 각각 제5장과 제7장 참조.

25　Zachary Keck, "China's Mao Zedong 'Seemed to Welcome a Nuclear Holocaust,'" *The National Interest*, 14 December 2017에서 재인용.

26　Kenneth N. Waltz, "Why Iran Should Get the Bomb: Nuclear Balancing Would Mean Stability," *Foreign Affairs* 91, no. 4 (2012): 4.

27　Dustin Ells Howes, "When States Choose to Die: Reassessing Assumptions about What States Want," *International Studies Quarterly* 47, no. 4 (2003): 669, 671 – 672.

28　Mariya Grinberg, "Unconstrained Sovereignty: Delegation of Authority and Reversibility"; available at https://ssrn.com/abstract=3725113, 4 November 2020.

29　Joseph M. Parent, *Uniting States: Voluntary Union in World Politics* (New York: Oxford University Press, 2011); Sebastian Rosato, *Europe United: Balance of Power Politics and the Making of the European Community* (Ithaca, NY: Cornell University Press, 2011).

30　Michael Geyer, "Endkampf 1918 and 1945: German Nationalism, Annihilation, and Self-Destruction," in *No Man's Land of Violence: Extreme Wars in the 20th Century*, ed. Richard Bessel, Alf Lüdtke, and Bernd Weisbrod (Munich: Max-Planck-Institut für Geschichte/Wallstein

Verlag, 2006), 39.

에필로그
: 국제정치에서의 합리성

1 예를 들어 Robert Jervis, *Perception and Misperception in International Politics* (Princeton: Princeton University Press, 1976); Richard Ned Lebow, *Between Peace and War: The Nature of International Crisis* (Baltimore: Johns Hopkins University Press, 1981); Janice Gross Stein, "Building Politics into Psychology: The Misperception of Threat," *Political Psychology* 9, no. 2 (1988): 245–271; Philip E. Tetlock and Charles McGuire, Jr., "Cognitive Perspectives on Foreign Policy," in *Political Behavior Annual*, vol. 1, ed. Samuel Long (Boulder, CO: Westview, 1986), 147–179 참조.

2 예를 들어 Christopher H. Achen and Duncan Snidal, "Rational Deterrence Theory and Comparative Case Studies," *World Politics* 41, no. 2 (1989): 143–169; Bruce Bueno de Mesquita, *The War Trap* (New Haven: Yale University Press, 1983); James D. Morrow, *Game Theory for Political Scientists* (Princeton, NJ: Princeton University Press, 1994) 참조.

3 종합적인 내용은 Emilie Hafner-Burton, Stephan Haggard, David A. Lake, and David G. Victor, "The Behavioral Revolution and International Relations," *International Organization* 71, no. S1 (2017): 1–31 참조.

4 예를 들어 James D. Fearon, "Rationalist Explanations for War," *International Organization* 49, no. 3 (1995): 379–414; Charles L. Glaser, *Rational Theory of International Politics: The Logic of Competition and Cooperation* (Princeton, NJ: Princeton University Press, 2010) 참조.

5 이 점에 관해서는 Kenneth N. Waltz, *Man and the State of War: A Theoretical Analysis* (New York: Columbia University Press, 1959), 169 참조.

6 자유주의와 현실주의가 국제정치를 이해하는 데 좋은 안내자가 되지 못한다는 반대 의견을 알아보려면 David A. Lake, "Why 'isms' Are Evil: Theory, Epistemology, and Academic Sects as Impediments to Understanding and

Progress," *International Studies Quarterly* 55, no. 2 (2011): 465 – 480; Rudra Sil and Peter J. Katzenstein, "Analytic Eclecticism in the Study of World Politics: Reconfiguring Problems and Mechanisms across Research Traditions," *Perspectives on Politics* 8, no. 2 (2010): 411 – 431 참조.

7 Steven Pinker, *The Better Angels of Our Nature: Why Violence Has Declined* (New York: Viking, 2011), 292[스티븐 핑커, 《우리 본성의 선한 천사: 인간은 폭력성과 어떻게 싸워 왔는가》, 김명남 옮김, 사이언스북스, 2014]. Steven Pinker, *Rationality: What It Is, Why It Seems Scarce, Why It Matters* (New York: Viking, 2021)도 참조. 이런 낙관적 관점에 대한 초기 설명은 E. H. Carr, *The Twenty Years' Crisis, 1919 – 1939: An Introduction to the Study of International Relations*, 2nd ed. (London: Macmillan, 1962), ch. 4 참조.